高等学校"十三五"规划教材

房地产营销策划

FANGDICHAN YINGXIAO CEHUA

第三版

吴翔华　等编著

化学工业出版社

·北京·

本书阐述了房地产全过程营销策划的内容。包括房地产营销策划的概述、程序与内容，房地产营销策划的环境分析，如何开展房地产市场调查与预测，房地产营销中的客户定位策划、产品策划、组织与控制策划、价格策划、营销渠道策划、促销策划等。

与第二版相比，本书结合了最新的行业发展现状，增加了房地产营销组织与控制策划等内容，增加了最新的市场营销策划案例，使之在更加具有可读性的同时，提高了系统性、实用性和示范性。

本书读者对象为工程管理、房地产开发与管理、房地产经营管理等相关专业的本科生、高职高专学生，房地产营销策划人员、销售管理人员、市场推广人员等，也可作为房地产经营管理人员的培训教材。

图书在版编目(CIP)数据

房地产营销策划/吴翔华等编著.—3 版.—北京：化学工业出版社，2018.5（2023.3重印）
高等学校"十三五"规划教材
ISBN 978-7-122-31808-4

Ⅰ.①房… Ⅱ.①吴… Ⅲ.①房地产-营销策划-高等学校-教材 Ⅳ.①F293.35

中国版本图书馆 CIP 数据核字（2018）第 054797 号

责任编辑：唐旭华　尉迟梦迪　　　　　装帧设计：张　辉
责任校对：王素芹

出版发行：化学工业出版社（北京市东城区青年湖南街13号　邮政编码100011）
印　　装：天津盛通数码科技有限公司
787mm×1092mm　1/16　印张 14　字数 350 千字　2023 年 3 月北京第 3 版第 3 次印刷

购书咨询：010-64518888　　　　　　　售后服务：010-64518899
网　　址：http://www.cip.com.cn
凡购买本书，如有缺损质量问题，本社销售中心负责调换。

定　　价：38.00元　　　　　　　　　　　　　　　　版权所有　违者必究

前　言

随着国家宏观调控的深入与房地产市场的不断发展，房地产市场营销及营销策划理论也在不断发展之中，从最初的依靠广告营销到产品营销，直至全过程营销，房地产营销策划已成为参与实现房地产市场营销的各有关方面构成的相互联系、相互影响、相互制约的一个有机整体，而成功的房地产营销策划，也成为很多项目成功的最直接因素。

改革开放后房地产市场从诞生到今天已经超过30年了，面对竞争日益激烈的房地产市场，原先以工程建设为主导的开发模式逐步转变为以营销为核心的开发模式，如何对瞬息万变的市场作出快速的反应，如何对缤纷复杂的环境作出明智的抉择，如何将房地产营销策划理论的发展与房地产市场的发展、宏观经济环境的发展相契合，这是众多房地产营销人员、策划人员、理论研究人员思考的重点。

本书的形成正是出于这样的初衷，希望能够在房地产营销策划理论方面有所突破，重点与实际操作相结合；本次第三版的撰写是基于第二版的基础上，在法律法规、实践案例、营销环境、营销手段、营销工具等方面结合最新的发展态势进行了较大幅度的更新，以适应新形势的需要。

房地产营销策划是高等院校房地产开发与管理专业、房地产经营管理专业、工程管理专业房地产经营管理方向的必修主干课程，本书根据最新房地产市场发展的特点，以市场营销学的基本理论为基础，注重理论性与可操作性的结合，按照营销策划活动的基本程序，从客户定位策划到产品策划，从价格策划到渠道策划、促销策划，突出房地产市场营销中市场研究、产品开发、营销推广、销售执行这四大环节的统一，每章都附有不同的案例供教学参考。本书所对应的授课学时一般为32学时，教材内容已制作成用于多媒体教学的电子课件，并将免费提供给采用本书作为教材的相关院校使用。如有需要可联系：cipedu@163.com。

本书由吴翔华等编著，具体编写分工如下：姚玉蓉（第1、2章、附录），瞿富强（第5章），朱湘岚（第3、4、6章），钟萍萍（第7章），吴翔华（第8～10章）。

在本书的策划、撰写过程中，得到了许多专家学者的指导。在此，谨向为本书付印付出努力的朋友表示衷心的感谢！本书如有疏漏，敬请指正。

编著者

2018年2月于南京

目 录

1 房地产营销策划概述 ·· 1
  1.1 策划及房地产营销策划的概念 ·· 1
    1.1.1 策划的概念 ··· 1
    1.1.2 房地产营销策划的概念 ··· 1
    1.1.3 房地产营销策划的含义 ··· 1
    1.1.4 房地产营销策划的类型 ··· 2
  1.2 营销策划在房地产营销中的重要作用 ·· 2
  1.3 房地产营销策划的原理、原则及特征 ·· 4
    1.3.1 房地产营销策划的原理 ··· 4
    1.3.2 房地产营销策划的原则 ··· 5
    1.3.3 房地产营销策划的特征 ··· 6
    1.3.4 我国房地产营销策划的发展历程及趋势 ······························ 8
  思考题 ··· 10

2 房地产营销策划的程序与内容 ·· 11
  2.1 房地产营销策划的基本程序 ··· 11
  2.2 房地产营销策划内容 ·· 12
  2.3 房地产营销策划的组织构成 ··· 15
  思考题 ··· 15

3 房地产市场营销环境分析 ·· 16
  3.1 房地产市场营销环境的概述 ··· 16
    3.1.1 房地产市场营销环境的含义和特点 ···································· 16
    3.1.2 房地产市场营销环境分析的目的 ······································· 17
    3.1.3 房地产市场营销环境的两个层次 ······································· 17
  3.2 房地产市场营销的宏观环境 ··· 17
    3.2.1 人口环境 ·· 18
    3.2.2 经济环境 ·· 19
    3.2.3 自然环境 ·· 22
    3.2.4 技术环境 ·· 22
    3.2.5 政策环境 ·· 22
    3.2.6 文化环境 ·· 23
  3.3 房地产市场营销的微观环境 ··· 23
    3.3.1 房地产开发企业 ·· 24

  3.3.2 供应商 ··· 24
  3.3.3 竞争者 ··· 25
  3.3.4 顾客 ··· 26
  3.3.5 房地产中介 ··· 26
  3.3.6 公众 ··· 26
 3.4 房地产市场营销机会和威胁分析 ··· 28
  3.4.1 市场机会 ··· 28
  3.4.2 市场威胁 ··· 29
  3.4.3 市场机会与威胁的相互转化 ··· 29
  3.4.4 市场机会与威胁的分析方法 ··· 30
 思考题 ··· 33

4 房地产市场调查与预测 ··· 34
 4.1 市场调查和预测概述 ··· 34
  4.1.1 市场调查的主要方面及作用 ··· 34
  4.1.2 房地产市场预测的内容及作用 ··· 35
 4.2 房地产市场调查的步骤 ··· 35
  4.2.1 调查准备阶段 ··· 36
  4.2.2 正式调查阶段 ··· 36
  4.2.3 分析总结阶段 ··· 39
 4.3 房地产市场调查的主要方法和内容 ··· 40
  4.3.1 房地产市场调查的内容 ··· 41
  4.3.2 房地产市场调查方法 ··· 44
 4.4 调查结果分析与调查报告的编写 ··· 53
  4.4.1 资料整理 ··· 53
  4.4.2 资料的分析与解释 ··· 55
  4.4.3 调查报告的撰写 ··· 55
 4.5 房地产市场的预测 ··· 56
  4.5.1 直观预测技术 ··· 56
  4.5.2 时间序列预测技术 ··· 57
  4.5.3 回归分析预测技术 ··· 58
  4.5.4 系统动态学方法 ··· 59
  4.5.5 房地产指数 ··· 59
 思考题 ··· 69

5 房地产开发项目客户定位策划 ··· 70
 5.1 基本概念 ··· 70
  5.1.1 房地产项目定位的内涵 ··· 70
  5.1.2 房地产项目客户定位的内涵 ··· 70
  5.1.3 房地产市场分析 ··· 71
  5.1.4 市场购买行为分析 ··· 72
 5.2 房地产市场细分 ··· 77

  5.2.1 市场细分的内涵 …………………………………………………… 77
  5.2.2 市场细分的作用 …………………………………………………… 78
  5.2.3 市场细分的程序 …………………………………………………… 78
  5.2.4 市场细分的原则 …………………………………………………… 80
  5.2.5 市场细分的依据 …………………………………………………… 80
  5.2.6 市场细分的一般方法 ……………………………………………… 83
  5.2.7 市场细分的模式 …………………………………………………… 83
 5.3 房地产开发项目目标市场的选择 ……………………………………… 85
  5.3.1 目标市场选择的内涵 ……………………………………………… 85
  5.3.2 竞争者分析 ………………………………………………………… 86
  5.3.3 房地产细分市场风险分析 ………………………………………… 92
 思考题 ……………………………………………………………………… 96

6 房地产开发项目产品策划 ……………………………………………… 98
 6.1 房地产产品的概念与产品分类 ………………………………………… 98
  6.1.1 房地产产品概念 …………………………………………………… 98
  6.1.2 房地产产品的基本类型和特点 …………………………………… 99
 6.2 房地产产品策略 ………………………………………………………… 100
  6.2.1 产品差别化策略 …………………………………………………… 100
  6.2.2 品牌策略 …………………………………………………………… 102
  6.2.3 房地产产品组合策略 ……………………………………………… 104
 6.3 房地产产品的定位方案 ………………………………………………… 105
  6.3.1 房地产产品定位的概念和程序 …………………………………… 105
  6.3.2 确定房地产产品定位的目标 ……………………………………… 105
  6.3.3 房地产产品定位的限制条件分析 ………………………………… 107
  6.3.4 确定房地产产品定位方案 ………………………………………… 108
  6.3.5 住宅小区的建筑策划 ……………………………………………… 109
  6.3.6 产品定位方案评估 ………………………………………………… 117
 思考题 ……………………………………………………………………… 121

7 房地产营销组织与控制策划 …………………………………………… 122
 7.1 房地产营销组织 ………………………………………………………… 122
  7.1.1 营销组织概述 ……………………………………………………… 122
  7.1.2 营销组织的设置 …………………………………………………… 123
  7.1.3 房地产营销组织的设置 …………………………………………… 126
 7.2 房地产营销的控制 ……………………………………………………… 128
  7.2.1 控制理论概述 ……………………………………………………… 128
  7.2.2 房地产营销控制 …………………………………………………… 130
 思考题 ……………………………………………………………………… 136

8 房地产营销价格策划 …………………………………………………… 137
 8.1 房地产价格的种类 ……………………………………………………… 137
  8.1.1 单价和总价 ………………………………………………………… 137

  8.1.2 买卖价格和租赁价格 ………………………………………………………… 138
  8.1.3 实际价格和名义价格 ………………………………………………………… 138
  8.1.4 现房价格和期房价格 ………………………………………………………… 138
 8.2 房地产价格构成 …………………………………………………………………… 139
 8.3 房地产价格的影响因素 …………………………………………………………… 140
  8.3.1 房地产产品因素 ……………………………………………………………… 140
  8.3.2 供求关系 ……………………………………………………………………… 141
  8.3.3 经济因素 ……………………………………………………………………… 142
  8.3.4 人口因素 ……………………………………………………………………… 142
  8.3.5 政策因素 ……………………………………………………………………… 142
  8.3.6 其他因素 ……………………………………………………………………… 143
 8.4 房地产定价目标 …………………………………………………………………… 143
  8.4.1 房地产定价的含义 …………………………………………………………… 143
  8.4.2 利润最大化目标 ……………………………………………………………… 144
  8.4.3 市场占有率目标 ……………………………………………………………… 144
  8.4.4 稳定价格目标 ………………………………………………………………… 144
  8.4.5 品牌目标 ……………………………………………………………………… 145
 8.5 房地产开发项目定价策略 ………………………………………………………… 145
  8.5.1 新产品定价策略 ……………………………………………………………… 145
  8.5.2 心理定价策略 ………………………………………………………………… 145
  8.5.3 差别定价策略 ………………………………………………………………… 146
 8.6 房地产开发项目定价方法与流程 ………………………………………………… 146
  8.6.1 成本导向法 …………………………………………………………………… 146
  8.6.2 竞争导向法 …………………………………………………………………… 147
  8.6.3 需求导向法 …………………………………………………………………… 147
  8.6.4 市场比较导向法 ……………………………………………………………… 148
  8.6.5 定价流程 ……………………………………………………………………… 148
 8.7 房地产开发项目调价策略 ………………………………………………………… 151
  8.7.1 低开高走调价策略 …………………………………………………………… 151
  8.7.2 高开低走调价策略 …………………………………………………………… 153
  8.7.3 调价技巧 ……………………………………………………………………… 154
 思考题 …………………………………………………………………………………… 157

9 房地产市场营销渠道策划 …………………………………………………………… 158
 9.1 营销渠道概述 ……………………………………………………………………… 158
 9.2 房地产营销渠道多样性的形成原因 ……………………………………………… 158
  9.2.1 房地产市场发展的结果 ……………………………………………………… 158
  9.2.2 房地产开发商的理性选择 …………………………………………………… 160
 9.3 房地产代理模式的分类 …………………………………………………………… 163
  9.3.1 独家代理 ……………………………………………………………………… 163
  9.3.2 独家销售权代理 ……………………………………………………………… 164

9.3.3 公开销售代理 ································· 164
　　9.3.4 联合销售代理 ································· 164
　　9.3.5 净值销售代理 ································· 164
9.4 房地产代理价格确定 ································· 164
　　9.4.1 房地产代理价格的类型 ························· 164
　　9.4.2 代理模式与代理价格类型的关系 ················· 165
　　9.4.3 代理价格的确定 ······························· 165
9.5 房地产代理商的工作流程 ····························· 165
　　9.5.1 寻求代理委托 ································· 166
　　9.5.2 洽谈委托 ····································· 166
　　9.5.3 签订委托合同 ································· 167
　　9.5.4 制订代理计划 ································· 168
　　9.5.5 实施控制 ····································· 168
9.6 房地产代理的市场选择程序 ··························· 168
　　9.6.1 开发商选择代理的基本程序 ····················· 168
　　9.6.2 房地产代理商的市场选择标准 ··················· 169
9.7 房地产代理销售合同 ································· 171
思考题 ··· 175

10 房地产营销促销策划 ·································· 176
10.1 房地产促销策划的基本概念 ·························· 176
　　10.1.1 促销的作用 ·································· 176
　　10.1.2 房地产促销策略的实现方式 ···················· 177
　　10.1.3 促销组合的影响因素 ·························· 179
10.2 广告促销 ··· 180
　　10.2.1 房地产广告的目标 ···························· 180
　　10.2.2 选择广告媒体 ································ 181
　　10.2.3 确定广告预算 ································ 184
　　10.2.4 广告创作 ···································· 185
　　10.2.5 评估广告效果 ································ 187
10.3 人员促销 ··· 188
　　10.3.1 人员促销目标的确定 ·························· 188
　　10.3.2 促销队伍的建设与管理 ························ 188
　　10.3.3 人员促销的程序 ······························ 190
　　10.3.4 促销技巧 ···································· 191
10.4 营业推广 ··· 192
　　10.4.1 营业推广形式的选择 ·························· 193
　　10.4.2 营业推广方案的制订 ·························· 193
　　10.4.3 营业推广方案的实施与评估 ···················· 194
10.5 公共关系 ··· 194
　　10.5.1 公共关系的主要工具 ·························· 195

  10.5.2　公共关系的实施与评价……………………………………………… 196
 思考题…………………………………………………………………………………… 199
附录　乾坤华府项目营销策划报告……………………………………………… 201
 一、概述……………………………………………………………………………… 201
 二、市场调查与分析（略）………………………………………………………… 202
 三、市场细分与目标市场的选择………………………………………………… 202
 四、房地产产品定位………………………………………………………………… 204
 五、租、售计划……………………………………………………………………… 206
 六、房地产市场营销策略…………………………………………………………… 209
参考文献………………………………………………………………………………… 214

房地产营销策划概述

1.1 策划及房地产营销策划的概念

1.1.1 策划的概念

从本质上看,策划是人类运用脑力的理性行为,是一种思维活动、智力活动,也就是人们认识、分析、判断、预测、构思、想象、设计、运筹、规划的过程。这个过程,充满了创造性思维闪烁的火花。策划,即是科学又是艺术,即是技术又是文化,可以说它是一门涉及许多学科的综合性科学与艺术。

在古代,策划的名词性较强,与现在的计划、计策、计谋、谋略、对策的意思较接近。在现代,策划的动词性含义增强、信息、创意、点子、谋略、目标等要素为其内核。日本策划专家和田创对策划的定义是:策划是通过实践活动获取更佳成果的智能,或智能创造行为。

"策划"的较为全面的概念应该概括为:在充分调查市场环境及相关联的环境的基础之上,遵循一定的方法或者规则,对未来即将发生的事情进行系统、周密、科学的预测并制订科学的可行性的方案。

1.1.2 房地产营销策划的概念

由于对房地产营销策划的认识不同及引起的种种争议,至今很少见到对它的定义。最近有专家提出:房地产营销是针对特定地块和楼盘,通过创造性劳动来挖掘市场的兴奋点、机会点和支撑点,在获得消费者认同的前提下,实现交易并着力提供相关配套及后续服务方案的全过程行为。

综合上述内容,房地产营销策划是针对特定地块或楼盘,挖掘其附加值,使其与目标市场有效需求相吻合,从而实现价值兑现和服务认可的一系列创造性思维和活动的总称。

1.1.3 房地产营销策划的含义

房地产营销策划是在对房地产项目内外部环境予以准确分析,并有效运用经营资源的基础上,对一定时间内营销活动的行为方针、目标、战略以及实施方案进行设计和谋划。或者说,它是一个谋划达成房地产项目营销成功的先发设想及其思维的过程,也是一项计划活动、决策活动之前的构思、探索和设计的过程。显然,房地产营销策划不是策划的全部,而是房地产策划的一个分支。

房地产营销的实质是以消费者对产品的需求为起点和核心、终止于房地产产品售后服务的全程营销,而不是销售;是顾客、代理商、设计师、按揭银行、物业管理方等多角度的多赢,而不是开发商自己的单赢。总之,房地产营销是一种文化营销,企业只有实现经济效益、社会效益、生态环境效益的多赢,才是真正的赢。尽管房地产营销方式已从单一化趋向全面化,营销服务已从注重表面趋向追求内涵,营销推广已从杂乱无章趋向规范有序,但许多人还未从根本上认识房地产营销策划的合理内涵。

因此，完全地理解房地产营销策划的内涵和外延，应把握以下几个要点。

① 创意是房地产营销策划的灵魂。营销策划是一种创新行为，要创新，就要把创意贯穿于营销策划的过程之中，创意成功与否是营销策划是否出新的关键。

② 房地产营销策划是房地产营销管理活动的核心。营销策划是将营销管理活动的每一个环节通过引入全新的构思与创新，形成一个整体方案，并以之作为营销执行的准绳，以及追踪、纠正、评定绩效等行动之依据。

③ 房地产营销策划是一种全程开发中贯穿市场意识的行为方式。营销策划的市场意识有两个方面内涵：一是指结合市场，对楼盘的购买群体、消费层次、户型、价格定位进行决策，实行以销定产再建楼盘；二是指营销策划是一种长期行为，它不仅应注意现实消费区域的市场情况，而且还应从长远着眼，重视培育潜在客户区域市场。显然，第一个内涵是第二个内涵的前提和基础；而第二个内涵则是第一个内涵的巩固和创新。

④ 房地产营销策划是连接产前产后市场的一座桥梁，是使营销过程顺利进行的创新思维，完成的是导演功能。由于房地产开发的长期性以及市场反馈的间接性和滞后性，使得产前产后市场不尽相同。因此，分析楼盘与市场的对接问题，就要结合所在楼盘，寻找一种如何把握楼盘市场推广的行为方式。

⑤ 房地产营销策划是对营销方案的构思、实施到评价的规范程序和科学方法，其根本不是一本洋洋洒洒的策划方案文本，不是闭门造车，而是要体现市场的要求，体现物业特征、市场特性、顾客的消费习惯以及市场发展的要求。

⑥ 房地产营销策划是一个系统工程，要更多地吸收哲学、行为科学、心理学、社会学、人类学、广告学、计算机科学等学科的研究成果，以丰富和完善房地产营销策划理论体系。

1.1.4 房地产营销策划的类型

（1）按房地产开发阶段分类

房地产营销策划按房地产开发阶段分类可分为：开发前营销策划、开发阶段的营销策划、销售阶段的营销策划、物业管理阶段的营销策划。

① 开发前营销策划阶段　重点是房地产项目营销机会威胁分析、投资方向选择、投资场地选择、营销风险分析、竞争者分析和开发项目定位等。

② 开发阶段的营销策划　重点是供需分析、市场调查等，了解并引导消费者的消费观念。

③ 销售阶段的营销策划　重点是调查研究购房者的具体需求和购房动机、品牌策划、价格组合策略、楼盘资源组合策略、促销策划等。

④ 物业管理阶段的营销策划　重点是物业管理的宣传、利用业主助销等。

（2）按房地产营销管理内容分类

按房地产营销管理内容来分，可将其分为：房地产市场调查策划、房地产市场定位策划、房地产产品策划、房地产价格策划、房地产营销渠道策划、房地产广告策划、房地产营销促销策划等。

1.2　营销策划在房地产营销中的重要作用

房地产策划是指在房地产领域内运用科学规范的策划行为，根据房地产开发项目的具体目标，以客观的市场调研和市场定位为基础，以独特的主题策划为核心，综合运用各种策划手段，按一定的程序对未来的房地产开发项目进行创造性的规划，并以具有可操作性的房地产策划文本作为结果的活动。一个真正的策划方案就是要将目标项目置于房地产发展的大背景下进行具体分析，以消费者的未来期望、市场的现实需求、行业的竞争态势为依据，通过房地产市场细分，来确立它的核心定位，目的就是要为项目的营建，在设计、建设、营销、服务、管理等方面提出比竞争者更有效地满足顾客需求的实施细则，从而为开发商的项目整体概念，准确地建立起一整套价值体系，力求通过产品差异化战略，最大限度地避免竞争、超越竞争，使开发商及其产品在社会公众面前树立良好的品牌形象，最终达到不战而屈人之兵的营销战略境界，达到把企业整体地销售给社会大众的目的。其重要作用主要表现在以下几方面。

（1）更好地满足消费者的需求

大部分房地产开发商的竞争观念依然停留在：建设的观念上，认为消费者喜欢价格低廉的住房；楼盘的观念上，认为消费者喜欢高质量、多功能的楼盘，开发商迷恋上自己的产品，没有意识到所建设的楼盘在设计阶段即已经脱离主流需求或者市场已经在朝不同的方向发展；销售的观念上，认为消费者是被动的，必须主动推销和积极促销，开发商销售的是自己能够生产的产品，而不是市场能够出售的产品。消费者的需求会随着时间和不同产品的推出而改变，消费者的生活经历、受教育程度、工作性质、家庭结构、个人审美情趣各不相同，每个人对物业品质需求的侧重点也就大不相同，要了解并满足消费群的需求对于楼盘开发就显得格外重要，所以对最新楼市的了解和消费者的需求、购买倾向分析是必要的。

营销策划是通过项目设定，深入分析土地的地理特征、交通条件、景观环境、周边社区环境，确定消费者希望在此购买何种物业，再结合土地既有资料，然后才决定项目定位、建筑功能。

总体规划：人们感知一个住宅小区的特色景观，最直观的就是通过建筑的外在形象，消费者希望拥有什么样的小区建筑外观，消费者希望以什么方式、什么样的节奏来组织各种大小户外空间的活动，如何使道路线形优美清晰、断面良好而又不影响消费者的出行方便，此一阶层的消费者对绿化要求如何，如何巧妙地将植被、水体、山石和建筑等有机地组织起来，构成别具特色的景区和景点，希望采用何种安全保障系统，消费者对建筑环境小区要求怎样，对车库的需求如何等类似的问题。

建筑设计：消费者想要什么样的户型面积、结构、入户平台、阳台护栏、电源插座、窗户窗台、采光通风、光影效果？如何处理设计？

通过这些方面的整合规划来设计楼盘，再通过营销策划后，楼盘自然能更好地满足消费者的需求。

（2）为开发商带来更大的利润空间

作为开发商，楼盘的最终目的，就是要销售出去，同时需要得到一个比较明确的销售目标方向印记，而这个销售目标定位则应该完全按照客户在经济上、观念上的接受能力和市场的实际需求去定位，从而实现收益的最佳回报。消费者在市场营销中越来越居主动地位、消费者的生活节奏越来越快、市场竞争空前激烈、传播媒体高度分化、信息膨胀过剩，怎样在这样激烈的环境中实现开发商的销售目标从而实现利润，这就需要营销策划人员通过选择有针对性、有目的性、有意识地去锁定精准的客户群，而根据特定的客户群，整体规划设计楼盘，避免楼盘的同质化从而避免简单的价格竞争。

（3）提升开发商的品牌

随着楼盘销售竞争的白热化，楼盘广告之间的竞争越来越激烈，差异变得越来越少，这就使得未来的购房者挑选房屋时，会摒弃形似意近的楼盘广告，转而在实力雄厚、业绩优异的开发商的企业形象广告中获取信息，不再找楼盘买房，而是找开发商买房。在消费者的心目中，好企业开发的楼盘质量是免检的，而且购买之后无后顾之忧，牌子响、信誉好的企业必会拥有一个固定的消费群体，拥有竞争的主动权。而开发商品牌建立的过程是消费者对所购买楼盘的口碑效应和认同程度来实现的。所以符合消费者需求的高品质楼盘才是提升开发商品牌的根本。而消费者需要什么样的楼盘、能承受的价格、希望什么样的服务就是营销策划的任务，然后通过适当的宣传推广，提升楼盘和开发商的企业形象，以达到提升开发商品牌的目标。

(4) 增强居住品质

房地产全程营销策划就是运用整合营销概念，对开发商的建设项目，从观念、设计、区位、环境、房型、价格、品牌、包装、推广上进行整合，在深刻了解潜在消费者深层次及未来需求的基础上，为开发商规划出合理的建设取向。与福利房相比，对城市商品住宅的规划侧重以下几个方面。

① 舒适性　城市商品住宅是一种具有一定超前性的生活消费，因而对使用的舒适性要求较高。住宅内部各用房面积指标、流线、空间、色彩、质地都有很大的创造灵活性。外部环境的绿化、水体和休闲、娱乐、健身等设施应完备，户外活动和交往场所应合理配置，整体上应该形成一个富有人情味的高品质的生活居住环境。

② 安全性　居住安全保障要求交通组织、设备安装及运行、结构设计、灾害预防等方面做到综合考虑，也要求住宅使用与管理进行科学的策划。

③ 健康性　居住环境的健康是现代人格外关注的热点，健康环境的获得要求建筑师必须合理组织自然采光和通风，科学地设计绿色植物与水系，慎重选择建筑及装修材料，重视餐厨、卫生间的布局与卫生保障，提供良好的视觉景观。

④ 可持续性　城市商品住宅的可持续性已经是影响其价值的因素之一，商品住宅的高新技术含量是其可持续性的保障。建筑技术的发展改善人类的居住环境，也改变了人类的生活方式，引入高科技的商品住宅将为居住行为模式的变化提供可能条件。

人类的生存发展同时还依赖于外围环境的质量，其能源供给、污染程度等因素也制约着住宅的可持续性。城市商品住宅是一个依赖环境生存并不断与之进行物质、能量交换的耗散结构体系，增加科技含量、优化商品住宅设计可以通过对环境的保护产生很大的社会效益，而且由于适应了未来的发展趋势也必将带来相应的增值潜力。

1.3　房地产营销策划的原理、原则及特征

1.3.1　房地产营销策划的原理

原理是指某种客观事物的实质及其运动的基本规律。房地产营销策划的原理是指房地产营销策划活动中通过科学分析总结而形成的具有理性指导意义和行为规律性的基本知识，因而对一切房地产营销策划实践活动具有普遍的指导意义。

(1) 创新性原理

创新性就是差异化、有个性。创新是房地企业成功的关键，更将创新理论运用到房地产营销策划中去，策划人就必须保持思维模式的弹性与更新，让自己成为"新思维的开创者"。

创新者首先表现在策划观念新。策划观念是否新，关系到策划人的基本素质。其次是概念新、主题新。主题概念是项目的灵魂，只有主题概念有了新意，项目才能凸现出个性，如山景房、海景房。再者是策划手段和方法新。方法手段虽有共性，但组合不同，策划出的效果就不一样。如广州远洋明珠大厦，在建好的楼宇中，推出十套主题样板间，以不同人的个

性及生活方式进行延伸、发挥、组合,昭示了我们居住的空间是那样舒适、优美、富有艺术,增大了人们的购买欲。

（2）人本原理

房地产是大宗商品,是人们赖以生存的基本生产和生活资料。人们购买住宅,不仅仅是购买居住的场所,更重要的是购买绿化、社会和文化等环境,购买的是一种生活方式。因此,服务于人是房地产营销策划的根本目的。

房地产营销策划以人文为灵魂,可以张扬建筑人本主义,构筑人居精神属性,缔造家园对人生的价值。如项目的主题概念就是人文的具体体现,所有这些使房地产营销策划拥有了深刻的内涵。

人本原理要求策划人要深刻领会我国人文精神的精髓,注重人文关怀、人文情感和人文历史,建立项目自己的个性,促进产品和企业品牌的形成。

同时,人本原理还崇尚"天人合一"的观念,即房地产营销策划要把企业发展、社会发展和生态发展统一起来,形成绿色营销策划的最高境界,以维护全球可持续发展这个全人类的根本利益。

（3）差异性原理

策划的本质就是向日益细分的市场强调单个产品与众不同和度身定做的个性化特征。市场的细分决定了产品之间的不同之处,在每一个环节上照顾客户共同关心的产品要素,从客户出发,在整个营销过程中突出对客户有意义的、与其他产品不同的细节点,强调此产品与彼产品的差异性,就是策划的精髓所在。

目前,许多地方的房地产项目争夺的都是同一类客户,它们的价位、楼型、户型、外立面、售楼处包装、营销模式、广告诉求等大都处于同一思维和操作模式的层面上,有些方面甚至惊人的一致,存在严重的"同质化"倾向,这势必加剧狭小市场范围内的竞争,加大单个项目的投资风险。如果其中某项目崩盘或价格"跳水",其他同类项目将同样遭到严重冲击。所以,项目的营销策划必须坚持差异性,突出产品自身特征,加强产品的易识别性。

（4）整合原理

策划讲求"创意",而"创意"最容易表现为思维上的"灵机一动"。这反映在策划工作上往往可能是异军突进,因此,策划上的灵感与创意一定要结合总的诉求主题。整合原理强调策划对象的优化组合,包括房地产产品功能组合、营销方式组合、项目资源组合等。性价比是竞争胜出的关键,客户最终选择产品的诸如价格、环境、文化、规模、档次、品位、房型、面积等元素中,没有哪一个因素是至关重要的,就像没有哪一个因素可以被忽视,这就要求每个策划点要环环相扣、统筹安排,实行立体营销。

整合原理要求对项目设计上的优化、工程上的进展、广告媒体发布的立体性配合、物业管理、价格上的变更等方面,要点线呼应、互相协调,坚持整合推广理念,这样才能避免单一营销活动的结果平平,避免费时费钱又费力而贻误市场良机。

1.3.2　房地产营销策划的原则

（1）可行性原则

房地产项目营销作为策划的一种,在最初也只是作为一种想法存在于脑海中,是创意。但是创意是否能够得以实现是房地产项目策划能否成功的前提。在策划过程,创意可能顺利实现了,也可能半途而废。不能实现的创意无论如何异想天开,到最后也只能是毫无价值。因此,房地产项目策划考虑最多的就是可行性。

从房地产营销策划一开始,我们就应该对创意进行考察,发现创意本身的不足,进行进一步改进。但是一个创意是否可行，在最初我们是不清楚的，对此的应对方法可以是在一个小范围内进行预演，这在很多案例中都被证明是很有效的一种做法。

（2）调适性原则

调适性原则要求房地产项目营销策划方案必须是弹性的，能够随着市场的变化而进行调适。因为房地产项目营销策划面对的是市场，而市场是千变万化的。在市场中，企业外部的宏观环境、企业内部的微观环境无时无刻不在发生着变化。以一套不可调适的策划方案来面对多变的市场，其最好的结果也只能是事倍功半，更多的情况下项目策划都摆脱不了失败的命运。在房地产项目营销策划之初，策划人员必须充分考虑到在项目实施过程中可能会遇到的各种变化因素，为之制定一个可供调适的弹性范围。一个房地产项目营销策划方案是否具备弹性，是决定此方案是否成功的一个关键因素。

（3）选择性原则

选择性原则要求项目应有两个或两个以上的策划方案可供选择。这一原则其实同调适性原则所面临的问题是一样的。面对一个多变的市场，一个房地产项目营销策划方案可能无论如何变化都不能避免失败的危险。因为市场的变化是如此巨大，可能方案在市场切入点、项目创意这些策划的基础方面证明不能适应市场。又或者由于信息泄露，竞争者已经对现行的这套策划方案有了对策或者干脆准备运行同样的策划方案。这时候仅仅对方案进行修改已经是行不通的，需要重新启动一个新的策划方案。

（4）创新性原则

创新是事物得以发展的动力，是人类赖以生存和发展的主要手段，在每一个社会转型的背后，都有着技术上的创新。对于房地产项目营销策划，其创新性也至关重要。房地产项目营销能否有新的突破，是其成功的关键，创新能吸引人们的兴趣，吸引人们参与其中，从而使房地产营销策划力挫群雄，实现其自身的价值。

（5）价值性原则

房地产项目营销策划要按照价值性原则来进行，这是其功利性的具体要求与体现。随着我国市场体制的进一步转型，房地产策划业同其他行业一样，衡量具体的房地产项目策划标准的只能是价值量。一个优秀的房地产项目营销策划价值一定很大。一个无价值的房地产项目营销策划是不能称之为好策划的。房地产营销策划结果都要创造一定的价值，只有这样，房地产营销策划才能体现出其自身的价值所在。

（6）集中性原则

以优势兵力攻击敌方关键性部分，成为军事上的上策。把这一策略运用到商战上同样有效。一个企业的实力有所极限，不可能在每一个角落都是最好的，所以把有限的实力投入到最有利的战场显得极为重要。运用集中性这一原则，关键在于弄清以下 4 点：辨认出胜败关键点；摸清对手的优缺点；集中火力对付对手的缺点；决定性的地方投入决定性的力量。

（7）信息性原则

一个好的房地产项目营销策划是以信息的收集、加工、整理、利用开始的，而好的开始就意味着成功的一半，因此信息性原则是房地产项目策划的基础性原则，也是关键性原则。信息是房地产项目营销策划的起点，具体包括以下几项要求：收集原始信息力求全面；收集原始信息要可靠真实；信息加工要准确、及时；保持信息的系统性及连续性。

1.3.3 房地产营销策划的特征

研究房地产项目营销策划对于提高房地产开发企业的营销素质，增强房地产开发企业的活力和竞争力，健康、稳步地发展房地产业，更好地满足人们生产和生活的需要，都具有现实意义。由于房地产产品以及房地产市场存在着特殊性,决定了房地产营销策划的特征。

(1) 系统性

房地产营销策划的系统性主要表现在两个方面。首先,房地产营销策划必须以影响房地产市场各类因素的分析为基础,而影响房地产市场供求结构及其变化趋势的各种因素是一个大的系统。这一系统从宏观方面看,由各级政府有关房地产市场营销的政策体系与内容(如房地产产业政策、金融政策、财政政策等)以及社会经济环境(如人口数量、收入水平等)等构成;从微观方面看,包括房地产市场的供应、需求和中介等。其次,房地产市场营销的运行是由输入、过程及输出三个部分构成的一个系统。这一系统包括两个方面的内容:一是房地产市场营销策划系统运行中资源的输入和输出(见图1.1),二是房地产市场营销策划系统战略的输入和输出(见图1.2)。

图 1.1　房地产市场营销策划系统的输入和输出

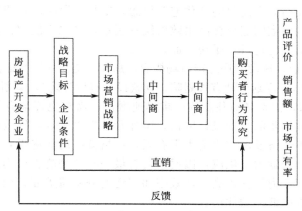

图 1.2　房地产市场营销策划系统战略的输入和输出

(2) 整体性

房地产营销策划的整体性可以从纵向和横向两个角度来理解。从纵向看,一方面,由于房地产商品价值大、房地产市场地域性强以及信息不畅通的特点,使房地产商品在流通领域停留的时间比较长,长达数年是正常现象。仅整个销售过程而言,都要经历预售、销售中期以及销售后期三个时期。这就要求不同时期的房地产营销策划活动和方案具有前后连贯性。另一方面,房地产营销策划过程本身也具有整体性。从房地产市场研究,经过市场细分和目标市场的选择,到房地产市场竞争战略和品牌战略的确定、顾客关系的管理,再到产品策略、价格策略、营销渠道策略以及促销策略的制定,就是前后一气呵成的过程。而且任何一个方面的变化,往往牵涉到其他方面的改变。从横向看,房地产市场营销策划计划的制订和实施不仅涉及房地产开发企业内部营销、财务、工程质量管理以及材料采购等部门,也需要银行、设计部门、工程建设承包商以及建筑材料和房屋设备供应企业等外部企业的配合。

(3) 政策和法律的敏感性

从法律角度看,首先房地产商品流通的实质是产权的流转,而不是房地产商品实体的移动,在房地产商品产权流转的过程中需要有法律的保障;其次,房地产商品因使用周期长,同一房地产商品在其使用期内,产权可能多次转移;再次,在法律形态上,房地产商品的产权表现为所有权、使用权、租赁权、抵押权以及典权等形态，不同形态的权益包含的权利义务关系不同，涉及的法律条款也不一样，在营销时需要加以特别注意。同时，在房地产经济活动中，房地产商品的使用权和所有权都可用于抵押、典当和信托等。所有房地产权属在登记、转移而完成房地产交易时，都需要法律提供保障。因此，房地产营销策划与法律制度有密切的联系。从政策角度看，房地产业对国民经济发展的重要作用以及房地产在国民财富和社会经济生活中的地位，决定了政府必然通过各种形式对房地产市场进行调控，这一方面减弱了房地产市场运行的自由程度；另一方面，也使房地产市场的供求状况和变化趋势受政策的影响很大，比如宽松的货币政策和财政政策往往带来房地产商品的供需两旺。因此，无论是对房地产市场供求关系的判断，还是营销策略的制定，都必须密切注意与房地产市场相关的政策现状及其变化趋势。

1.3.4　我国房地产营销策划的发展历程及趋势

1.3.4.1　我国房地产营销策划的发展历程

对我国房地产策划理论的发展进行总结，我国房地产策划理论的发展演进的过程经历了6个阶段。

（1）建设观念阶段——标准规划

计划经济时代，我们只有简单的"住宅"概念，很长一段时间，我国的住宅建设一直是学习前苏联模式，而且住宅的建设标准由政府统一制定，谁也不能超标准，甚至是出几套标准图，大家全按标准图进行建设，千楼一面。

20世纪80年代以前，还没有房地产市场概念，那时"盖房子""盖家属院"，连人们的基本居住需求都难以满足，"规划设计有规划院，建筑设计有设计院"，策划等同于标准规划。

20世纪80年代末，消费者对住房的需求迅速增长，需求也逐渐有了层次，过去按标准图建设的住宅的观念被初步的规划设计取代，国外营销理论进入，导致房地产开发开始以设计为中心。当时，由于经济发展与生活水平有限，价格低廉的住房受到消费者欢迎，加之消费者对房地产产品的需求远大于供应，因而消费者最关心的是能否得到住房，而不是关心住房的细小特征。开发商致力于获得高生产效率和广泛的分销覆盖面，同时认为消费者喜爱那些可以随处得到的、价格低廉的住房。

（2）楼盘观念阶段——销售策划

房地产刚刚走向市场化，大部分开发商开发项目的意识依然停留在计划经济时代，往往是跟着感觉走，那时的策划往往依赖于企业领导或几个设计院专家的"大脑风暴式"讨论，根本没有市场调研、消费者需求调查的意识，开发的项目充满了主观臆断，开发商的营销处于楼盘观念阶段，认为消费者最喜欢高质量、多功能和具有某些特色的楼盘。有的开发商认为，消费者欣赏精心建设的楼盘，他们能够鉴别楼盘的质量和功能，并且愿意出较多的钱买质量上乘的楼盘。许多开发商没有意识到其市场可能并不那么迎合时尚，甚至市场正在朝不同的方向发展。开发商认为自己知道该怎样设计和改进产品，他们甚至不考察竞争者的楼盘。他们认为："在我们的楼盘没有盖起来以前，消费者怎么会知道他们需要什么样的住房?"没有销售策划，结果楼盘空置率猛增。虽然此时房地产开发依然以设计为中心，但规划的大部分功能与设计功能合并，房地产策划概念于1993年前后悄然出现。

1997年以前房地产策划的主要特点是运用各种单项技术手段进行策划，随着房地产策划实践的日益深入，房地产策划理论也逐渐形成房地产策划的一些成功案例，为企业创造了可观的经济效益，因而房地产策划开始得到人们的关注和认可。一些发展商在企业内部设立策划部，专业策划公司、策划代理机构、物业顾问公司、自由策划人也应运而生，以房地产策划为谋生手段的人或公司也多起来。但总体上说，此阶段的房地产策划95%以上属于

"销售策划"。

（3）推销观念阶段——概念策划

房地产市场的泡沫与楼盘空置的现实，使开发商认为消费者缺乏理性，有一种购买惰性或者抗衡心理，必须主动推销和积极促销，用好话劝说他们，开发商没有意识楼盘空置的真正原因，继续销售其能够建造的楼盘，而不是建造能够出售的适用楼盘。开发商的市场竞争观念，使营销成为企业的主要功能被置于开发商一切工作的核心。

在1997～1999年大多数所谓房地产策划仅仅是"广告策划""销售策划"而已，策划人选择楼盘的一个或一个以上的显著特征，如有的强调物业管理、有的宣传环保的特征、有的突出保安系统技术先进、有的推荐智能化、有的楼盘则更注重环境设计等，向消费者加以强调和宣传，使消费者对楼盘建立起概念认识，引导消费者在众多楼盘的选择过程中，比较容易选择自己偏好的楼盘，以达到促销目的。这段时间里，"卖点"是一个使用频率最高的词汇，策划人选择楼盘的显著特征，主要集中在地段、价格等最基本的房地产要素上。这种策划方式只是解决了消费者的识别选择，开发商仅靠楼盘的某项优点而实现销售意图，很难圆满实现，由此导致房地产策划的低潮期。

（4）准营销观念阶段——卖点群策划

随着我国社会主义市场经济的迅速发展，随着社会进步与生活水平的提高，消费者对居住条件的需求层次日益明显，房地产市场供应量的增加、导致需求相对减弱及消费者理性购买，开发商已根本不可能满足全社会不同阶层的居住要求。

如果要正确地判断和有效的满足用户的各种需要，适应卖方市场和消费者理性选择，开发商认为必须以用户为中心。因此，为将开发商以建设观念、楼盘观念建筑的楼盘推向市场，策划人把众楼盘之长集于一身，极尽所能地向市场罗列无尽的卖点，一时间环保住宅、绿色住宅、智能住宅、生态社区、人文社区、山水社区排山倒海，每一个卖点，都凝聚着开发商的心机；每一个卖点的后面，都是智慧和成本的凝结；每一个卖点的成型，都似一根根钢筋对大厦起着更为牢固的支持。

卖点数量和质量的增加，使楼盘品质不断地得到提高。市场在接受这些卖点之时，使策划公司亦获得绵延不断的商业合约机会，但不少楼盘的"富贵病"亦随之产生。许多城市的高楼大厦，实际已出现明显的成本高于售价的问题，多数卖点策划模式对提高项目的素质起到了非常积极的作用，但同时也使许多楼盘成本处于高处不胜寒之境。

（5）营销观念阶段——全程策划

围绕用户展开的营销，并没有使供需缓和、楼盘空置减少，开发商逐渐认识到实现销售的关键在于正确确定目标市场的需要和欲望，并且比竞争对手更有效、更有利地传送目标市场所期望满足的东西，即发现欲望并满足它们。使开发商不再只关注于产品的本身，转而关注市场需求。

房地产策划的责任，就是去研究市场，发现消费者的真正"欲望"，全程策划理论应运而生。全程策划理论是指在深刻了解潜在消费者深层次及未来需求的基础上，通过市场调研、需求论证、概念定位、目标、规划设计、建筑布局、工程控制、营销推广、售后服务等营销过程的分析、计划、组织和控制，为开发商规划出合理的建设取向，从而使产品及服务完全符合消费者的需要而形成产品的自我销售，并通过消费者的满意使开发商获得利益的过程。全程策划经历了前策划和后策划两个发展阶段，两个阶段的策划理论模式分别是等值策划模式与增值策划模式。

① 前策划阶段——等值策划。前策划阶段以等值策划理论为代表，策划人为避免楼盘成本攀升而并未获得同比的售价，或因售价提高造成楼盘空置率攀升的恶性循环，在楼盘众

多的优势卖点中进行权衡取舍，或找到楼盘未发现的价值点，使楼盘成本与销售价格相适应。此阶段房地产策划是以品质、价格为主线，强调生活的舒适与和谐，综合运用市场策划、投资策划、设计策划、形象策划、广告策划、营销策划、公关活动策划、商业功能策划等各种技术手段，使销售达到理想的效果。房地产开发商关注市场需求的结果，使房地产策划在开发商心中的位置进一步提高，以用户为中心，策划与营销并重成为房地产开发的主要功能。等值策划要求策划人能对该项目的价值具有充分的认知能力，并能在多因素之中进行权重取舍，而且需具有驾驭和实现经营意图的综合能力。发展土地的充分价值，进行等值策划，从而兑现其最大价值，可视为房地产策划的理想模式。

② 后策划阶段——增值策划。后策划阶段以增值策划理论为代表，以提高楼盘相对价值为主要目的，策划人在项目立项时，即着手进行市场需求调研，正确确定目标市场的需求和欲望，应用等值策划的技术手段，利用差异化、避免竞争等营销理论，营造出即比竞争对手更有效的满足市场需求、又不可替代的楼盘，通过提高消费者可察觉的使用价值，提高楼盘相对销售价格——使楼盘增值，从而达到营销目的的一种策划方式。增值策划的目的，就是要为开发商的楼盘创造最大的附加值（使楼盘增值），为楼盘的市场创造有效需求——即通过创新适应需求、引导需求、挖掘需求。增值策划的结果，真正确立了房地产策划在房地产开发项目中的位置，使以用户为核心、策划为主体功能、营销为主要功能成为房地产开发的主导模式。

1.3.4.2 我国房地产营销策划的趋势

整合营销是企业经营目标兼顾企业、顾客、社会三方的共同利益，各种营销技巧相互结合、相互补充所构成的企业市场营销理念。整合营销要求企业的所有活动都整合和协调起来，企业中所有部门都在一起努力为顾客的利益而服务，企业的营销活动成为企业各部门的工作，即所谓的营销非功能化，营销等于企业的全部。

在整合营销时代，房地产的策划模式也将进入整合策划时代。房地产整合策划将改变从静态的角度分析市场、研究市场，然后再想方设法去迎合市场的做法，它使地产与泛地产相复合，运用房地产领域内外各种技术手段，强调以动态的观念，主动地迎接市场的挑战，更加清楚地认识到企业与市场之间互动的关系和影响，不再简单地认为企业一定要依赖并受限于市场自身的发展，而是告诉企业应该更努力地发现潜在市场，创造新的市场，最终是要提升房地产价值、创造房地产品牌。

思考题

1. 什么是策划？什么是房地产营销策划？
2. 营销策划在房地产营销中的作用有哪些？
3. 房地产营销策划有哪些特征？
4. 我国房地产营销策划的发展历程及趋势如何？

2 房地产营销策划的程序与内容

2.1 房地产营销策划的基本程序

房地产营销策划具有一定的基本程序,主要包括以下方面。

(1) 界定问题

营销策划是面向营销过程应用的学问,是营销过程的策划设计。因此,首先应该运用营销学的理论,对项目进行分析研究,确定工作方向,有的放矢。在明确目标过程中,应注意两个问题。

① 主题意识　营销策划工作多数情况下是在接受委托情况下开展的,策划人必须弄清委托者的本意、要求,即主题,把有限的时间、资源和精力投放到主题当中,切忌南辕北辙。

② 辩证求解　营销策划是在企业与消费者之间求解,有人比喻为是"导师+医生",即从开发理念、项目定位、地位选择、规划设计、项目建设到营销推广、市场销售、物业管理等,开发商需要提供顾问、策划服务。策划人员应充分整合企业有限的资源和社会资源,通过改变企业的资源环境来实现目标,这是营销策划的使命所在。

(2) 收集信息

信息资源开发的水平,决定着策划的水平,而信息开发水平的高低又是由其工作过程中所采用的方法所决定的。运用科学的市场调查方法,收集信息资料。信息的收集必须满足可靠性和有效性两点要求。对收集的信息资料,运用科学化的推理方法,充分发挥策划人的智力创新功能,进行加工处理,透过现象,去粗取精、去伪存真,探索房地产市场的发展规律,预测其发展变化趋势。

(3) 产生创意

有组织的创意是营销策划的核心。策划与组织的重要区别之一就在于组织意识,组织意识就是要从思想上认识到,创意不仅仅依靠个人的"灵感",而且正如美国学者德鲁克所说,是"一种可以组织,并需要组织的系统性的工作"。因此,策划人必须有丰富的信息情报量、思路清晰的系统概念、敏锐的关联性和想象力、很强的市场反应能力和悟性。

(4) 撰写、推出房地产营销策划书

经过创意一般可形成多种概要性方案的框架,对创意后形成的概要性方案再进行充实、编辑,并用文字和图表简要表达出来,就形成了房地产营销策划书。

策划方案编写完毕后,通常要向委托人讲解、汇报,并动员有关部门和人员积极参与,从这个角度上说,策划人是导演。

(5) 执行房地产营销策划

一般而言,一项完整的房地产营销策划方案通常包含:市场调查、目标客户群的分析、价格定位、销售目标体系、进入市场的时机与姿态、确定销售方式、公关计划、推广成本预算、干扰因素分析、执行监控等内容。策划方案通过后，策划者不一定是执行者，若在执行过程中"走样"，考虑再周全的方案、设计再完美的方案也会影响成效。另外，由于竞争激烈，市场风云变幻，策划方案设计时与执行时的客观环境、约束条件等都可能发生变化，因此，方案的实施，应是从构思到行动结束，不断检查调整、螺旋推进的过程。

2.2　房地产营销策划内容

　　房地产营销策划随着中国房地产行业的发展而逐渐成熟，但是毕竟经历的时间不是很长，房地产营销策划没有形成一套比较完善的理论，所以策划没有标准的模式可以遵循。在不同的房地产营销策划理论和不同的策划阶段，房地产营销策划的流程也会有所不同。因为在实际的策划操作过程中，可能会随着不同阶段出现不同的问题而提出针对性的解决方法，其具体的操作过程也不会一成不变。

　　根据营销理论，房地产营销策划一般包括以下内容。

　　(1) 市场调研

　　主要分析宏观环境以及项目所在区域竞争对手的情况。

　　① 前言　包括本次市场调研的背景、动机、运用手段、目的等。

　　② 市场分析

　　a. 当前市场分析。开发总量、竣工总量、积压总量等数据的统计，主要分析大的区域的宏观走势。

　　b. 区域市场分析。包括销售价格、成交情况的统计分析，对项目所在区域的楼盘的供求状况、趋势的分析。

　　③ 近期房地产的有关政策、法规、金融形势。

　　④ 竞争个案项目调查与分析。

　　⑤ 消费者调查　对消费者的分析应该有针对性，而且要尽量的详尽。主要分析消费者对楼盘外观、户型面积、楼盘地点、小区格局、建材、公共设施、价格、付款方式的喜好；购买时机、季节性；购买反应（价格、规划、地点等）；购买频度等。

　　⑥ 结论　总结以上调研的分析结果，得出概括性的项目面临的市场情况。

　　(2) 项目环境调研

　　① 地块状况

　　a. 地理位置。

　　b. 地块面积。

　　c. 地块的地形。

　　d. 地块的环境面貌。

　　e. 地块开发的性质。

　　② 地块本身的优劣势。

　　③ 地块周围景观　项目地块前后左右，远近景以及人文景观。

　　④ 环境污染及社会治安状况　水、空气、噪声等是否污染以及污染的程度，对项目造成的影响以及社会治安问题。

　　⑤ 地块周围的交通条件　环邻该项目的公共交通条件，地块的直入交通是否方便等。

　　⑥ 公共配套设施　包括菜市场、商店、购物中心、公共汽车站、学校、医院、文体娱乐场所、银行、邮局、酒店等公共设施，是否方便居民的生活。

⑦ 地块地理条件的强弱势分析 通过 SWOT 坐标图、综合分析等方法。

(3) 项目投资分析

① 投资环境分析 主要分析宏观环境。

a. 当前经济环境。银行利息、金融政策、开发程度等。

b. 房地产的政策法规。

c. 目标城市的房地产供求现状及走势（价格、成本、效益）。

② 土地建筑功能选择。

③ 现实土地价值分析判断以周边竞争楼盘的售价和租价作为参照。

④ 土地延展价值分析判断。

⑤ 成本敏感性分析

a. 容积率。

b. 资金投入。

c. 边际成本利润。

⑥ 投入产出分析

a. 成本与售价模拟表。

b. 股东回报率。

⑦ 同类项目成败的市场因素分析

(4) 营销策划方案

① 本项目特点分析

a. 项目特性分析。优劣势判断，在同类物业中的地位排序。

b. 建筑规模与风格。

c. 建筑布局和结构。实用率、绿地面积、配套设施、厅房布局、层高、采光通风、管道布线等。

d. 装修和设备。是豪华还是精装修，材料是进口还是国产以及保安、消防、通信等设备。

e. 功能配置。游泳池、网球场、俱乐部、健身房、学校、菜场、酒家、剧院等功能性配套是否完善。

f. 物业管理。是自己管理还是委托他人管理、收费水平、管理内容等。

g. 发展商背景。发展商实力、以往业绩、信誉、员工素质等。

h. 结论和建议。通过对本项目的分析，提出哪些需突出、哪些需弥补、哪些需调整的建议。

② 目标客户分析

a. 经济背景。分析目标客户的经济实力和所从事行业的特征以及收入消费水平，希望的付款方式和按揭方式。

b. 文化背景。通过分析目标客户的文化背景，以确定适合他们的推广方式、选择能让目标客户最大频率接触的媒体以及能够让他们接受的创意和表达方式等。

③ 价格定位

a. 理论价格。根据发展商确定的期望回报率和成本来确定的价格。

b. 成交价格。实际成交的价格。

c. 租金价格。根据本区域同质楼盘的租金价格确定的本楼盘的预期租金价格。这个价格对于主打投资概念的楼盘影响很大。

d. 价格策略。一般来说，为了显示物业具备升值的空间和潜力，惯用的价格策略是"低开高走"。

④ 入市时机、入市姿态（以什么程度的媒体攻势和价格）的选择 选择合适的入市时机和姿态对以后的销售有至关重要的作用，可以提高楼盘销售的速度，以提高资金回收率。

⑤ 广告策略

a. 广告的阶段性划分。一般情况，房地产销售期一般分为准备蓄水期、内部认购期、开盘强销期及持续期。但是要根据每个楼盘不同的情况而确定各阶段的时间长短，有时甚至将两个阶段合二为一。

b. 阶段性的广告主题。

c. 阶段性的广告创意表现。

d. 广告效果监控。

⑥ 媒介策略

a. 媒介选择。

b. 软性新闻主题。

c. 媒介组合。

d. 投放频率。

e. 费用估算。

⑦ 推广费用。

a. 现场包装（营销中心、示范单位、围板等）。

b. 印刷品（销售文件、售楼书等）。

c. 媒介投放。

(5) 概念设计

① 小区的规划布局和空间组织。

② 小区容积率的敏感性分析。

③ 小区道路系统布局（人流、车流）。

④ 小区公共配套布局安排（学校、会所、购物等）。

⑤ 小区建筑风格的形式及运用示意。

⑥ 小区建筑外立面色彩的确定及示意。

⑦ 小区户型比例的搭配关系。

⑧ 小区经典户型的功能判断及其面积划分。

⑨ 小区环境绿化概念原则。

⑩ 小区环艺小品主题风格确定及示意。

(6) 识别系统

① 核心部分 包括本项目的名称、标志、标准色和适合项目定位的标准字体。

② 运用部分

a. 现场。现场包括施工和营销现场。现场的识别系统主要是工地围板，而销售现场包括彩旗、挂幅、欢迎牌等烘托气氛的工具。

b. 营销中心的形象墙、门楣标牌、指示牌、展板的规范，营销人员的胸卡、工作牌、台面标牌等。

c. 工地办公室。要设置经理办公室、工程部、保安部、财务部等保证工程和接受客户咨询的职能部门。

d. 功能性标牌。设置请勿吸烟、防火、防电、配电房、火警119、消防通道、监控室等安全功能指示牌。

2.3 房地产营销策划的组织构成

房地产营销策划是一个系统工程，其营销策划行为是一个集思广益、广纳贤才进行协作创意与设计的过程，因而营销策划组织必须在充分发挥主创人智慧的基础上形成团结合作的组织系统，这种机构组织一般由专门的营销策划代理机构与企业项目的营销策划人员组成（大型房地产企业都有自己的策划部）。

当然，这种组织机构只是临时性的，在从事项目营销策划与营销管理的过程中加以组织并行使职责，一旦项目营销任务完成，这个组织机构也就完成了其使命。

营销策划组织一般称作营销策划委员会或营销策划小组。该组织设主任或组长一名，副主任或副组长二、三名，成员若干名，主要包括以下几类人员。

（1）策划总监

策划总监的职责和任务是负责领导、保证、监督营销策划委员会的全盘工作，协调和安排营销策划组织与企业或项目各部门、各方人士的关系，掌握工作进度和效率。

（2）主策划人

主策划人是营销策划组织的业务中心，相当于文艺工作的编导。负责指挥各类策划人员的业务（包括调研），牵头组织业务人员的创意活动，并最后负责拟定营销策划文案。主策划人应有良好的业务素质和各方面的业务能力，要有市场观念、竞争观念、创新观念和时效观念，并要对企业营销行为比较熟悉，富有项目营销策划的成功经验和高度责任感。

（3）文案撰稿人

营销策划文案的撰写不应只是主策划人的个人行为，而应在主策划人的领导下，有若干撰稿人参与工作。这些撰稿人可能撰写文案中的某一部分内容，但必须对营销策划的全程系统都非常熟悉，撰稿前的调研工作应该是全面和系统的，这样才能做到胸中有全局、脑中有创意、笔下有特色。对这类人员来说，文字表达的娴熟是最起码的要求，认识问题的深刻和富于创新思维则是衡量一个文案执笔者水平的主要标准。

（4）美术设计人员

营销策划中常涉及楼盘或小区的视觉形象、商标、广告、包装等方面，营销策划的过程也是对楼盘进行美化包装的过程，美术设计人员可依据美学原理对上述方面进行创新性设计，以增强营销策划方案的吸引力与感染力。

（5）电脑操作人员

电脑操作不仅要起到收集资料、储存资料和随时输出资料的作用，而且还要进行适应多媒体需要的、能进行动态链接和形成互动效应的高难度操作，以备营销策划之需。

总之，营销策划组织是由多方人员组成的、富有创造性、开放性的机构。

思考题

1. 房地产营销策划的基本程序如何？
2. 房地产营销策划包括哪些内容？
3. 房地产营销策划的组织构成包括哪些？

3

房地产市场营销环境分析

房地产市场营销环境是指影响企业的市场运作和市场交易的所有因素。房地产市场营销环境总是在不断变化,不断地涌现出新的机会和危险。企业需要随时监测不断变化的环境并与之相适应。企业市场营销人员的主要职责就是时刻关注市场环境、认清和跟踪环境的变化趋势并寻找机会,修正和调整市场营销战略来迎接新的市场挑战并抓住新的市场机会。

3.1 房地产市场营销环境的概述

3.1.1 房地产市场营销环境的含义和特点

房地产市场营销环境是指与房地产开发企业营销活动有潜在关系的所有外部力量和相关因素的集合,它是影响企业生存和发展的条件。房地产市场营销环境是一个多因素、多层次而且不断变化的集合体,它具有客观性、多样性、系统性、差异性、动态性、可适应性六大特点。

(1) 客观性

房地产市场营销环境的是客观存在的,任何房地产开发企业和房地产项目都是存在于一定的社会经济和其他外界环境中的,房地产市场营销环境并不会随着房地产企业的愿望而发生变化。

(2) 多样性

房地产营销环境中有大量的构成元素,包括人口、经济、社会、文化、政策、行业、消费者、竞争者等,这些因素从不同角度和不同深度影响着房地产企业的营销策略。因此,要想完全了解房地产营销市场的每一个因素的情况,并进行综合的分析和决策是一件非常困难的工作。

(3) 系统性

房地产市场营销环境中的大量的组成因素不是孤立存在的,因素之间会有一定关联性,如经济发展良好会提高顾客的购买力,社会的价值观会影响到消费者的购买取向等,各种影响因素是相互依存、相互作用和相互制约的,共同构成了房地产市场营销环境这一个系统。在这个系统中,某种现象的出现,往往不是由某一单一因素所决定的,而是一系列相关因素共同影响的结果。例如,消费者购买需求增加了,可能是由于国家经济总体增长,国家货币政策的利好,消费者消费观念的转变等因素共同作用的结果。因此,除了对各个环境因素进行分析外,还要分析他们之间的相互关系和关联性。

(4) 差异性

由于房地产项目是不可移动的产品,因此,房地产市场的营销环境比其他市场营销环境受到更强的地域性的影响,不同地区的房地产企业和房地产项目的市场营销环境是不同的。例如,不同的国家、民族和地区在人口、经济、社会文化、政治、法律、自然地理等各方面存在着广泛的差异性，相同的房地产企业或类似的项目在不同国家将会处于不同的房地产营销环境中，企业只有认清差异，才能适应环境，生产出适销对路的产品。

另一方面，相同环境因素对不同房地产企业和项目的影响也不相同。一家进入新的市场的房地产企业需要花一段时间来熟悉和适应市场环境，而一家已经在此市场中的企业对这一市场环境已经非常熟悉。

（5）动态性

房地产营销环境不是一成不变和静止的，它是随着时间的推移而不断变化的。以中国房地产开发企业所处的营销环境来看，政府宏观调控政策由紧缩银根、压缩基建规模变化为降低利率，鼓励房地产市场又变化为提升利率，抑制房地产市场的需求；住房政策也由以福利分房为主变为个人购买商品房为主的政策；消费者对住房数量的需求转变为对住房质量的需求。这些变化对房地产开发企业的营销活动带来了决定性的影响。因此，企业营销活动必须适应环境的变化，不断地调整和修正自己的营销战略和策略，才能与时俱进。

（6）可适应性

影响房地产市场营销环境的因素是多方面的，也是复杂的，房地产开发企业对其中某些因素也是难以控制。市场营销环境的不可控性，并不是说房地产开发企业只能被动地适应环境的变化。相反，房地产开发企业可以发挥主观能动性，通过对内部环境要素的调整与控制，对外部环境施加一定的影响，最终促使某些环境要素向预期的好的方向转化。也就是说，强调企业对所处环境的反应和适应，并不意味着企业对于环境是无能为力或束手无策的，只能消极地、被动地改变自己以适应环境。企业应该也能够能动地运用自己的经营资源在一定程度上去影响和改变营销环境，为企业创造一个更有利的活动空间，从而使营销活动与营销环境取得有效的适应。

3.1.2　房地产市场营销环境分析的目的

① 通过对房地产市场环境的分析研究，了解和把握房地产市场环境变化发展的趋势。

② 努力运用各种营销手段，及时调整房地产市场营销策略，以适应不可控的环境因素的变化，提高市场的应变能力。

③ 从房地产市场环境的变化中，发掘新的市场机会，抓住市场机遇，把握时机，更好地发展企业。

3.1.3　房地产市场营销环境的两个层次

房地产市场营销环境是一个复杂的系统，为了更好地分析这个系统，我们将其分为两个层次：宏观营销环境和微观营销环境。微观营销环境是指直接影响企业市场营销活动的各种行为人，而宏观营销环境往往通过对微观环境的影响来间接影响企业的市场营销活动。

3.2　房地产市场营销的宏观环境

宏观环境是指那些大范围的、间接性的市场因素，包括人口因素、经济因素、自然因素、社会因素、政治因素等，房地产企业一般通过预测这些因素的发展趋势来制定营销策略。

对宏观环境的监测能够确定宏观环境中尚未满足的需求与趋势，趋势是能够预见的并且持续时间较长的，能揭示未来的，对我们的工作、生活产生较长和较广泛的影响。它不同于流行，转瞬即逝。一个新产品的市场营销活动如果能够顺应而不是对抗社会的趋势，就可能成功，即使在经济发展缓慢的时期，如果能够把握这些需求的趋势，设法给予创新的解决方案,也能达到良好的销售效果。如在进入21世纪,人们对住房的需求趋势不再是能够居住就可以了,而是住的舒适、生活环境优美,因此,在住宅设计和小区环境上投入大量精力,在营销中大打环境牌的产品获得了社会的广泛认同。

3.2.1 人口环境

购买者是市场的主要构成因素,因此,人口,特别是城市人口是房地产市场营销中首先需要考虑的因素。人口环境包括人口的规模和增长、构成、分布、迁移、家庭规模和结构等。

(1) 人口规模和增长

人口规模即人口总数,是影响房地产需求的一个基本因素。2016年年末我国人口规模达到13.8亿,全年出生率达12.95‰,死亡率达7.09‰,人口自然增长率5.86‰。其中城镇人口数量为7.93亿,占总人口的57.46%,自然增长率为4.31‰。城市人口的增长必然增加对住宅的需求。中国住宅建设的计划一直按照人均平方米来测算的,例如,1978~2015年,我国城镇人均住宅建筑面积由6.7平方米增长到33平方米以上,农村人均住房面积由8.1平方米增长到37平方米以上。

(2) 人口构成

人口构成包括自然构成和社会构成。自然构成包括年龄、性别等;社会构成包括民族、教育程度、职业等。按人口构成划分的不同人群有着不同的愿望、价值观,会有着不同的消费需求。以老年人为例,随着人们生活和卫生医疗保健水平的提高,人们寿命延长,死亡率下降,很多城市已步入老龄化的行列,截至2015年年底,我国60岁以上的老年人为2.21亿,而养老床位仅有669.8万张,还不到老年人口的3%。以上海为例,目前老年人总数已达458万,占全市人口比例的31.6%。这个群体对居住有着特殊的需求,老年人的住宅需求蕴藏着巨大的市场潜力。虽然上海市试点了多处老年公寓等养老项目,但适合老年人居住的住宅仍然很少,与发达国家相比差距较大。

(3) 人口分布和迁移

人口在不同地区的密度是不同的,经济比较发达的地区往往人口密度较高,而经济欠发达的地区,往往人口密度较低。而房地产项目产品的固定性使得房地产市场具有较强的地域性,因此,目前房地产开发项目主要集中在人口密度大的大中城市。

人口的流入和流出,必然会影响消费需求的增加和减少,当大量人口流入某一城市时,首先需要解决的是住房问题,必然带来住房需求的增加。我国目前处于城市化加速发展的过程中,大量流动人口由农村涌入城市,由内地涌向沿海发达地区,有些城市常住人口与流动人口的比例高达1∶1。据估计,到2020年,我国城市化比例将达到60%,大量农村人口将涌入城市,流动人口的增加将给城市住宅市场带来另一片商机。人口迁移除了会带来房地产数量上需求的增加,也会导致房地产需求结构的变化,如前所述,民工的流入会增加对民工公寓的需求,而高校扩招后,大量学生进入城市,带来学生公寓需求的上升。房地产企业更应该及时了解需求,积极应对。

(4) 家庭规模与结构

以人口增长来计算新增的住房需求只是粗略地计算了人们对住房的需要。住房是作为一个单元主要提供给家庭居住,住房需求往往是家庭成员的共同意愿,因此,进一步从家庭角度来分析对住房需求的影响更为重要。城市家庭结构主要从家庭规模、家庭类型来分析。

① 城市家庭规模 是指城市家庭人口数量以及家庭组织结构范围的大小。我国家庭规模变化的趋势是家庭的小型化,根据统计,2016年全国城镇居民家庭每户人口平均为

3.1 人。

② 城市家庭类型 是指城市家庭成员相互关系所形成的家庭模式。根据家庭成员的血缘关系，城市家庭可以划分为单身家庭、夫妻家庭、核心家庭、主干家庭、联合家庭和其他家庭6种类型。在不同类型的家庭中，由于家庭人口数量不同，以及家庭代际成员组成的不同，有些要求单独居住，有些要求共同居住，对住宅产生了新的要求。

a. 未婚：年轻、单身。这个阶段一部分与父母住在一起，另一部分需要离开父母另觅住所，但是他们都面临着结婚，需要考虑准备结婚用房，是一个重要的住房消费群体。

b. 新婚夫妇：年轻夫妇没有孩子。这个阶段大部分解决了结婚用房，对住宅需要不强烈，还有部分仍寄住在父母家中、临时租借的房屋中，有强烈的住房需要，这部分人实际上是第一阶段的延续。

c. "满巢"Ⅰ：中年夫妇有了孩子。由于增加了人口，这一阶段对住房有了新的需要，但这时也是经济负担较重的时候，限制了一部分的需求。

d. "满巢"Ⅱ：夫妇开始进入老年。子女工作，开始考虑子女的结婚住房问题。

e. "空巢"：子女结婚与父母分居。夫妇开始考虑养老问题，一般没有住房方面的新的需求了，但随着老龄化社会的到来，老年人住房问题日益突现。

3.2.2 经济环境

房地产市场作为整个国民经济市场体系的构成部分，其运行方式、发展趋势与整个经济环境密不可分。另一个方面，政府对于经济的行政干预手段会对房地产市场营销产生较大影响。经济环境包括经济发展状况、居民收入、财政政策和货币政策等。

(1) 经济发展状况

一般我们用国内生产总值（GDP）来衡量一个国家的经济发展状况，国内生产总值是指一个国家在一定时期内（一般为一年）所生产的最终产品的市场价值的总和。它反映了一个国家整体经济的规模和状况。我国近年来 GDP 保持较高水平，2010～2015 年，GDP 的年平均增长率为 8.4%，说明我国经济呈快速发展阶段。经济的快速发展一方面会带来固定资产投资的增加，如表 3.1 所示，2012～2015 年房地产投资额、施工面积逐年增加，但增速明显放缓，其中竣工面积及本年新开工面积在 2014、2015 年还出现不同程度的负增长。

表 3.1　2012～2015 年房地产投资额

年　份	2012	2013	增长率	2014	增长率	2015	增长率
房地产投资/亿元	71803.8	86013.4	19.8%	95035.6	10.5%	95978.9	1.0%
施工面积/万平方米	573417.5	665571.9	16.1%	726482.3	9.2%	735693.4	1.3%
竣工面积/万平方米	99425.0	101435.0	2.0%	107459.1	6.0%	100039.1	-6.9%
本年新开工面积/万平方米	177333.6	201207.8	13.5%	179592.5	-10.7%	154453.7	-14.0%

注：资料来源根据 2016 年国家统计年鉴整理。

(2) 居民收入

从表 3.2 可以看出，随着经济发展水平的提高，居民的个人收入有了显著增加。在其他因素不变的情况下，居民收入上升，必将导致消费需求上升；收入下降，则消费需求下降。

① 需求收入弹性系数 经济学中引入住房需求收入弹性来反映居民收入对需求的影响。需求收入弹性是指收入变动的比率所引起的需求量变动的比率。由于住房需求与居民收入呈

表 3.2　2010～2015 年居民收入情况表

年　份	2010	2011	2012	2013	2014	2015
家庭人均可支配收入/元	19109.4	21809.8	24564.7	26955.1	29381.0	31790.3
增长率		14.1%	12.6%	9.7%	9.0%	8.2%

注：资料来源根据 2016 年国家统计年鉴整理。

正向运动，所以住房需求的收入弹性为正。其公式为：

$$需求收入弹性系数 = \frac{需求量变化百分比}{收入变动百分率}$$

$$E_r = (\Delta Q/Q)/(\Delta Y/Y)$$

式中　E_r——房地产商品需求收入的弹性系数；

　　　ΔQ——房地产商品需求变动量；

　　　Q——房地产商品需求量；

　　　ΔY——消费者可支配收入的变动量；

　　　Y——消费者可支配收入。

② 消费结构与恩格尔系数　居民的消费支出包括衣、食、住、行、医疗保健、文教娱乐等各方面，居民收入在各种消费支出中的分配比例称为消费支出结构。恩格尔系数为食品消费支出占家庭支出的比重，联合国粮农组织依据恩格尔系数来反映人们的生活富裕程度，如表 3.3 所示，恩格尔系数在 60% 以上为贫困，50%～59% 为勉强度日，40%～49% 为小康，30%～39% 为富裕，30% 以下为最富裕。

表 3.3　恩格尔系数分布表

消费水平类型	恩格尔系数的变动区间	平均住房消费支出比例	恩格尔系数的变动区间	平均住房消费支出比例
最富裕型	30% 以下	25.2%	16%～30%	25.2%
富裕型	30%～40%	23.5%	30%～40%	23.5%
小康型	40%～50%	19.4%	40%～45%	22.9%
			45%～50%	15.8%
温饱型	50%～60%	11.9%	50%～55%	14.7%
			55%～60%	9.0%

近年来，随着可支配收入的增加，恩格尔系数呈降低的趋势，如表 3.4 所示，城镇居民用于食品支出由 2010 年的 35.7% 下降到 2015 年的 34.8%，农村居民用于食品支出由 2010 年的 41.1% 下降到 2015 年的 37.1%。说明人们生活朝着富裕的水平发展，也说明随着居民收入的增加，消费结构随之发生变化，在支付了吃、穿、用等基本的生活需求后，必然更多地投入房地产产品的消费上，增加对房地产产品的需求。

表 3.4　2010～2015 年恩格尔系数表

年　份	2010	2011	2012	2013	2014	2015
城镇居民家庭恩格尔系数/%	35.7	36.3	36.2	35.0	35.6	34.8
农村居民家庭恩格尔系数/%	41.1	40.4	39.3	37.7	37.6	37.1

注：资料来源根据 2016 年中国统计年鉴整理。

人们收入的不同，对住宅价格的承受力和住宅需求也不同。收入高的人，能承受和需求面积大、质量好和价格比较高的住宅；中等收入者，一般来说能承受中等大小、质量一般、价格中等的住宅；低收入者只能承受政府提供的经济适用房和廉租房。

(3) 财政政策

财政政策是政府通过一系列政策对国民收入进行再分配的过程，从而实现国家经济的高效运转。政府的收入主要是税收，政府的支出主要是政府投资、政府消费和转移支付。与房地产相关的税收包括：房地产企业需要交纳的各项税费、个人购房需要交纳的税费等。政府投资一般投向于基础设施和公共事业项目，一部分进入房地产市场或间接对房地产市场产生影响，如城市基础设施建设会对周边房地产市场产生较大影响。政府消费主要是政府各机构运转的正常支出，政府的转移支付主要是政府对特定地区、特定人群、特定行业的补贴性支出，政府为中低收入家庭提供经济适用房，为低收入家庭提供廉租房等。

(4) 货币政策

货币政策是借助于利率和货币量的变动来实现某种目标的工具。房地产的开发、流通、消费都需要大量的资金，因此，金融机构在其中发挥了重要的作用，房地产业又被称为资金密集型行业。利率的提高或降低会直接影响到房地产市场。近年来，我国正是积极采用了货币政策来调整房地产投资过热、需求不足和过热的问题。

当居民存款的利率降低了，居民将会减少储蓄而转向其他投资，可能会考虑增加住房的消费或是进行住房的投资，从而增加短期的住房需求；同时，当利率降低时，住房贷款的利率会同步降低，实际上降低了居民住宅消费或投资的短期成本，也会增加住房的短期需求。当利率升高时，上述两方面也会使居民的短期住房需求减少。

近年来，国家正式通过对房贷政策和利率的调整来影响到投资和消费从而影响房地产市场。2010年9月末，多部委密集下发文件，当时称"9.29新政"，要求房价过高、上涨过快的城市要限定居民购房套数，调整住房交易环节的契税和个人所得税优惠政策，开启了全国范围内的限购政策。其中，央行和银监会宣布完善差别化的住房信贷政策，各商业银行暂停发放居民家庭购买第三套及以上住房贷款；贷款购买商品住房首付款比例调整到30%及以上。2010年11月，住建部、财政部、央行和银监会发文全面叫停第三套住房公积金贷款，并将第二套住房公积金个人住房贷款首付提至五成。2011年1月，国务院常务会议研究部署房地产市场调控工作，力度空前的新"国八条"出台，信贷政策方面规定二套住房首付款比例不低于60%、贷款利率不低于基准利率的1.1倍。2011年1~6月，央行先后6次上调存款准备金率，上调后大型金融机构存款准备金率达21.5%，中小金融机构存款准备金率达18.0%。2012年5月，央行继2011年12月下调存款准备金率0.5个百分点后，次年2月和5月两次下调存准率0.5个百分点。2012年6月、7月央行两度下调基准利率，还将金融机构贷款利率浮动区间的下限先后调整为基准利率的0.8倍和0.7倍，但同时要求金融机构继续严格执行差别化的各项住房信贷政策，继续抑制投机投资性购房。除了对首套房的信贷支持外，对于二套房首付比例的条件仍未放松，而三套以上房屋的贷款仍严格限制、停贷。2013年3月，国务院常务会议确定了五项房地产市场调控的政策措施，又被称为新"国五条"，再次重申坚持执行以限购、限贷为核心的调控政策。3月，国务院办公厅发布其实施细则，提出自有住房能核实房屋原值的，应按转让所得的20%计征个人所得税；可进一步提高第二套住房贷款的首付款比例和贷款利率。2013年7月，国务院发布《关于金融支持经济结构调整和转型升级的指导意见》，强调落实差别化住房信贷政策，积极满足居民家庭首套自住购房的合理信贷需求，同时严格防控房地产融资风险。2014年9月央行提出将积极支持居民家庭合理的住房贷款需求。其中，对于贷款购买首套普通自住房的家庭，贷款首付款比例为30%，贷款利率下限为贷款基准利率的0.7倍。2015年3月30日央行下发通知，对拥有一套住房且相应购房贷款未结清的居民家庭购二套房，首付款比例调整为不低于40%，使用住房公积金贷款购买首套普通自住房，首付20%；拥有一套住房并已结清贷款的家庭，再次申请住房公积金购房，首付30%。

3.2.3 自然环境

自然环境要素是指项目所在地的地理位置、地质地貌、自然风光和气候等条件。自然环境是房地产投资者无法轻易改变的客观物质条件，而且房地产项目又具有地理位置的固定性和不可逆性的特点，因而房地产项目投资十分重视自然环境要素的研究，良好的环境会给产品带来附加的增值，相反糟糕的环境会降低产品的品质。例如，目前较热的"亲水住宅"正是依靠河流、湖泊等自然环境来创造一个优美的居住环境，提高住宅产品的附加值。除此以外，在城市中，对房地产项目影响最大的因素是交通，距商业中心的距离，距医院、娱乐场所、学校的距离直接关系到未来住户生活方便的程度，从而影响市场销售；距配电站、给排水管网、通信电缆的距离等，直接影响项目开发成本，从而影响项目效益。

充分利用自然环境的有利的一面，通过营销方式和产品设计弥补自然环境不足的一面，使项目无论是外观造型、结构布局，还是使用性质、使用功能，均与外在的自然环境很好地协调起来。

3.2.4 技术环境

20世纪人类在工程技术方面取得了日新月异的进步。美国工程界评出的20世纪最伟大的20项工程技术，其中直接与住宅相关的就有11项。这些成就改变了人类的生产和生活质量。房地产形成了环保、节能、智能、绿色等新概念。目前关于"绿色建筑关键技术"的科技攻关项目已经正式启动。该项目由8个课题组成，包括绿色建筑规划设计导则和评估体系研究、绿色建筑的结构体系与评价方法研究、绿色建材技术与分析评价研究、降低建筑水耗的综合关键技术研究、降低建筑能耗的综合关键技术研究、绿色建筑室内环境控制与改善技术、绿色建筑绿化配套技术研究、绿色技术集成实验平台建设。房地产公司要密切注视科技进步和顾客对相关新产品的需求，及时学习引进新的理念和开发新的产品来满足客户的需求。

3.2.5 政策环境

政策是政府为了实现一定历史时期的任务和目标而规定的行动准则和行动方向。按照不同的目的可以将政策划分为不同的类型，根据对房地产市场的影响，我们这里将政策分为经济政策、产业政策、土地政策、住房政策、户籍政策等。在上面的经济环境中我们谈到了货币政策和利率政策，都属于国家的经济政策。我们下面主要从住房政策来看政策环境对房地产市场营销的影响。

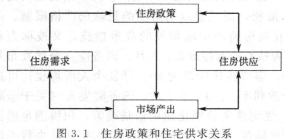

图3.1 住房政策和住宅供求关系

住房政策是指政府直接制定有关住房市场和住房保障的行动准则，并以此作为政府管理住房市场运行和发展的重要依据，旨在解决城市住房问题。住房政策主要通过下面三种途径对住宅市场进行干预，如图3.1所示：一是对市场需求方的相关政策，如对私人首次购房免征购房税，提供各种住房公积金、抵押贷款以增加需求等；二是对市场供应方的相关政策，如土地使用、城市规划、住宅建造贷款等方面的政策；三是直接对市场的干预，如对房屋租金和价格的管制，制订住房分配政策等。

由于各国情况各异，同一个国家在不同的时期面临的住房问题也不同，我国政府在借鉴他国经验的基础上，需要根据我国的实际情况制订有效的住房政策，而不能照搬别国现成的制度。一方面，扩大住房供给量，在总量上逐步满足住房需求，并逐步提高住房质量；另一方面，注重住房公平分配，保障中低收入阶层的住房水平。当前我国城市住房政策的主要目标是坚持房子是用来住的、不是用来炒的定位，加快建立多主体供给、多渠道保障、租购并举的住房制度，让全体人民住有所居。要发展住房租赁市场特别是长期租赁，保护租赁利益相关方合法权益，支持专业化、机构化住房租赁企业发展。完善促进房地产市场平稳健康发展的长效机制，保持房地产市场调控政策连续性和稳定性，分清中央和地方事权，实行差别化调控。

3.2.6 文化环境

房地产与居住于其中的人是不可分的，而人们分属不同的民族地域，有着各异的文化习俗、宗教信仰、语言思想、价值观念，处于不同的社会制度和经济发展水平之中；同一个社会又划分为不同的社会群体和社会阶层，具有不同行为和生活方式，他们对住房的要求也不尽相同，对房地产市场营销产生较大影响。从历史发展中来看，地球上的人类总是在一定的区域中生存，形成了一个个文化区，"一个文化区拥有各种各样的行为系统，明显的居住形式，一定的经济体系，一定的社会组织，以及某一种宗教信仰和仪式。文化区常从一个范围较小、性质较一致的核心区向过渡带渐趋减弱，其间并无截然的分界……。"每一种文化都可以产生一种需求，都给社会需求注入了一定活力。自从人类文明开始时文化就对经济产生一定的作用，那时不过还不起主导作用，很明显当人们的基本生活都不能保障的时候，很难想象他们会受到广告的影响去行事。在人的基本需求没有得到满足的时候，我们利用利率、价格等经济因素来调节供求关系，这一时期的主导因素是货币因素；而当人们的基本需求得到满足以后，文化因素开始对人们的非基本需求发挥主导作用。其实，文化的作用，不仅在于创造新需求，同时还在于不断地将非基本需求转化为一种稳定基本需求。比如环境文化，随着人们对健康的认同，以及对污染的恐惧，越来越多的人崇尚绿色家居，不会只是一种时尚的非基本需求，而将成为一种基本需求。应该说，随着经济的发展，文化的不断进步，越来越多的非基本需求会逐步发展成基本需求。基本需求在现实需求中所占的比例越大，经济就越稳定。在房地产营销中，我们需要一种鼓动机制，来不断地激发人们的需要。从某种意义上来说，文化正可以起到这种作用。

广义的范畴上来说，居住文化包括居住需求偏好、住宅消费传统、价值判断、修养、情趣及思维和行为方式等诸多不可计量的非经济因素。这些因素对房地产市场营销有着不可估量的影响。如当前住宅的户型设计、住区规划、营销策略、投资理念、消费方式等，无一不受到居住文化的影响。特别是在住宅商品市场成为买方市场后，由于社会成员对于生活品质的追求和生活方式的改变，如何提高住宅文化的附加值，必将成为研究房地产市场营销环境的重点。

3.3 房地产市场营销的微观环境

首先，房地产公司需要获得土地和项目的立项批准，确定项目的总体营销方案；其次，

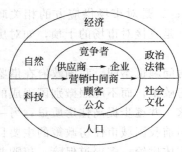

图 3.2 房地产市场营销环境

房地产公司需要与设计、施工、监理等签订合同将项目建造起来;最后,房地产公司可以自行或委托房地产销售公司进行房地产产品的销售。在此过程中,房地产公司还要迎接来自竞争者的挑战、来自合作伙伴的配合、来自公众的影响。微观环境就是指上述房地产营销过程中的房地产公司、供应商、竞争者、购买者、房地产中介、公众等,房地产企业一般通过对这些因素详细的调查和研究,并通过调整自身的策略来满足需求。房地产市场营销的微观环境和宏观环境一起构成了整个房地产市场的营销环境,如图 3.2 所示。

3.3.1 房地产开发企业

房地产开发企业是指在对市场进行分析、研究的基础上,设计、建造满足目标市场需要的房地产产品,实现自己的营销方案,并最终实现自己的经营目标和营销目标的企业。严格意义上说房地产开发企业不是营销环境而是营销方案的制订者和执行者。但在房地产公司中房地产营销方案的制订和执行一般由房地产营销部或市场部来担任,而营销方案的制订和执行还需要房地产公司计划部、设计部、工程部、材料和设备采购部等的配合和支持。这些部门构成了房地产营销的微观环境。

营销方案要在企业总的目标、任务、战略的框架下制定,受到其的制约,营销方案、营销计划要得到企业管理层的批准后才能实施。营销方案的实施过程中,需要财务部门资金安排、到位的支持;设计部门、工程部门产品质量的支持;材料、设备部门供货的支持等,才能保证营销方案和营销计划的顺利完成。由于各个部门都有着自己的部门利益,可能会造成工作上的冲突,需要管理层及时调解也需要各部门及时地沟通,共同创造良好的内部营销环境,保证营销方案和营销计划的顺利执行。

3.3.2 供应商

在房地产营销环境中的供应商包括与房地产开发企业签订合同的设计单位、施工单位、监理单位和材料设备供应单位等。供应商对房地产开发企业营销活动的影响主要表现在如下方面。

(1) 规划设计单位

首先设计应满足业主所需的功能和使用价值,符合业主投资的意图,同时受到经济、资源、技术、环境等因素的制约;其次设计都必须遵守有关城市规划、环保、防灾、安全等一系列的技术标准、规范、规程。房地产开发企业一般通过设计竞选和设计招标的方式选择具有资质的、信誉良好的规划设计单位,来保证产品的设计水准,创建房地产营销的良好微观环境;另一个方面房地产开发企业的营销部门也需要向设计单位提供市场信息和顾客反馈,帮助他们设计出符合市场需求的产品。

(2) 施工和监理单位

施工是工程实体形成的阶段,受到施工人员、材料、设备、方法、环境等因素的影响。目前我国的监理主要是集中在施工阶段对施工的监督管理。房地产开发企业一般通过施工招标和监理招标的方式选择相符工程资质要求的施工单位和监理单位。

(3) 材料和设备单位

建筑材料和设备是构成工程实体的物质基础,它们质量的好坏直接影响到工程产品的质量。一般的材料可以采用直接采购,大宗的材料可以采用招投标方式。由于材料和设备的采购是一个长期和重复性的工作,因此,房地产公司应选择一部分信誉良好的材料供应商和设备的供应商作为自己的伙伴，与之保持长期而灵活的关系，保证材料和设备的稳定供应和质量的一致性。

3.3.3 竞争者

在一个竞争性的市场中，每一个企业的营销系统都是在一群竞争对手的包围和制约下工作的。分析竞争来自何方、出于何种动机、哪个威胁最大、其随时间变化的趋势如何等，是企业成功开展市场营销的必备条件。

(1) 识别竞争者

中国现阶段房地产行业的竞争主要是产品的竞争，又由于房地产市场的地域性特点，因此，最直接的竞争者是那些用相同的战略追逐相同目标市场的企业，即处于同一地域的、有着相似产品的竞争者。

除此以外，还要注意识别潜在的竞争者。对一个房地产公司来说，确定已存在于市场上的竞争者是一件比较容易的事，因为他们的信息多，市场行动易于察觉，但识别一个潜在的竞争者，就不是那么容易了，他们信息较少，有些甚至不是本行业的企业。

(2) 竞争者分析

如上所述，竞争者可以分为现有竞争者和潜在竞争者，对现有竞争者的研究主要包括以下内容。

① 竞争者基本情况的研究　竞争对手的总体的数量，它们在哪些市场上活动，各自的规模、资金、技术、土地储备、政治背景如何，按照竞争对手的强弱和对自己威胁的强弱进行分类，确定目前企业营销策略中的主要竞争对手。

② 主要竞争者的详细研究　主要分析竞争者的发展阶段、企业文化，产品质量、性能和组合，顾客服务，定价政策，销售政策，销售人员情况，广告和促销方案以及设计与开发，财务等内容。还要研究其所以能对本企业构成威胁的主要原因：是资金雄厚、规模大、设计新颖独特或是其他原因。研究的目的是寻找差距，知己知彼，扬长避短，在竞争中把握主动。

③ 竞争者的发展趋势研究　公司必须对竞争者的变化和战略的重新设计保持警觉。要收集有关资料，密切注视竞争对手的发展方向，分析竞争者可能开辟哪些新市场、哪些新产品。另一个方面要密切注意潜在的竞争者会转变成现实的竞争者。对于潜在竞争者，目前有4类需要特别注意：

a. 随着我国加入WTO，外国房地产及相关公司的进入；

b. 港澳台房地产巨头的进入，实际上香港房地产行业早就进入了商业、酒店、写字楼、港口等房地产市场，而现在除此之外又向住宅等市场全面进发；

c. 内地房地产公司逐渐成长，已突破地域竞争范围向全国发展，如广东一些房地产巨头万科地产、合生创展、珠江投资、富力地产纷纷北上，开拓新市场，而相对于当地房地产公司而言，这些外来者就是潜在进入者；

d. 国内其他行业的企业进入，房地产行业是一个资金密集型行业，因此，会吸引大批的资金实力雄厚的非房地产行业的企业进入，如在南京，苏宁电器、雨润集团先后进军房地产业，成为当地房地产企业的现实竞争者。

(3) 保持竞争优势

一个房地产项目在市场中产生很好的反应，获得认可并不是一件难事，但随之而来的是许多类似的项目出现。如何保持在某一有效市场中的优势和较大的市场份额是每一个房地产企业需要考虑的问题。为了保持竞争优势企业可以采取以下手段。

① 建立品牌，提高客户的忠诚度；

② 保持并不断提高产品质量；
③ 进行产品的不断创新，引导需求；
④ 通过与供应商的长期合作，创造成本和价格优势。

3.3.4　顾客

从企业角度来看，顾客是企业产品的购买者，也是企业服务的对象；从市场的角度来看，市场是由顾客所构成的。顾客可以是个人、家庭、组织和政府。对于一个企业而言，顾客永远是最重要的营销微观环境。通常顾客在两个方面影响着房地产企业的营销经营：一是顾客需求的总量，它决定着的企业的市场前景，从而影响企业的发展规模和发展速度；二是顾客需求的质量分析，它指引企业对市场进行细分，生产出符合顾客需求的产品，从而提高获利能力。

顾客需求分析包括需求总量分析（市场容量、现实需求、潜在需求），需求结构分析（需求类别和构成、顾客类型、地区分布等），顾客购买力分析（购买力水平、影响因素等）。市场营销人员必须了解目标消费者的欲望、观念、喜好和购买行为，这些研究能为确定新产品、产品特性、价格渠道、信息等市场营销组合因素提供线索，从而更好地满足顾客的需要和欲望。但是要了解顾客并不简单，顾客对自己的需要和欲望叙述是一回事，实际行为可能是另一回事。顾客可能并没有触及自己的深层动机，他们往往会受到影响而在最后一刻改变主意。特别是房地产产品，它具有总价高、影响因素多的特点，造成顾客消费时购买的多目标性、需求表达的含糊性、决策的长期性和群体性。此外，顾客的需求也是多样的并随时间的推移和变化的。如有些顾客对价格十分敏感，有些顾客对房屋的质量提出更高的要求等，又如随着顾客的收入的增加会对住房需求增加等。因此，市场营销人员的主要任务是了解和分析在市场营销刺激和其他刺激进入消费者的意识后到消费者作出购买决策前的购买者意识的特征和决策过程。市场营销人员以前是通过日常销售中的经验来了解消费者的，然而随着企业和市场规模的扩大，房地产开发企业一般通过市场调查来了解消费者的情况。

3.3.5　房地产中介

房地产中介是指协助房地产企业将产品销售给最终购买者的中介机构，包括中间商和辅助中间商。

中间商是在销售渠道中参与交易活动或者协助交易活动完成的机构，他们通常帮助房地产公司寻找顾客。中间商根据其对商品所有权的关系又可以分为经销商和代理商。经销商一般是从房地产企业购买商品后再进行转销，他们对其销售的房地产拥有所有权。而代理商一般是不具有房地产所有权的，他们只帮助房地产公司找到合适的客户或者协助房地产公司签订合同，从中赚取佣金。中间商对于房地产企业来说是一个很好的帮助其完成销售任务的伙伴。一般情况下，中间商拥有大量的客户需求信息，可以针对具体楼盘情况向特定的客户推销，而房地产商的工作重点一般在房屋的开发和经营上，所以中间商比房地产公司更能有效地完成销售任务。

辅助中间商不直接经营房地产商品，只对房地产商品的销售起辅助作用，如为房地产公司提供货物的运输和存储，房地产广告代理等。另外银行、信用公司、保险公司等金融保险公司也是辅助中间商，因为房地产项目通常是资金密集型的，而且收益期长，风险较大，通过与相关的金融保险公司合作，可以分担风险，提高房地产公司的信誉，为企业的经营提供大量资金保证。

3.3.6　公众

公众是指任何可以对本企业的目标产生作用和影响的群体。其成员面临共同问题、有共同利益和要求。公众不仅能够协助企业达到其目标，也可以阻碍企业目标的实现，所以通常企业都需要保持与公众之间良好的关系，否则企业的命运会受到巨大影响。一个众所周知的例子发生在 20 世纪 60、70 年代的瑞士雀巢公司。那时由于西方国家人口增长率降低，雀巢公司开始在非洲、中东、南亚等一些经济较为落后的国家和地区推销其婴儿奶粉，但由于这些地方环境质量差以及不正确的调制奶粉，导致婴儿患病率及死亡率极高。于是欧洲一些人道主义组织和媒体开始批评与抨击雀巢公司的倾销政策，然而雀巢公司面对各种利益集团压力，没有采取积极主动解决问题的姿态，反而采取辩解、回避等消极做法，使得事件影响越来越大，甚至在欧美许多国家引发了一场抵制雀巢产品的行动，抵制范围扩展到婴儿奶粉以外的其他食品，使雀巢公司蒙受巨大损失。后来在几家公共关系公司的帮助和一些国际组织协调下，更主要的是由于雀巢公司本身改变了原先的态度，才逐渐平息了公众的对抗情绪。当然公众对企业的影响也有可能是建设性的，关键在于企业能否以正确的公共关系思想并配之以合适的公共关系手段来沟通与协调同各类利益集团的关系，以建立企业良好形象。企业与公众之间的关系非常广泛，因为公众本身是一个非常大的群体。一般企业的公共关系部门需要针对不同的公众群体进行营销，前面已介绍过的竞争者、供应商、中间商等都属公众的范围。作为一个房地产公司而言，经常面对的重要社会群体还包括如下几类。

① 金融类　由于房地产属于资本密集型行业，其融资能力对其生存与发展影响巨大，所以金融类公众是房地产公司利益集团中的重要分子。金融类公众主要包括银行、投资公司和证券公司等。要树立良好的市场形象和信誉，使金融界对公司正常的经营和偿债能力感到满意和放心，对于提高房地产公司融资能力十分重要。房地产公司应该通过发布年报，回答财务问题，并谨慎地运用资金等方式来取得这类公众的信任。

② 新闻媒体类　指那些刊登、播送新闻、特写和社论的机构，特别是报纸、杂志、广播电台、电视台和网站。它对于保持企业与其他利益集团联络，提高企业知名度、美誉度起着关键作用。公司应加强与其沟通和合作，争取增加正面宣传，减少负面报道。

③ 政府及垄断机构类　包括各级政府、国土、规划、绿化、工商、税务、质量监督、环境保护、公安消防、水电供应等。它不仅可能因其庞大的集团购买力成为企业重要的顾客，而且作为社会管理者，它所制定的法规、政策、规范，促进或限制着企业经营与发展。企业管理当局在制订营销计划时，必须认真研究与考虑政府政策与措施的发展变化，加强沟通和合作，遵纪守法，树立良好公众形象，争取获得他们的支持。

④ 公民团体类　包括行业协会、学会、消委会、环境保护组织、少数民族团体、妇女儿童保护组织等。与这些团体保持良好的关系，可以化解矛盾、寻求支持，树立良好公众形象，提高公司知名度和美誉度，争取广泛的公共宣传。

⑤ 地方公众类　包括房地产公司所在地和楼盘所在社区的公众。房地产公司应同当地的公众团体如居委会、街道办事处、学校、医院、邻里单位和居民保持联系，处理异议、回答质询和向值得支持的事业提供资助。地方公众对房地产公司和公司楼盘的态度，以及由此产生的口碑，会呈放射性地向周围地区发展，深深地影响房地产公司产品的销售。

⑥ 一般公众类　企业需要关注一般公众对企业产品及经营活动的态度。虽然一般公众通常不能有组织地对企业采取行动，然而一般公众对企业的印象却强烈地影响着消费者对房地产企业及其产品的看法。这对房地产企业树立优质品牌形象，进行品牌扩张有重大意义。企业还可以通过积极参与城市发展建设，向慈善事业捐赠等方法树立良好公众形象，争夺潜在的购房者。

⑦ 内部公众类　公司内部公众包括公司董事会和经理、一般管理人员和工作在第一线

的各岗位员工。公司可通过业务通信等方式与他们沟通,适时地表扬、激励他们。建设奋发向上、为顾客服务、为社会服务、为员工服务、团结温馨的企业文化,建立多劳多得的分配原则等一系列管理制度等。当员工对公司有好感时,这种态度会扩散到外部的公众,从而有利于公司声誉的树立。

3.4 房地产市场营销机会和威胁分析

房地产市场营销环境是客观存在的,任何一个房地产项目都是存在于一定的营销环境之中的,这种环境是十分复杂的。将市场营销环境分为宏观环境和微观环境,主要是从影响范围和程度上对各种环境因素进行分析。在本节中,主要从影响效果上来分析市场营销环境因素,可以分为有利的营销环境和不利的营销环境。有利的营销环境称为"机会",不利的营销环境称为"威胁"。从房地产市场营销环境的效果进行分析的目的是寻找、评价和利用机会,避开或降低威胁,使企业或项目在营销活动中立于不败之地。

3.4.1 市场机会

在环境发生变化的过程中,市场需求也会随之变化,市场就会出现一些尚未满足的需求,这种尚未满足的需求就是市场机会。市场机会不等于就是企业机会,只有那些符合房地产企业目标和能力的市场机会并能够被企业发现和抓住才能最终转化为企业机会。因此,营销环境中对房地产企业营销有利的因素只是一种潜在的机会,它对企业具有吸引力,但只有经过企业的消化和吸收才能为企业市场营销活动带来收益。因此,房地产企业的营销人员应该善于发现市场机会、分析市场机会,然后对这些机会加以分析和评价,看它是否符合企业的目标和资源,能否使企业扬长避短、发挥优势,比竞争者获得更大的差别利益,最终为我所用。

(1) 发现市场机会

首先,房地产市场营销人员必须进行市场研究,千方百计地寻找、发掘和识别市场机会,寻找市场机会的方法有以下几种。

① 借助产品/市场发展矩阵寻找市场机会 产品/市场发展矩阵就是将企业的产品分为现有产品和新产品,将企业的市场分为现有市场和新市场。这样,产品和市场会出现4种组合:市场渗透、市场开发、产品开发和多角化。产品/市场发展矩阵如表3.5所示。

表3.5 产品/市场发展矩阵

项 目	现 有 产 品	新 产 品
现有市场	市场渗透	产品开发
新市场	市场开发	多角化

这种方法主要是企业通过规划新增业务的思路,发现和识别机会。先从市场渗透、市场开发、产品开发三个方向寻找机会,如果不存在有吸引力的机会,可逐步扩大范围,沿着一体化直到多角化的思路,继续寻找市场机会。

② 通过广泛收集市场信息寻找市场机会 企业应该广开思路,除了企业内部各部门,企业外部的消费者、中间商、政府部门、咨询机构、科研单位等都应该是企业收集市场信息的渠道。通过对收集到的意见和建议进行分析来寻找市场机会。

③ 通过市场细分寻找市场机会 房地产营销人员通过市场细分,即按照消费者需求的

差异性将市场划分为若干个子市场,可以从需求中发现尚未满足或尚未完全满足的市场。房地产营销人员不仅要善于寻找和发现有吸引力的市场机会,还要善于对所发现的各种市场机会加以评价,以确定企业的营销机会。

(2) 评价市场机会

主要是评价某种市场机会能否成为企业的营销机会。

① 市场机会是否与企业的目标相一致　企业的目标主要有利润目标、销售额目标、销售增长目标、市场占有率目标以及商誉等。凡是不符合上述目标的市场机会就不能成为企业的营销机会。

② 企业是否有能力消化这一市场机会　市场机会虽然符合企业的目标,但如果缺少必需的资源,如企业在能源、材料、技术、设备、分销渠道等方面力所不及,那么,这种市场机会也不能成为企业的机会。企业的资源是否充足,企业的其他条件是否满足,是否有阻碍市场机会转化为企业机会的因素,这些都是需要进行分析和评价。

③ 企业是否有优势　企业在利用该市场机会时是否比潜在的竞争对手有更大的优势,因而能享有更大的差别利益。如企业是否具有成本优势、销售渠道优势或是品牌优势等。

(3) 抓住市场机会

发现市场机会和评价市场机会的目的都是为了利用市场机会,机会有时是转瞬即逝的,因此,发现和评价的过程很短暂,有时甚至是决策者的心理活动过程,能否抓住机会也是企业家经验和魄力的体现。

3.4.2　市场威胁

机会和威胁总是相伴相生的,市场营销环境的变化在给房地产企业带来营销机会的同时,也可能带来威胁和障碍,使企业营销陷于困境,招致损失。市场威胁是指市场营销环境中对企业营销不利的各项因素总和。企业面对市场环境威胁,如果不果断采取措施,不利的环境趋势必将损害企业的市场地位,甚至使企业陷于困境。房地产企业面对市场威胁(市场风险)可采取的措施主要有如下几种。

(1) 回避威胁(风险)

回避威胁就是房地产企业在营销活动中,为了避免预期的威胁而不从事与该威胁有关的活动。这是一种对付威胁最简单的手段,但它却是消极的手段,因为它是通过放弃或不进行某项活动以消除风险源,同时,也必须放弃可能获得的收益。

(2) 迎接威胁(风险)

房地产企业迎接威胁一般处于两个原因,一是这种威胁无法避免;二是这种威胁虽然存在,但可以预防和控制,甚至可以转化为机会或收益,拒绝威胁也意味着拒绝机会。

(3) 减轻威胁(风险)

这是指威胁发生后,房地产企业采取措施降低所发生损失的严重程度,积极采取措施进行补救。

(4) 转移威胁(风险)

对于一些难以预料又不可抗拒的威胁,房地产企业可以采取转移威胁的办法,将对于自己的威胁转移或分散给他人承担。威胁转移的方式主要有两种:一是保险转移;二是非保险转移。如房地产企业可以将商品房大批量销售给房地产经销商,从而由经销商承担大部分销售风险;再如,房地产企业可以通过多角化经营分散企业的经营风险等。

3.4.3　市场机会与威胁的相互转化

房地产市场中的机会和威胁都是同时存在的,它们共同构成了房地产市场营销的环境,并且在一定的条件下两者可以互相转化。对于甲房地产公司来说的一个机会对乙房地产公司而言可能就是一个威胁；在激烈的市场竞争中如果房地产企业没有把握住机会，随着时间和空间的变化，机会很可能变成一个对自身企业的威胁。比如，2012年以后，许多三四线城市的房地产市场变得火热，很多开发商不惜重仓这些城市进行开发，不管这些城市的真实居住需求是否持续增加，结果造成了2014年的楼市高库存，全国累计库存近7亿平方米，大多数集中在三四线城市。这不仅对于企业来说是一个战略失败，对于当地经济和整个国家经济来说都是一个损失。

3.4.4 市场机会与威胁的分析方法

对于房地产企业来说，并不是所有的市场机会都是有价值的，都要不惜代价去获得；也并不是所有的威胁都很严重，都需要采取措施加以防范。企业需要对所能预见到的机会和威胁加以分析和鉴别，以便采取适当的策略。分析机会与威胁的关系主要有以下几种方法。

（1）机会——威胁矩阵图

房地产营销者对市场环境威胁的分析主要从两方面考虑：一是分析市场环境威胁出现可能性；二是分析市场环境威胁对企业的影响程度，这时可以利用威胁分析矩阵，如表3.6所示，将这两个方面结合起来进行分析。

表3.6 市场威胁分析矩阵

项目	出现概率大	出现概率小
影响大	Ⅰ	Ⅱ
程度小	Ⅲ	Ⅳ

对于第Ⅰ象限的威胁，也就是出现概率大，影响程度高的威胁，企业必须高度重视并制定相应的措施，避免受到损失或将损失降到最低程度；对于第Ⅱ象限和第Ⅲ象限的威胁，企业要给予足够的重视，制定适当的应变方案，因为第Ⅱ象限的威胁虽然出现的概率低，但一出现就会给企业的营销活动带来极大的危害。第Ⅲ限的威胁虽然对企业的影响不大，但出现的概率大，所以也不能够轻视。对于第Ⅳ象限的威胁，企业可以暂时不采取措施，但应关注其变化，当第Ⅳ象限的威胁向其他象限转移时，要及时制定相应对策。

同样，房地产企业对市场存在的机会也要从两个方面进行评价，如表3.7所示：一是市场机会给企业带来可能收益的大小；二是市场机会出现概率的大小。

表3.7 市场机会分析矩阵

项目	出现概率大	出现概率小
受益程度大	Ⅰ	Ⅱ
受益程度小	Ⅲ	Ⅳ

第Ⅰ象限的市场机会潜在收益大，成功可能性大，企业应全力发展这一机会；第Ⅱ象限的机会虽然出现的概率小，然而一旦出现就会给企业带来很大的利益，第Ⅲ象限的机会，虽然潜在的利益小，但出现的概率大，因此，对这两个象限的机会，企业要制定相应的对策；对于第Ⅳ象限的机会，主要是观察其发展变化，房地产企业需要根据变化情况及时采取措施。

（2）SWOT分析法

房地产企业对营销环境进行分析，不仅要分析存在的机会和威胁，还要针对企业内部的优势和劣势以及外部的情况综合分析。SW 是指房地产企业内部的优势和劣势（strengths and weakness），OT 是指房地产企业外部的机会和威胁（opportunity and threats），SWOT 分析法即优势、劣势、机会、威胁分析法，是对企业内外环境进行综合分析的一种方法。

房地产企业内部的优势和劣势是相对于竞争对手而言的。内部优势包括正确的经营战略、充足的资金来源、先进的技术设备、产品创新能力、成本优势、竞争优势、市场开发能力、管理能力等；劣势包括模糊不清的战略方向、恶劣的竞争地位、落后的研究开发、低下的利润水平、不良的市场形象、竞争劣势、成本劣势等。评价企业内部的优势和劣势时，不仅要从资金、技术、产品、市场等单方面进行评价，还要对各项因素进行综合评价。先选定一些因素评价打分，再根据各个因素的重要程度赋以权重，根据各因素的加权值之和来确定企业是处于优势还是劣势。如果企业本身有优势，可以采取发展型战略；如果企业不占优势，则可采取稳定型或紧缩型战略。

外部环境可能会给房地产企业带来更多机会。例如，宽松的政策、快速的市场增长、技术的进步会促使企业降低成本、增加销售量。当然外部环境也可能会给房地产企业带来威胁，例如，新竞争者的加入、市场增长缓慢、不利的政府政策、衰退的经济周期、消费者需求的变化、建筑材料价格上涨等。

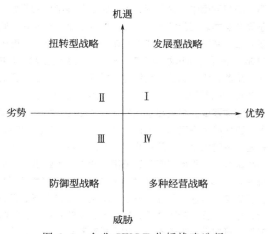

图 3.3　企业 SWOT 分析战略选择

房地产企业也要对各项环境因素进行综合评价，以确定是机会还是威胁。在对内外环境进行综合分析评价的基础上，房地产企业就可以根据得分来判定企业属于哪种类型。见图 3.3。处于第 Ⅰ 象限的房地产企业，不仅具有强大的内部优势，而且有众多外部环境机会，应采用发展型战略，如开发市场、增加产量。处于第 Ⅱ 象限的房地产企业，外部有机会而内部条件不好，宜采用扭转型战略，即扭转企业内部的劣势以利用外部的机会；处于 Ⅲ 象限的房地产企业，外部环境紧张，内部条件也不好，应采用收缩防御的战略，避开威胁，调整企业内部结构；处于 Ⅳ 象限的房地产企业，拥有内部优势，但外部环境存在一定威胁，应采取分散风险的战略，发现新的机遇。

案　例

下面以扬州××新城项目为例，分析该项目的宏观环境和微观环境以及项目 SWOT 分析。

① 扬州市概况。扬州市地处江苏省中部，位于长江北岸、江淮平原南端。东部与盐城市、泰州市毗邻；南部濒临长江，与镇江市隔江相望；西南部与南京市相连；西部与安徽省滁州市交界；西北部与淮安市接壤。扬州城区位于长江与京杭大运河交汇处。全市东西最大距离 85km，南北最大距离 125km，总面积 6591.21km²，其中市区面积 2305.68km²（其中建成区面积 132.0km²）、县（市）面积 4285.53km²（其中建成区面积 95.2km²）。陆地面积 4856.2km²，占 73.7%；水域面积 1735.0km²，占 26.3%。

2016 年全年实现地区生产总值 4449.4 亿元，增长 9.4%；一般公共预算收入 345.3 亿元，增长 2.5%；全社会固定资产投资 3288.7 亿元，增长 15.3%；城乡居民人均可支配收入达 35659 元和 18057 元，分别增长 8.2%、8.7%。期末城镇登记失业率 1.88%。

工业经济加快转型。规模以上工业增加值增长 9.2%。五大主导产业产值 6816 亿元，占规模以上工业 67.5%，其中机械、汽车产业产值分别达 3521 亿元、1326 亿元。新增国家高新技术企业 102 家，高新技术产业、战略性新兴产业产值分别占规模以上工业44.7%、43.6%。新开工工业重大项目54项,新竣工投产46项。新建省级以上智能车间12个。建筑业产值3350亿元,增长8%。

服务业发展全面提速。服务业增加值占GDP比重45%。软件和互联网产业业务收入841亿元,增长40.2%;从业人员突破3万人。旅游业总收入860亿元,增加值占GDP比重7.5%。新增4A级物流企业1家、3A级3家。新增上市公司3家、"新三板"挂牌公司20家,新设金融机构7家,直接融资318.9亿元。科技服务业收入增长15.3%。文化产业增加值占GDP比重4.8%,新增文化服务业企业76家。全市电子商务交易额550亿元,增长50%以上。建成运营城市商业综合体5个。社会消费品零售总额增长9.9%。

② 地块概况。此地块位于扬州市西区,邗江大道与邗扬路和四望亭的交会处,南依扬城大动脉——文昌西路,向东到市中心文昌阁,向西便是国展中心和规划中的火车站,西邻邗江大道可直通汽车站和润扬大桥公路,东靠风景秀丽的新城河。扬州新城西区是一座兼具古城文脉和现代气息的生态现代化新城,区域集科教文化、行政办公、商贸、居住功能为一体。文昌西路延伸工程东至贾七路,西至西北绕城公路,全长3.85km,道路规划宽110m,将是扬州东西向的主干道,是西部连接润扬大桥、宁启铁路火车站、西北绕城公路的主干道。据了解,该区东至贾七路、北至宁启铁路、扬治路一线,西至西北绕城公路,南至文汇西路延伸线,面积约10km^2,是城市总体规划确定的西部新市区的重要组成部分。如今,"新城西区"的大招牌早已矗立起来,一些大型公建和住宅小区也陆续建成。有关专家认为,与"西区"相比,新城西区更体现了先进的设计理念和鲜明的扬州特色,较好传承了古城的历史文脉和风格。在西区"今天"发展的这个时期里,有一个改变扬州房地产的生态的核心概念,那就是"经营城市"以及由此引发的土地拍卖。新城西区的升值潜力被广大开发商所看好,市一家调查公司通过分析认为,由于扬州城市建设重心西移,因此楼盘素质和数量以西区为最高和最多,楼盘的密度也最高,销售情况良好。2016年5月前该片区新推出的住宅楼盘的平均价格已达11000元/m^2。但近两年扬州的房地产开发商项目主要集中在西区,邗江大道以东的土地存量不多,西区后续的开发项目主要集中在邗江大道以西地区。四季园、新城等二十多个新兴楼盘,扩大了城市的新版图,新城西区已成扬州房地产业新高地。有关专家认为,目前进行的沿江开发不仅没有影响,相反更有利于西区房地产业的发展。一是为众多拥挤在西区的开发公司寻找新出路,二是对西区高房价也起到抑制作用。西区板块和沿江板块将形成呼应态势。西路与沿江板块有一个自然融合的过程,这种融合主要是通过经济联动及道路、公交的交通互通声气。扬州城按照"西进南下"的城市发展战略,拉开城市建立新区的建设框架。按新的规划,西区中的经济开发区和一些工业园区,本身就是沿江板块中重要组成部分。沿江开发和西区建设,是现代城市化中两种新样式,它们从不同角度支撑着扬州城市的未来走向。而本项目位于西区的黄金地段,未来销售前景良好。

③ 本项目紧邻城西大型居住区"翠岗小区",完善的外部配套设施使小区占尽先机。

a. 购物:本市最大的大型仓储式购物中心——广润发;

b. 商业中心:来鹤台商业广场;

c. 幼儿园:小区内部幼儿园;

d. 学校:翠岗中学、邗江实验中学;

e. 医院:新区医院;

f. 公交线路:13路、20路、22路、66路。

为创造现代社区生活典范,小区为业主精心准备了现代生活必需的:

a. 社区净菜中心;

b. 社区综合服务中心;

c. 高级沐浴中心;

d. 综合健身/休闲/商务会所;

e. 综合室外健身会所。

从上面的区位分析可以看出,本区的最大优势便是交通方便,主干道经过这里有数条公交路线在家门口往返穿梭,规划中的火车站也不远。从这里到西区中心十分方便,即使是到市中心文昌阁也在20分钟之内(公交)。更何况随着周边环境的改善,西区住宅大量开发,附属设施也十分完善,由于市政府规划中的西区中心来鹤台广场近在咫尺,邗江中学、翠岗小学、翠岗农贸市场、大型超市广润发也在周围,预计不久此区域还会进一步升值。

其优势主要有:

① 交通方便,设施齐全;

② 地理经济区位优良,位于市区副中心区,有很大的优势;

③ 地价相对偏低，可以降低开发成本，增强楼盘的竞争能力；
④ 常住人口和流动人口多，有效需求大；
⑤ 周围是扬州市新的商业和办公中心，有多家大型单位；
⑥ 周边竞争对手较多，但由于市场定位不同，难以形成大的威胁。

劣势方面主要有：
① 周边绿化率低，环境质量一般；
② 车流、人流量大，旁边有主干道，噪声大，显得嘈杂。

思考题

1. 什么是房地产营销的宏观环境？它包含哪些环境因素？
2. 什么是房地产营销的微观环境？它包含哪些环境因素？
3. 宏观环境和微观环境之间的相互关系如何？
4. 环境分析在房地产营销中的作用是什么？
5. 各种宏观环境因素如何影响房地产市场，以及房地产公司市场营销策略。
6. 各种微观环境因素如何影响房地产市场，以及房地产公司市场营销策略。
7. 什么是SWOT分析方法？试举例说明某一具体项目如何运用SWOT方法进行分析。

4 房地产市场调查与预测

市场是企业进行全部生产经营活动的起点,企业应该根据市场需求安排产品的开发、生产和销售。但是市场不是一成不变的,它是复杂的、千变万化的。企业只有正确地把握了市场的需求和发展方向才能够在激烈的市场竞争中生存壮大。细致的市场调查和准确的市场预测正是把握市场发展方向的关键。

4.1 市场调查和预测概述

市场调查和预测都是企业营销活动的重要组成部分。现代社会,信息的重要性已毋庸置疑,21世纪是一个信息爆炸的时代,从海量信息中提取对企业有用的部分并对其进行管理和处理,发现其中的隐藏规律,这些都对企业的战略发展起到至关重要的作用。市场调查和市场预测共同为营销决策提供可靠的依据,两者前后衔接、相互依存,市场调查是市场预测的基础依据,市场预测是市场调查的延伸和发展。

4.1.1 市场调查的主要方面及作用

市场调查研究是营销决策的基础,它运用科学的方法,有目的地系统收集、记录、整理有关市场的各种信息和情报资料,分析研究营销环境及其发展趋势,以期对销售起到指导作用。市场调研是一项复杂而细致的工作过程,坚持科学性和准确性的原则是完成有效市场调查的保证。在市场调研过程中建立一套系统科学的程序,可以使市场调研工作顺利进行、提高工作效率和调查数据的品质。市场调查的资料必须能够准确反映实际市场的情况,它是建立科学决策的基础。房地产市场投资大,建设周期长,翔实的市场调查资料可以为准确的预测提供依据,从而建立合理的房地产市场规划。

影响房地产市场的因素很多,市场调查涉及的内容非常广泛,所以凡是能够影响到房地产营销状况的因素都应被列入调查的范围内。总体来说,调查的主要包括以下4个方面。

(1) 房地产市场的宏观环境

房地产市场的宏观环境主要指与房地产市场相关的最新的政治、经济、社会、文化发展动态,还包括对房地产市场政策环境、经济环境、人口环境、社会文化环境以及相关技术环境的调查。经过调查及早发现可能存在的机会或威胁,可以为房地产企业的发展规划做好准备。对于同一个国家或同一个地区而言,房地产市场的宏观环境基本是一致的,房地产企业可以从地区年鉴和相关政策文件中了解。

(2) 房地产市场的需求

房地产市场的需求是指在一定的地理区域、一定的时间、一定的营销环境下,某种类型的顾客愿意购买某种类型的房地产商品的数量。房地产市场是一个比较特殊的市场,它的区域性很强。即使在宏观环境相同的情况下,不同区域的房地产市场都会有很大的差别。所以在进行房地产市场需求的调查时就要对项目所在区域的城市规划、景观、交通、人口构成、就业中心、商圈等区位条件进行分析，对项目地块所具有的区位价值进行判断。具体包括以下方面。

① 结合项目所在城市的总体规划，分析项目的区域规划、功能定位、开发现状及未来定位，并对项目的用地现状及开发条件进行分析。

② 对项目所在地的周边环境进行分析。主要指地块周围的物质和非物质生活配套情况，包括水、电、气等市政配套，公园、学校、医院、邮局、银行、超市、体育场馆、集贸市场等生活配套情况，以及空气、卫生、景观等生态环境，还包括由人口数量和素质所折射出来的人文环境等进行区域的交通条件研究。

③ 对影响区域发展的其他因素和条件进行研究，如历史因素、文化因素、发展水平等。

④ 对区域内楼盘的总体价格水平与供求关系进行分析。

⑤ 对项目的对外联系程度、交通组织等进行分析。

房地产市场需求的调查内容中最重要的就是消费者调研。主要是明确项目是针对整个市场还是其中的细分市场。是针对何种收入阶层、何种工作性质的消费者。同时消费者对自己的需要和欲望的叙述与实际行为可能不同。他们往往会由于一些原因在最后一刻改变主意，有时也可能连他们自己也没有意识到一些潜在的欲望和需要。这些都需要研究人员来加以调查、分析和引导。

（3）房地产市场的竞争状况

《孙子兵法》上讲"知己知彼，百战不殆"。了解本企业和竞争对手的情况对采用适当的竞争策略，避免企业投资的失误都有着重要的意义。房地产市场竞争对手调查状况的内容主要包括：竞争对手的数量、市场占有率、房屋销售量及地区、房屋价格及促销方式等。竞争商品的调查情况主要包括：新增或建设中的房屋品质、性能、价格和用途等。

（4）房地产市场的营销状况

企业经营是一个连续的发展过程。调查现有房地产市场的营销状况可以分析企业的优势和劣势，发现机会和威胁，淘汰不正确的营销策略和方法，采用合适的销售方案，为房地产企业的进一步发展做好准备。房地产市场营销状况调查的主要内容包括房屋产品、价格、销售渠道、促销方案等要素。

4.1.2 房地产市场预测的内容及作用

房地产市场预测是在市场调查的基础上，利用取得的信息资料运用科学分析方法对房地产市场未来发展趋势做出估计和推断的过程。科学的预测一般有以下几种途径：一是因果分析，通过研究事物形成的原因来预测未来发展变化的必然结果。二是类比分析，把正在发展中的事物同历史上的"先导事件"相类比，通过这种类比分析来预测事物的未来发展。第三种途径是统计分析，它通过一系列的数学方法，对事物的过去和现在的数据资料的分析，去伪存真，揭示出历史数据背后的必然规律性，给出事物未来的发展趋势。

房地产市场预测的作用非常重大。由于房地产商品的特殊性，需要大量的资金和较长的生产周期。准确的市场预测不仅可以保证投资的良好回报，也可以使企业迅速占领市场，取得竞争中有利的地位。不准确甚至错误的房地产市场预测很可能导致企业的投资失败。

当然房地产市场的预测基础是详细而真实的市场调查数据，没有它，预测的结果就是无本之源，没有可信度。所以一个想要成功的房地产企业必须建立起一套完善的房地产市场调查的体系。

4.2 房地产市场调查的步骤

房地产市场调查是一项复杂而艰巨的工作，调查人员必须在海量、无序的信息中收集与

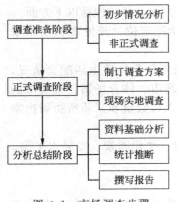

图 4.1 市场调查步骤

本企业或项目相关的一切信息。严密的调查步骤可以保证调查信息的完整性和可信性，帮助调查人员提高工作效率，实现目标。房地产市场调查的步骤应根据不同的企业和项目有所区别，但大体上一般可以分为三个阶段：调查准备阶段、正式调查阶段以及分析总结阶段。每一个阶段又可分为若干具体步骤，如图 4.1 所示。

4.2.1 调查准备阶段

房地产市场调查准备阶段是调查工作的开端。准备是否充分，对于开展正式调查工作和调查结果的质量都有重要的影响。调查准备阶段的重点是确定调查目的、调查范围，然后再根据调查问题的范围确定调查的规模和调查人力、调查方法等问题。在此基础上，才能够制订一个切实可行的调查方案和调查工作计划。准备阶段的工作又可以分为以下几个步骤。

（1）初步情况分析

市场调查的准备阶段一个重要的作用就是帮助人们确定需要解决的问题。只有当需要研究的问题被仔细、准确地定义以后，才能设计具有针对性的市场调查计划，获取切合实际的信息。这个阶段不仅要确定所要研究项目的目标，还应该明确每一项目中的一个或多个子目标。在这些目标未被明确之前，是无法开展市场调查研究的。房地产市场调研的主要任务是为房地产企业的营销决策提供信息，帮助他们发现并解决营销问题。所以调研人员必须清楚市场调研是为营销服务的，任何偏离主题的调研工作和信息都不能成为有效的调研和材料。因此，在每次进行房地产市场调查之前，参与调查的人员首先要知道自己要干什么，要对调查目的与目标十分明确，这样可以起到事半功倍的效果。

调查人员针对初步提出来需要调查的问题，可首先搜集企业内外部相关的情报资料，做初步分析研究。帮助调查人员发现问题中相互影响的因素，找出各个因素间的联系。初步情况分析的资料收集不需要过分详细，只需要收集对所要分析的问题有参考价值的资料即可。

（2）非正式调查

非正式调查也称试探性调查，它是用来判明问题的症结所在，可以帮助调查人员细化需要调查的内容或者方法。房地产调查人员根据初步的情况分析，会得到一些粗略的结论，如近期房屋的销售量是增长还是降低，平均价格大概是多少等。调查人员可以进行非正式的调查明确初步情况分析的正确性。这种方法具有较大的灵活性，调查人员可以向企业内部有关人士（如销售经理、推销员）或者精通房地产问题的专家和人员以及购买房屋的典型客户进行个别访谈，主动听取他们对需要调查的问题的看法。同时调查人员也可以查阅很多现有的资料和案例等，这些都是行之有效的信息来源。

通过房地产市场初步情况分析和一些非正式的调查，可以使得调查问题明朗化，缩小调查的范围。如果原来提出的问题涉及面太宽或者不切实际，调查的范围和规模过大、内容过多，无法在限定时间内完成，调查人员就应当实事求是地加以调整，以提高调查的效率。

4.2.2 正式调查阶段

正式调查阶段也可以分为两个步骤：制订调查方案和现场实地调查。

4.2.2.1 制订调查方案

制订调查方案是从准备调查阶段进入正式调查阶段的工作。这个阶段的主要工作内容是拟订调研计划书，确定调查主题和调查方法，准备调查表格，主要包括以下几点。

① 调查收集何种资料，是只收集第一手现场调查的资料，还是第一手资料和第二手的统计资料同时收集，同时还要确定资料的来源，保证资料信息的一致性。

② 采用何种调查方法。

③ 确定调查地点。

④ 确定调查时间。

⑤ 确定调查次数，是一次调查所有需要的信息，还是分几次调查不同的信息。

⑥ 确定分析调查结果的方法，用同样的标准衡量调查信息的有效性。

⑦ 评价方案设计的可行性及调查费用的情况。

为了保证调查工作的顺利进行，制订调查方案时要尽量详细，对组织领导、人员配备、考核、工作进度、完成时间和费用预算等做出安排，使调查工作能够有计划、有秩序地进行。一般调查方案可用表格的方式描述。一般性的调研计划表可如表4.1所示。

表 4.1 调研计划表

项目	内容
调查目的	为何要做此调查，需要了解些什么，调查结果有何用途等
调查方法	采用询问法、观察法或实验法等
调查区域	被调查者居住地区、居住范围等
调查对象、样本	对象的选定、样本规模等
调查时间、地点	调查所需时间、开始日期、完成日期、地址等
调查项目	访问项目、问卷项目（附问卷表）、分类项目等
分析方法	统计的项目、分析和预测方法等
提交调查报告	报告书的形式、份数、内容、中间报告、最终报告等
调查进度表	策划、实施、统计、分析、提交报告书等
调查费用	各项开支数目、总开支额等
调查人员	策划人员、调查人员、负责人姓名和资历等

在市场调查中普遍采用的是抽样调查方式，房地产市场调查也不例外。因此，在进行调查活动前应设计决定抽查的对象（或单位），采用什么抽样方法进行抽样，选择被调查者，以及确定样本的大小。这些都对调查的结果有着重要的影响。例如调查写字楼的销售情况，确定抽查的对象是公司购房者，还是普通购房者；公司购房者中又可以分为大、中、小等。抽样的方法、对象和样本大小决定后，参加调查的人员必须严格按照抽样设计的要求进行调查，以保证调查质量。研究人员在样本设计过程中必须考虑以下几个问题。

(1) 总体

总体是指由市场研究项目的目标明确规定的整个集合。市场调查人员必须非常精确的对研究项目的总体进行定义，否则调查的结果将毫无用处。在房地产调查中，目标总体可以通过一些具体的统计学特征加以明确。如在进行潜在购房者调查时，可以根据年龄范围、收入情况、职业、受教育程度等将调查的总体与其他目标总体区分开来。

(2) 样本单位

样本单位就是抽样的基本单元，有时是个人，有时是家庭，有时是公司。尽管样本单位通常就是样本自己，但在很多时候仍需要进一步的探讨与明确。

(3) 抽样框

抽样框是总体中所有样本单位的完整列表。例如要调查某种楼盘的销售情况，则可以把购买该楼盘的客户目录作为抽样框。一个抽样框可能会有抽样框误差，它是指抽样框不能解释总体的程度。完整的抽样框中，每个调研对象应该出现一次，而且只能出现一次。很多时候，由于调研人员无法获得完整的抽样框，从而导致了抽样误差的产生。观察抽样框误差的一个方法是通过对列表与总体的配比来观察抽样框在多大程度上与目标总体充分一致。抽样框误差主要来自两方面：

① 总体一部分成员不在抽样框内；

② 抽样框内一部分成员不属于目标总体。

在房地产市场调查时，调查人员需要以合理的成本寻求误差最小的抽样框。比如需要进行某一个城市居民居住情况的调查，目标总体可以定义为整个地区的所有家庭。一个简单方便的抽样框是居民电话簿，但是仔细分析可以发现电话簿中也有很多不准确的信息。有些家庭的电话未列入电话簿中，也可能有些家庭没有电话或者有多部电话，居民的迁出、迁入时电话没有登记等。在进行项目调查时就应该对抽样框的误差进行分析，如果误差在可接受范围内就是可行的一种抽样框。

(4) 抽样技术

抽样设计作为调研设计的有机组成部分，是根据调研方法的不同而采取的不同抽样技术。抽样调查法要求抽选出的样本必须是总体的浓缩，主要分为两大类：一类是概率抽样；另一类是非概率抽样。

在概率抽样中，总体的每个成员有一个已知的、非零的机会被选入样本中，总体的每个成员选入样本的机会可以不等，但是每个成员有一个已知的选入概率，这个概率由选择样本元素的具体程序来确定。概率抽样主要有4种方法：简单随机抽样、系统抽样、整群抽样和分层抽样。

非概率抽样中没有办法估计任何总体元素被选入样本的概率。这样，无法保证样本是总体的代表。它可以分为4种方法：方便抽样、判断抽样、参考抽样和配额抽样。非概率抽样依赖于样本选择过程中的个人判断，而不是选择样本的程序，这样就无法判断样本是否充分。所以在判断抽样误差程度方面，概率抽样被认为是一个更好的选择。

(5) 样本容量

样本容量是指所抽取的样本量的多少。样本容量与样本的代表性无关，与样本的精确度相关。样本容量的大小与总体容量的大小关系不大，主要取决于调查的预算、研究目标和数据使用方法。很多人认为"样本量越多，调研精度越高"。实际上，一般概率抽样中的统计精度是与样本量的平方根成正比的，对于一个特定的抽样调查，在达到一定的样本数量后，再增加样本量对提高它的统计精度起不了很大作用，而现场调研费用却会成倍增加。因此，样本规模的确定原则是控制在必要的最低限度内。但最低限度的样本量到底是多少，却常常无法在设计之初确定，所以我们还需要明确调查研究的目标，即只要样本量足够让调研者发现问题或获知解决问题的信息，那就应该说达到了调研者希望的最低限度的样本量。

总的来说，设计市场调查方案必须考虑以上的诸多因素，并具有可操作性、有效性和经济性。对调查对象、调查范围、调查内容、调查方法、调研经费预算、调研日程等都应给出明确的安排。

4.2.2.2 现场实地调查

在房地产市场调查方案和调研计划论证确定后，就可以进入调查现场实地调查阶段了。这个阶段的主要任务是根据调查方案的要求，组织调查人员深入实际进行调查和收集资料；设计适当的调查方法，系统地收集各种资料和数据，听取被调查者的意见。这一阶段的具体步骤如下。

（1）建立调查组织

房地产市场调查组织应根据调查任务量和样本规模的大小进行人员配置。调查人员确定后，应集中进行学习，统一思想和方法。对于临时吸收的调查人员，需要进行短期培训，使他们明确该房地产项目市场调查的目标和方案，掌握基本的房地产市场调查方法和技术，同时根据具体情况，还应该使调查人员学习一些必要的经济基础知识和房地产业务知识，了解当地与房地产相关的政策与法规。对于具体的问题还应使调查人员了解与项目相关的市场背景资料。

（2）收集资料

在调查组织建成后，调查人员的工作重心自然就转到收集资料上。资料收集是市场营销研究工作的核心。房地产企业营销决策所需的数据可分为两类：一手资料与二手资料。一手资料，又称原始资料、初始资料等，指的是研究者基于某个研究项目而特别亲身收集的资料。二手资料，又称次级资料、延伸资料，指的是那些并非为正在进行的项目营销研究而是为其他目的已经收集起来的统计资料，也就是他人收集并整理好的现成资料。对于一般的房地产市场调查研究工作而言，资料收集的第一步应放在二手资料的收集上。

二手资料一般是企业内部记录或已出版的外部记录。取得这部分资料比较容易，花费的时间、人力和财力都较少，同时二手资料的收取可以辅助进行一手资料的调查。二手资料的收取可以使调查人员熟悉房地产行业的现状，包括它的销售趋势、利润空间、主要竞争对手以及面临的一些问题。在实际调查中，应当根据调查方案提出的目标内容，尽可能组织调查人员收集第二手资料。当然在收集二手资料时，我们还应注意它的缺陷。由于二手资料往往是他人进行整理的，在分类方法、测量单位以及时效上和需要调查的项目上会有一定的差别。这就需要调查人员仔细地研究二手资料，根据自己调查目标的要求进行整理，保证资料的时效性、准确性和可靠性。对于一些特定统计资料，应该弄清指标的含义和计算的口径，必要时应调整计算口径，使之符合调查项目的要求。对于某些估计性的数据，要了解其估算方法和依据以及可靠程度。对于某些保密的资料，应当根据有关保密的规定，由专人负责收集、保管。

对于一个特定的房地产调查的问题，仅凭二手的资料往往不能满足需要搜集的信息需要，因此市场调查人员必须通过实地调查获得原始资料即一手的资料。一手资料具有直观、具体和零碎的特点，是直接感受和接触的现象。一手资料的收集在房地产市场调研过程中是一项复杂、辛苦的工作，它的质量高低将直接影响到调查的结果。在收集第一手资料的过程中，还必然伴随着对调查样本的设计和样本的采集。收集第一手资料有很多方法如：访问法、观察法、定性研究方法以及实验设计等。

4.2.3 分析总结阶段

在收集完房地产市场的一手资料和二手资料后，需要对资料进行分析和总结，得出调查结果。这一阶段工作不能草率马虎，否则会导致整个调查工作功亏一篑，甚至前功尽弃。分析和总结是调查全过程的最后一环，也是调查能否圆满的关键环节。这一阶段有以下具体步骤。

(1) 资料的基础分析

调查资料的基础分析包括对数据的编辑、编码和列表。编辑就是对收集到的资料进行检查和修正；编码是给每个问题的答案编上数字或符号，为列表和统计分析作准备；列表把相似的数据放到一起，便于资料的整理，具有对资料进行初步分析的作用。

(2) 统计推断

统计检验作为一种独特的抽样过程和数据搜集工具，在可能的情况下，统计检验一般都在数据搜集和分析之前就进行了，以保证所得到的数据与意欲研究的问题密切相关。在房地产营销中的统计分析是通过统计和方差分析技术对数据本身所包含的隐性事务本质及其规律进行深入研究。统计推断方法较多的以数学理论为基础，通过定量分析为市场营销提供相对更为理性客观的决策依据。

(3) 撰写报告

在房地产市场营销调查项目基本完成后，调查研究人员应当考虑撰写调查报告。一份完善的市场调查报告是整个房地产市场调查研究的最重要的部分，通常是衡量整个调查研究工作的唯一标准。调查研究报告主要是归纳整个调查过程和研究的结果并得到结论，提交给管理人员决策使用。不管调查研究过程其他部分如何辛苦和成功，如果调查报告失败，也就意味着整个调查研究工作的失败。通常决策者只对反映研究结果的报告感兴趣，往往通过调研报告来判断整个市场调查研究工作的好坏。很多房地产企业的主管人员都十分关心这一报告。因此研究报告必须写得十分清楚、准确。调研报告的主要内容包括：

① 调查目的、方法、步骤、时间等说明；
② 调查对象的基本情况；
③ 所调查问题的实际材料与分析说明；
④ 对调查对象的基本认识，做出结论；
⑤ 提出建设性的意见和建议；
⑥ 统计资料、图表等必要附件。

房地产市场调查报告的结构多种多样，没有固定的格式，一般由导言、主体与附件组成。导言部分介绍调查课题的基本状况，是对调查目的简单而基本的说明；主体部分应概述调查目的，说明调查所运用的方法及其必要性，对调查结果进行分析并进行详细说明；附件部分是用来论证、说明主体部分有关情况的资料，如资料汇总统计表、原始资料来源等。

在上述房地产市场调查的步骤中，有时并不能完全依照设想的程序进行，并且在具体的房地产项目市场调查的过程中这些步骤也不是一成不变的。对于特定目的市场调查，可视调查内容、环境条件及要求的轻重缓急，灵活运用。有的步骤可以省去，有的可以细化和加强，有的还需要重复进行。例如，在制定某项调查方案时，我们也许会发现要研究的问题并没有很好地定义，调研人员就需要重新回到第一步，对需要研究的问题再作仔细的界定。再者，进入实施阶段时，发现市场调查研究的成本太高，超过了预算的范围，这时如果不能增加预算，就需要对原来的调研设计进行修改，减少规模。总之在进行房地产市场调研的具体工作时，研究人员要对调研方案设计十分认真，同时也要灵活运用、实事求是，保证调查工作顺利完成，以免造成不必要的损失。

4.3 房地产市场调查的主要方法和内容

房地产项目投资大、周期长，市场调查应在较短的时间内对房地产市场的情况做一个准确的分析，使企业对房地产项目在今后一段时间内的收益和风险有一个清醒的认识。如何才能在较短的时间内完成必要的市场信息的调查和收集一直是对房地产市场调查人员的一种挑战。只有掌握了正确的调查方法，明确了调查内容，才能使工作效率有所提高。

4.3.1 房地产市场调查的内容

影响房地产市场营销的因素有很多，对于不同的房地产开发项目，各个因素的影响大小也不一样，一般来说房地产市场的调查有以下几个部分。

4.3.1.1 房地产宏观环境调查

对于房地产这种资金密集型的行业来说，宏观环境的影响是非常重要的。这里的房地产宏观环境主要包括国家的房地产政策和法规、经济发展情况和人口分布情况。同时房地产市场又是一个区域型的市场，所以宏观环境的调查也包括项目所在地的房地产政策与法规、当地的经济和人口发展情况。

国家和当地的房地产政策和法规主要包括国家法律中与房地产行业相关的规定条文，也包括房地产行业协会的一些规定。在不同的地区，由于当地经济发展状况的不同，政府对房地产企业的政策也不一样，这些都必须在调查时了解清楚。比如地区政府为了保证城市的总体规划，不准建设过高的楼盘或是建过低的楼盘，这些情况在房地产项目调研时必须调查清楚，否则在后期修改时会给房地产企业带来很多不必要的损失。

房地产项目相关的地区经济发展情况和人口分布都可以在地区的年鉴中找到。经济发展情况信息包括地区的经济发展速度、人均 GDP、人均可支配收入、人均住房面积、地区商品房的建设面积等。人口分布情况主要包括地区常住人口总量、家庭数、受教育程度、不同职业的人口数量以及流动人口的情况等。在收集这些资料的时候，调研人员必须对其中的信息按照自己项目的需要进行分类收集，去除干扰信息和不必要的冗余信息。

有的统计年鉴中有专门的房地产价格指数的信息，它反映了该地区各类房地产价格的变动趋势和程度，房地产调研人员可根据自己的具体情况选择使用。

4.3.1.2 房地产微观环境调查

房地产微观环境调查主要包括对消费者情况的调查、竞争对手的情况调查。

(1) 消费者情况调查

消费者是企业的上帝，这在市场经济中是亘古不变的道理，在房地产市场中也不例外。房地产项目要销售得好，必须了解客户的情况，找到合适的消费群体，针对他们的消费行为和消费心理进行营销策划。一般而言，我们需要调查消费者的以下一些特征。

① 消费者人口统计特征　消费者的人口统计特征主要指年龄分布、居民收入、职业划分、受教育程度和家庭规模。这些特征一般都可以在地区的统计年鉴中查到。

a. 消费者年龄的不同意味着对房地产需求的不同。不同的年龄段消费者的经济实力和消费负担都存在着很大的差别。单身的年轻居民一般住在家里，几乎没有经济负担，消费主要以娱乐为主；新婚无子女的年轻人一般经济条件较好，购买力较强，有一定的购房需求；有小孩的家庭一般流动资金较少，购房时对房屋的结构有所要求。

b. 居民收入也是一个非常重要的消费者统计特征。收入水平的划分直接导致了购房者在选择房地产及其附带设施和服务上的差异。对于低收入消费者来说，户型、得房率、交通及房屋的价格是最重要的几项指标；但对于高收入者来说，则比较看重住宅所代表的社会地位，包括物业管理和周边环境等。

c. 职业的划分影响着人们的价值观和消费行为。一般工人家庭对住房装饰细节、经久耐用比较重视，而白领阶层比较倾向于简洁明快而富于一定艺术气氛的住宅。另外，不同的职业对住房的结构要求也不同，如教师、研究人员往往需要一个独立的书房。

　　d. 受教育程度不同的消费者在价值观、问题的处理方式都不一样。对于同一套房屋，受教育程度不同的客户可能会有不同的看法，特别是在私密性、空间利用率等问题上。因此在房地产市场调查中需要对此进行详细的调查。

　　e. 家庭规模的大小与住宅房地产开发的关系非常密切。过大的户型不适合三口之家，而小户型又住不了三代同堂的世家。因此，在特定的价格区间内，房地产开发商往往要考虑住宅面积与住宅套型之间的关系。

　　另外消费者的性别、民族和种族等统计特征也会影响到消费者对房地产的需求，但这些因素和情况对房地产市场营销不是普遍影响的因素，只是在特定的地区和特定的环境下才会产生影响。这些人口统计性的特征一般在年鉴或行业统计资料上都有体现。

　　② 房地产消费者的购买行为特征　消费者购买行为特征主要是描述实施某种购买行为的主体、时间、地点、原因和方式。具体来说，消费者购买行为特征可以用以下几个问题来描述：

　　a. 哪些人可能是房地产商品的买家？
　　b. 消费者如何购买房地产？是一次付清还是分期付款或者其他方式。
　　c. 消费者会在何时购买房屋？
　　d. 消费者会在什么地点或者什么场合购买房地产？
　　e. 消费者为什么要买房？

　　总之，在房地产市场调查中，我们需要设计合适的调查方案对上述的消费者的特征进行仔细的调查，同时针对自己项目的需要，重点调查其中的几个特征。一般来说，消费者的购买力水平是影响住房消费最重要的因素，它直接决定了消费者的购房承受能力。消费者购买力水平的主要衡量指标是家庭的年收入；另外消费者的购买倾向也会对住房消费产生很重要的影响，它主要包括对物业类别、品牌、户型、面积的偏好，对房屋地点位置偏好以及预期价格、物业管理、环境景观等方面的要求。

　　对房地产市场消费者的调查是一个动态的调查研究过程。如果未确定明确的目标消费者群体，可通过收集二手资料对房地产市场消费者做一个普遍、粗略的了解；确定了目标消费者之后，则主要是通过问卷调查的形式就想要了解的问题对目标调查对象进行访问。目标消费者的确定可参照同类物业的已成交客户进行划分。必要的时候甚至还可针对核心购买者进行再一次的调查，直至得到较为准确可靠的结论。

　　(2) 竞争楼盘调研

　　房地产市场调查另一个重点就是对竞争对手楼盘情况的调研。一般来说房地产竞争楼盘可分为两种情况，一是与所在项目处在同一区域的，另一个是处于不同区域但定位相似的楼盘。对竞争对手的调研主要是对营销策略组合调查与分析，包括产品、价格、广告、销售推广和物业管理等方面的调查。

　　① 对竞争对手产品的调查主要集中在竞争对手产品区位和产品特性的调查。

　　竞争对手产品区位特性包括以下几点：

　　a. 地点位置，调查人员需要调查竞争楼盘的具体坐落方位以及同本企业项目楼盘的相对距离。

　　b. 交通条件，指地块附近的交通工具和交通方式，包括公交、地铁、公路、铁路、飞机等。

c. 发展规划，指当地政府对城市土地、空间布局、城市性质的综合部署和调整。在调查中还特别需要注意对竞争楼盘在未来1~2年中存在的变化，这对分析本项目建成后的效益会有帮助。

d. 周边环境，指开发地块周围的生活配套情况，还包括由人口数量和素质、地区治安状况、卫生状况、绿化情况等。

竞争对手产品特征主要包括以下几点。

a. 建筑参数，主要包括该项目总建筑面积、占地面积以及容积率等。这些主要是由当地规划管理部门确定的，是决定产品形态的基本数值。

b. 面积户型，一个楼盘的面积和户型对不同的消费群体有着不同的影响，它包括各种户型的使用面积、得房率、建筑面积、面积配比、户型配比等。

c. 装修标准，这点对于写字楼、卖场或精装修的户型是一项非常重要的指标。它不仅包括对户型内部居室、厅的装修，还包括对公用部位的处理，如大堂、电梯厅、走道以及房屋的外立面。

d. 配套设施，它分为两部分：一部分是满足日常生活的最基本设施，如水电气、保安、车库、便利店、卫生所和中小学等，另一部分是为住户专门设立的额外设施，如小区会所等相关的娱乐和运动设施。

e. 绿化率，现在人越来越重视房屋绿地的多少，它已成为判断房屋品质的一条重要标准。

f. 交房时间，这是消费者关心的重要因素之一。

② 对竞争对手产品的价格调查。价格无疑是房地产消费者最关心的因素之一。只有在价格可以承受的条件下，消费者才会比较其他的重要因素。价格是房地产营销中最基本、最便于调控的，同时也是在实际的调查中也是最难取得真实信息的。一般可以从单价、总价和付款方式来描述一个楼盘的价格情况。

单价是楼盘各种因素的综合反映，可以方便地用来判断不同楼盘真正价值。房地产单价又包括几个方面：一是起价，它是一个楼盘最差房屋的销售价格，为了促销，常有人为夸张，不足信；第二是平均价，它是总销售金额与总销售面积的比值，可以作为参考；第三称为主力单价，指占总销售面积比例最高房屋所标定的单价，它是判断楼盘整体地位的主要参数。

总价是一套房屋的销售价格，它反映了产品对目标客户群的选择。通过对竞争楼盘总价的调研可以掌握竞争对手的市场定位和目标。

付款方式是房屋总价在时间上的一种分配，也是一种隐蔽的价格调整和促销手段。它可以用来缓解购房人的付款压力，扩大目标客户群的范围，提高销售率。付款方式主要包括一次性付款，按照工程进度的建筑期付款，按照双方约定时间付款和利用商业银行贷款或公积金贷款的付款。

③ 对竞争对手销售情况的调查主要包括对其销售过程以及最后的销售结果的调查。销售过程调查的主要内容包括售楼部、广告媒体、广告投入和诉求点。售楼部的建设指进行楼盘促销主要场所的地点选择、装修设计和形象展示等方面，它是整个楼盘销售策略的体现。广告媒体选择指一个楼盘选择的主要报刊和户外媒体，它是楼盘信息的主要载体。在实际工作中，选择的媒体应与产品的特性相吻合。从报纸广告的刊登次数和篇幅，户外媒体的块数和大小，可以判断出一个楼盘的广告强度，它体现了该楼盘所处的营销阶段，也可以从中看出开发商针对的目标客户群体。广告的诉求点，也就是物业的卖点，它反映了开发商想向购

房人传达的信息,是产品竞争优势的展示,也是目标客户群所关心的问题。

④ 销售结果是判断一个楼盘好坏的最终指标。销售结果也是最难获得准确信息的,主要包括销售率、销售顺序和客户群分析。销售率是一个最基本的指标,它反映了一个楼盘被市场的接纳程度。销售顺序指不同房屋的成交先后顺序,可以按照总价的顺序,也可按户型的顺序或是面积的顺序来排列。可从中分析出不同价位、不同面积、不同户型的房地产单元被市场接纳的原因,它反映了市场需求结构和细节。通过对竞争楼盘的客户群职业、年龄、家庭结构、收入的统计,可以反映出购房人的信息,从中分析其购买动机,找出本楼盘影响客户购买行为的因素以及各因素影响力的大小。从而针对性地进行楼盘销售计划的安排。

⑤ 最后还需要调查竞争楼盘的开发商情况以及设计单位、建设队伍和物业管理的情况。它们分别负责项目的投资建设、建筑设计、工程施工和物业服务4个方面,只有四家有实力并且有效合作的公司才能够保证楼盘的销售成功,其中开发商的实力是最为关键的。通过对单个楼盘的调研,可以分析竞争对手产品规划的特点、价格策略、广告策略和销售的组织、实施情况,以此为基础可制定出本公司项目的营销策略和相应的对策。

4.3.2 房地产市场调查方法

房地产市场调查主要是进行一手资料和二手资料的收集和分析。其中二手资料(也称次级资料和延伸资料)的收集主要是查阅现有的文档,除了包括企业内部的会计账目、销售记录、成本资料、楼盘规划以及客户反馈纪录等以外,还有年鉴类的出版物和一些专用的房地产数据库。总的来说,对于二手资料的调查比较方便,时间也较短。一手资料或称原始资料,是指调查人员通过现场实地调查所收集的资料,真实、针对性强,但收集的过程长、投入的成本高而且资料较为零碎需要整理,为了提高一手资料的调查效率,我们必须找到适当的调查方法才能达到事半功倍的效果。一手资料的收集方法主要包括访问法、观察法、定性研究方法和实验法,如图4.2所示。

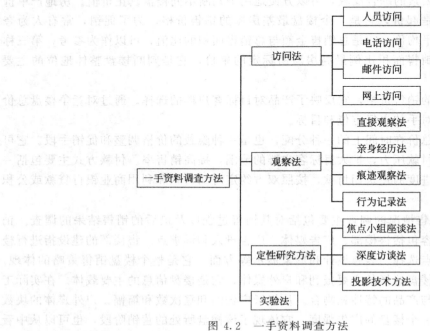

图 4.2 一手资料调查方法

4.3.2.1 访问法

访问法是通过直接询问被调查者的方式了解市场情况和客户需求的一种方法。采用访问法进行调查时，通常要将需要了解的信息做成问题的形式列在表中，按照表格的顺序和要求询问被调查者，所以通常又被称为调查表法。根据调查人员与被调查者接触方式，访问法又可以分为人员访问、电话访问、邮件访问和网络访问四大类型。

（1）人员访问

人员访问是指房地产调查人员直接与被调查者面对面交谈用以收集资料的一种调查方法，又称面谈调查，是市场调查中较为灵活和通用的一种调查方法。这种方法也可分为两种方式：一种是入户面谈，调查人员按照抽样方案的要求，到抽中的家庭或单位中按事先规定的方法选取适当的被访者，再依照事先拟定好的问卷或调查提纲顺序，对被调查者进行面对面的直接访问；另一种是拦截式面谈调查，指调查人员根据调查方案，在指定的地点如商场、展览会上，按照指定的调查程序在路人中选取访问对象，进行较为简短的调查。另外也可以在事先选定的场所如教室或展厅内，根据一定的程序组织被选中的调查者按照一定的程序和要求集中进行问卷测试调查。

人员访问由于采用与客户面对面交谈的方式进行调查，就需要调查者具有一定的技巧，使被调查者能够较为真实的表达他对调查问题的看法。这就需要房地产市场调查人员在进行面谈调查之前统一培训，悉心研究客户心理，妥善处理调查时出现的各种情况。

人员访问的方法有很多优点。它非常灵活，交谈时的主题和时间安排都可以根据具体的客户情况进行改变。调查人员可以采取灵活委婉的方式，层层深入地了解被调查者的信息，同时被调查者对问题存在疑问或不清楚的时候可以随时向调查人员咨询，有利于资料的顺利收集。其次人员访问法一般拒答率较低，面对面地访问往往会对被访问者产生一定的压力，使他们较为认真地回答问题。同时面对面的调查气氛比较轻松，适于进行深度调查，并且随意联想，会收集到意想不到的信息。

当然人员访问也会有一定的缺点。首先人员访问需要调查人员准备大量的访问材料，而且往往需要对调查人员进行事前培训，另外还需要很多交通费和其他费用，成本高。其次，它对调查者的素质有要求，调查人员的访问技巧和应变能力是制约调查质量的两个重要因素。再次，由于人员调查往往是一对一地进行，因此需要大量的时间，调查周期长。另外，人员调查匿名性差，对于一些比较敏感性或者涉及隐私的问题，面对面调查不易获得较为翔实的信息。最后，人员调查管理比较困难，调查者的主观因素易影响到调查的结果。有的素质低的调查人员为了减少调查周期，随意破坏样本的随机性或者其他的质量要求，对调查的结果造成坏的影响。

（2）电话访问

电话访问是通过电话中介与选定的被调查用户交谈以获得市场信息的一种方法，它是一种间接的方法。电话访问前，需要对调查人员进行培训，使其口齿清楚、语气亲切、语调平和，可在不长的时间（15分钟左右）内完成调查。调查人员需要根据被调查者的情况进行安排，如果对象是上班族则应把调查时间安排在晚上或者休息日，如果是老年人则可以把调查时间安排在白天。调查人员还需要在电话调查前设计好问卷调查表，由于受到通话时间和记忆规律的限制，大多采用是非选择法向被调查者询问。这样可以保证调查的顺利进行。

电话调查覆盖面广，只要有电话的地区就可以使用。它取得信息快，节省调查的时间和经费，调查人员坐在办公室里面就可以完成。被调查人员没有心理压力，可以畅所欲言。但电话调查也有很多缺陷。由于被调查者的状态无法确定，可能正在工作或者忙其他事情，因此拒答率高。由于电话访谈的时间限制，谈话不可能深入进行。有时因为无法出示调查说明、照片、图表等背景资料，也没有过多时间逐一在电话中解释，被调查者可能因不了解调查的详尽确切的意图而无法回答或错误回答。因此电话访谈只适合于某些目的较为明确简单并且急需得到结果的房地产市场调查如房地产公司调查购房者对房屋的满意度，居民购买房屋的价格信息等。

（3）邮寄访问

邮寄访问是房地产市场调查中一个比较特殊的收集资料的方法。它将调查者事先准备好的调查问卷邮寄给被调查者，再由被调查者根据要求填写好后寄回的一种调查方法。它的特点是调查范围广、成本低。它在能够通邮的地区都可以实施。它给了被调查者充分的考虑时间，避免受到时间限制和调查人员的倾向影响。它可以节省调查人员的数量，不需要对调查人员进行专门的培训。

邮寄调查法的缺点是征询问卷回收率一般偏低，许多被调查者对此不屑一顾。由于调查的问卷和回执都要通过邮寄，信息反馈时间长，影响资料的时效性。它无法确定被调查者的性格特征，也无法评价其回答的可靠程度，如被调查者可能误解问题意思、填写问卷可能不是调查者本人等。另外它要求被调查者有一定的文字理解能力和表达能力，对文化程度较低者不宜使用。

房地产市场调查人员如果需要用邮寄访问的方法时，需要采用一些附加的措施提高问卷调查的回收率和时效性。可以采用电话跟踪提示或者抽奖刺激等方式，使被调查者在短时间内给予回答。同时还需要注意很多细节问题，如附上回信的信封和邮票等。

（4）网上访问

网上访问是一种随着因特网兴起而出现的一种新型的访问形式。它有很多种形式，调查人员可以发邮件给被调查者或者将问题答卷放在网上供被调查者填写。它有很多优点，访问速度快，省去了出版印刷的时间。其次它费用低，这是网络提供的好处之一。第三，它的匿名性很好，对于一些敏感性的话题，被调查者可以不暴露自己的身份，给出自己的想法。另外，由于现在网络技术和计算机技术的飞速发展，网络问卷也可以制作得非常精致，而且可以根据不同的情况随时调整问题的顺序和数量。

当然由于目前我国的网络事业发展还不够充分，大多数的家庭还对网络存在着不信任的心态。同时，网络信息的真实性和准确性也不能够保证。因此虽然它是以后调查的趋势，但目前房地产调查人员对其结果还只能用于参考。

4.3.2.2 观察法

观察法是指调查者凭借自己的眼睛或摄像、录音等器材，在调查现场进行实地考察，记录正在发生的市场行为或状况，以获取各种原始资料的一种非介入式调查方法。这种方法是指调查人员不与被调查者正面接触，而是在旁边观察。这样做法对调查者无压力，表现得自然，因此调查效果也较为理想。观察法有4种形式。

（1）直接观察法

直接观察法就是调查人员去现场直接察看市场情况。例如，派调查人员去房地产展销会或去到各大楼盘的售楼部，观察顾客对哪些房地产产品最喜欢，对哪些房地产产品不感兴趣；又如，要了解一个楼盘的实际入住情况，可以在白天观察该小区楼宇的空调安装数量，或者在晚上观察该小区住户的亮灯数量；又比如，要判断一个顾客的收入水平与购买能力，可观察其来看楼时采用的交通工具等。

(2) 亲身经历法

亲身经历法就是调查人员亲自参与某项活动,来收集有关资料。如调查人员要了解某代理商服务态度的好坏和服务水平的高低,可以佯装顾客,到该代理商处去咨询、买楼等。通过亲身经历法收集的资料,通常这些信息都是真实的。

(3) 痕迹观察法

调查人员不是直接观察被调查对象的行为,而是观察被调查对象留下的一些实际痕迹。例如,想了解一个商场的销售情况,调查人员不需要在每个柜台上调查具体的销售情况,可以观察从商场门口出来的客户手中是否有商场提供的纸袋或塑料袋即可。

(4) 行为记录法

有些情况下,为了降低调查者的记录负担,可以通过录音机、摄像机、照相机及其他一些监听、监视设备记录客户的行为。如现在的电视节目收视率的调查中,调查公司经过用户同意在居民家庭的电视机里安装上电子记录器,这些记录器同计算机系统相连,每隔一段时间扫描一次,每个家庭收看电视的情况就会被记录下来,再对这些资料加以汇总分析,就可以确定出哪个时间段、哪个节目最受欢迎,可以确定广告播出的黄金时间与频道。在房地产市场调查中,也可以采用这种方法,用录音机和摄像机将客户问的问题和参观楼盘时的行为记录下来,分析客户购房的心态,针对性地进行楼盘营销的策划。在使用这种方法时,应尽量保证观察的隐蔽性,提高资料的可信度。

由于观察法是一种非介入式的资料收集方式,可以避免语言交谈中的障碍、暗示以及情感等因素的干扰,因此相对而言通过观察法收集到的资料更加真实、具体、客观,可靠性更强;另外观察法也比较灵活,只要有观察设备随时可以进行调查,不会受到客户时间的限制。然而,观察法也有它的缺点,由于它不与客户进行交流,无法深入探究客户的态度和动机,只能获得表面性的资料;调查人员也需要进行培训,具备较高的业务水平和敏锐的观察力;同时,观察法还需要一些观察器具和较长的观察时间,因而花费较大。所以,观察法最好是和其他的调查方法一起使用。

4.3.2.3 定性研究方法

定性研究方法是对研究对象质的规定性进行科学抽象和理论分析的方法,这种方法一般选定较小的样本对象进行深度、非正规性的访谈,发掘问题的内涵,为随后的正规调查作准备。目前国内常用的定性研究方法有:焦点小组座谈会、深度访谈法、投影法以及一些案例的研究。

(1) 焦点小组座谈会

焦点小组座谈会就是以会议的形式,就某个或几个特定的主题进行集体讨论,集思广益的一种资料收集方法。一般由主持人引导对某个主题进行深入的讨论。它在国外已经得到广泛的应用,目前在国内也逐渐开始采用这种调查研究的方法。在使用焦点小组座谈会方式进行调查时,应注意以下几点。

① 必须确定好主题。主题一般由项目调查的要求而定,不要太窄或太宽泛。实际调查时,可以把一个较大的主题分解为若干个问题,根据与会者的情况制定讨论主题大纲,便于会议控制。

② 与会者要经过挑选。不能太多也不要过少,成员太多不容易控制局面,而且个体发表看法的时间和机会也相对少,可能调查的结果只是其中一部分活跃分子的意见,不具有广泛性;如果参加人员太少,可供利用的信息、经验、才能也越少,不便于问题的深入讨论和多方位发掘。另外,在选择小组成员时应尽量使同一小组成员为同一层次或社会背景的,尽

量不要把不同生活方式和不同知识水平的人放在同一组中，这样难以形成共同讨论的气氛。

③ 小组的座谈次数不能太少，根据项目调查的要求，尽量多的组织会谈，同时保证与会人员不同，使每次会议都有新的发现、新的见地，有利于讨论问题的深入和意见的交融。

④ 要对会议加以控制，鼓励参加者畅所欲言，但要防止偏题，讨论中要使主题平滑过渡，也要避免会议上出现的从众心态。

⑤ 要对每次会议的结果进行评价，供下一次会议采用，以便进一步的讨论。

焦点小组座谈法的特点在于它所访问的不是独立的被调查者，而是同时访问若干个被调查者，通过与若干个被调查者的集体座谈来了解市场信息。因此，小组座谈过程是主持人与多个被调查者相互影响、相互作用的过程，要想取得预期效果，还需要主持人做好座谈会的各种准备工作，熟练掌握主持技巧，同时要求有驾驭会议的能力。

（2）深度访谈法

在市场调查中，常需要对某个专题进行全面深入的了解，同时希望通过访问、交谈发现一些重要情况，要达到此目的，仅靠表面观察和一般的访谈是不够的，这就需要采用深度访谈法。深度访谈法是一种无结构的、直接的一对一的访问，在访问过程中，由掌握高级访谈技巧的调查员对调查对象进行深入的访谈，用以揭示被访者对某一问题的潜在动机、态度和情感等。此方法最适于做探测性调查。深度访谈包括自由式访谈和半控制性访谈两类，前者对交谈内容没有控制，而后者则需要对每个问题的讨论时间和内容加以控制。

自由式访谈一般适用于平级关系或工作时间弹性较大（机动时间较多）的被调查对象。自由式访谈的目的在于从更深层次上发掘主题的内涵，捕捉深度信息，因此被调查者可以自由的发表意见和回答问题，不受讨论时间的限制，也没有讨论提纲的约束。

半控制性访谈一般适用于工作很忙的被调查对象，比如说经理、专家等。调查者需要对每一个讨论问题的时间加以控制。由于半控制性调查的特殊性，它一般用来了解基本市场情报，经济法规和竞争行为等。这需要调查人员有较高的访问技巧和良好的人际关系沟通能力。

（3）投影技法

焦点小组座谈法和深层访谈法都是直接法，即在过程中调查人员明显地向被调查者表露调查目的，但这些方法在某些场合却不太合适，比如对那些动机和原因的直接提问，对较为敏感问题的提问等。此时，研究者主要采取在很大程度上不依赖于研究对象自我意识和情感的新方法。其中，最有效的方法之一就是投影技法，又称为投射法。它用一种无结构的、非直接的询问方式，可以激励被访者将他们所关心话题的潜在动机、态度和情感反映出来。例如，欲了解调查对象对某个新推出楼盘的看法时，你可以这样问他"这是个新推出的楼盘，如果您的朋友有意购房，你认为他会对这个楼盘感兴趣吗？"研究者可以从被访者如何把他自己投影到这个第三者身上，来揭示出被访者的真实想法。因为有时一些深层次的真实原因，单靠信息的收集和直接的访问是不能发现的。

通过上述三种基本的定性调查研究方法的介绍，我们可以看出定性研究方法样本小，而且结果较为依赖调查者和被调查者的主观感受。在实际调查中定性调查研究方法需要与定量的调查研究方法结合使用。定量研究通过图表、数学模型和统计方法，将资料量化处理，定性研究很少使用模型，主要依靠人们的经验和判断能力进行分析处理。相对而言，定量研究更加理性、客观，但定量研究不能脱离定性研究独立存在，没有定性研究的定量研究结果只是一堆毫无意义的数字符号，所以在具体的项目调查中，需要根据实际情况合理的分别进行定量调查和定性调查，有针对性地加以选择和综合。

4.3.2.4 实验法

实验法是将调查范围缩小到一个比较小的规模上，进行试验后得出一定结果，然后再推断出样本总体可能的结果。它是一种特别的调查与观察活动，在过程中，调查者可以控制实验环境，使其得到一个理想的调查结果。

实验包括三个基本部分：实验对象称为"实验体"，实际上引入的变化称为"处理"，"处理"发生在实验对象上的效果称为"结果"。例如，某商家想要研究顾客购物时，音乐能否提高客户的购买欲望。商家可以选择不同的音乐进行。在这个实验中，被选择的客户称为"实验体"，引入的音乐称为"处理"，商场在音乐条件下销售量的变化称为"结果"。实验法是研究因果关系的一种重要方法。又如，在调查房地产广告效果时，可选定一些消费者作为调查对象，即"实验体"，对他们进行广告宣传，广告宣传对消费者产生影响，即"处理"，然后根据消费者对广告的接受的效果来看楼盘销售量的变化，即"结果"，从而研究房地产广告投放量变化和广告用词、语气对楼盘销售的影响，并将它与未举办广告的区域进行比较，指导广告营销。当然，由于市场情况受多种因素的影响，在实验期间消费者的偏好、竞争者的策略都可能有所改变，从而影响实验的结果。即使如此，实验法在研究因果关系时仍能提供询问法和观察法所无法得到的材料，它具有独特的使用价值和应用范围。特别值得一提的是，试销是一种重要的试验方法，这包括一项新产品或服务在推向扩大的市场之前，先在局部水平推广或测试。在投入大笔资金之前，局部水平的推广将有助于消除可能出现的问题。

需要注意的是，每一项实验完成后都要检测其有效性，这里包括检测实验内部有效性和外部有效性。内部有效性主要是从实验内部考察实验结果是否完全是由自变量的变化引起，有没有外部因素的影响；外部有效性则主要是从现实的角度来考察实验结果是否有效，也就是看实验结果能否应用于实际中。客观地说，内部有效性和外部有效性很难达到绝对一致，这需要权衡二者之间的关系，同时检测其有效程度，从而决定是否值得推广。

4.3.2.5 问卷设计

通过前面调查方法的介绍，我们可以看出设计一个由一系列问题和选择答案组成的表格可以使被调查者用来较为方便的表述其对问题的观点，提高调查的效率，这就是调查问卷。调查问卷，又称调查表，是调查者根据一定的调查目的和要求，按照一定的理论假设设计出来的，由一系列问题、调查项目、备选答案及说明组成，是向被调查者收集资料的一种工具。一个成功的问卷设计应该具备两个功能：一是能将所要调查的问题明确地传达给被调查者；二是设法取得对方合作，最终取得真实、准确的答案。但在实际调查中，由于被调查者的个性不同，文化程度、理解能力、道德标准、生活习惯、职业、家庭背景等都有较大差异，加上调查者本身的专业知识和技能高低不同，这都将会给调查带来困难，并影响调查的结果，所以问卷设计是否科学将直接影响到市场调研的成功与否。

(1) 问卷设计的基本要求

一份完善的问卷首先必须明确调查主题，重点突出，避免模棱两可的问题，也可把主题分解为更详细的若干个子题目，分别做成具体的询问形式供被调查者回答。

其次问卷的设计要能比较容易地让被调查者接受。由于问卷调查对于被调查者来说通常是一种额外的负担，他们既可以采取合作的态度配合调查，也可拒答或胡乱回答。因此，请求合作就成为问卷设计中一个十分重要的问题。在问卷说明中要亲切、温和，提问部分要自然、有礼貌和一定的趣味性，问卷设计应适合被调查群体的身份、水平，同时也可采用一些物质鼓励,并替被调查者保密,最终使被调查者能自愿参与,认真填好问卷。

问卷设计要求版面整齐、美观、条理清楚、顺理成章,以提高回答问题的效果。问卷中的问题一般可将较容易回答的问题放在前面,提问的内容逐步复杂深化;核心问题和重要问题在前面,专业性强、敏感性的问题放在后面。同时在问题陈述时力求简明易懂,多用通俗性的词汇,少用专业性强的语言,另外要避免重复,缩短时间,防止被调查者出现反感情绪。

(2) 调查问卷的基本结构

一份完整的调查问卷通常由说明、调查内容和结束语三部分组成。其中调查内容是最重要的部分,其他两个部分可根据情况进行调整或删减。

① 说明 问卷说明是调查者向被调查者写的一封简短信,主要用于说明调查目的、意义、选择或填写方法等。一般放在问卷开头,通过它可以使被调查者了解调查的目的,消除顾虑,并按一定的要求填写问卷。问卷说明可采取两种方式:一是比较简洁、开门见山的方式;二是在问卷说明中进行一定的宣传,以引起调查对象对问卷的重视。一般情况下,问卷说明前有一个问卷标题,它是概括说明调查的研究的主题,使被调查者对所要回答什么方面的问题有一个大致的了解。确定标题应简明扼要,易于引起回答者的兴趣。例如"××地区居民住房状况调查"等。

② 调查内容 调查的主题内容是研究者所要了解的基本内容,也是调查问卷中最重要的部分。它主要是以提问的形式提供给被访者,这部分内容设计的质量直接影响整个调查的价值。内容主要包括以下几方面。

首先是对被调查者基本情况的调查,即背景资料,包括性别、年龄、民族、家庭人口、婚姻状况、文化程度、职业、单位、收入、所在地区等。通过这些项目,便于对调查资料进行统计分组、分析。在实际调查中,列入哪些项目,列入多少项目,应根据调查目的、调查要求而定,并非多多益善。

其次是对人们的行为进行调查。包括对被访者本人行为进行了解或通过被访者了解他人的行为,并对行为后果进行调查。

最后还要对人们的态度、意见、感觉、偏好等进行调查。

在大规模调查中,由于调查资料的统计汇总工作非常复杂繁重,需要借助于编码和计算机技术进行简化处理。编码就是将调查问卷中的调查项目以及备选答案给予统一设计的代码。统计时,应确定每一个调查项目的编号和为相应的编码做准备,同时,每份问卷还必须有编号,即问卷编号。此编号除了顺序号之外,还应包括与该样本单位有关的抽样信息。

③ 结束语 结束语一般放在问卷的最后,用来简短的对被调查者的合作表示感谢,也可征询一下被调查者对问卷设计和问卷调查本身的看法和感受。

例如:您觉得这份问卷设计的如何? 很好□,好□,一般□,不好□。

(3) 问题类型

进行问卷设计时,需要决定使用何种类型的问题,我们确定问题类型的出发点主要是基于研究要求,尽量使设计的每一个问题传达更多的有用信息。同时问题的难易程度也是一个值得考虑的因素,调查者必须分析他要面对的被调查者群体的层次水平,太难或无聊的问题往往令人扫兴。一般来说问卷问题主要有开放式问题、封闭式问题和混合型问题三大类。

① 开放式问题 开放式问题也称自由回答问题,只提问题或要求,不给出具体答案,要求被调查者根据自身实际情况自由作答。此种提问方式,答案不唯一,不易统计和分析,

实际调查问卷中并不多。开放式问题的设计方法概括起来有以下几类：

a. 自由回答法，它要求被调查者根据问题要求用文字形式自由表述。

例如：您认为这个楼盘有什么吸引您的地方。

b. 词语联想法，这种方式是给被调查者一个有很多含义的词或词表，让被调查者看到词后马上说出或者写出最先联想到的词。下面一个例子中，给被调查者一张两列表，其中一列为楼盘名称（刺激词），另一列为反映词，要求被调查者在很短的时间内给任一楼盘配上最合适的反映词，如表 4.2 所示。

表 4.2 楼盘反映词对照表

房地产楼盘名称	反	映	词	
××楼盘	外观好 □		内部布局好	□
	环境好 □		价格高	□
	交通便利 □		有品位	□

c. 文章完成法，它是由调查者向被调查者提供有头或有尾的文章，由被调查者按照自己的意愿来完成，使之成篇，从而借以分析被调查者的隐秘动机。

例如：一个朋友前一段时间看了几套新房，选中了两套。一个套型设计很好，小区环境也不错，但价格较高；另一套小区环境较差，套型面积小，但上班近。朋友有些犹豫，不知道该选择哪个，向你咨询，您对他说……

d. 过滤法，又称"漏斗法"，是指最初提出的问题较为广泛，离主题较远，再根据调查者回答的情况逐渐缩小提问范围，最后有目的地引向要调查的某个专题性问题。

例如：请问您近年内打算购房吗？ 是（ ），否（ ）。

如果是，您打算购买住宅的建筑面积为：_____平方米。

e. 角色扮演法，这种方法不让被调查者直接说出自己对某种产品的态度和动机，而让他们通过观察别人对这种产品的动机和态度来间接暴露自己的真实动机和态度。

例如：您认为购买××楼盘业主的特点有哪些？

开放式问题的优点在于被调查者不受限制，便于深入了解被调查者的意见和态度。被调查者的回答可以给调查研究者提供大量信息，有助于设计营销主题和促销活动。

② 封闭式问题 封闭式问题是指事先已设计出了问题的各种可能的答案，被调查对象只要或只能从中选择一个或几个现成答案的提问方式。这种提问方式便于统计，但回答的伸缩性较小。通常调查人员把封闭式问题分成两项选择题、多项选择题、填入式问题、顺位式问题、态度评测题、语义差别题。

a. 两项选择题。两项选择题也称是非题，是多项选择的一个特例，一般只有两个选项，"是"或"否"，"有"或"没有"。它简单明了，适合短时间的调查如电话调查等；但所获得的信息量少，容易产生误差。

例如：您最近打算买商品房吗？是□，否□。

b. 多项选择题。多项选择题是从多个备选答案中选择一个或多个，是目前采用最多的一种问题形式。

例如：请问您一般从哪里获得房屋买卖信息？

报纸□， 电视□， 宣传单□， 网络□， 广播□，

展销会□， 朋友介绍□， 其他_____。

一般说来，多项选择法给出的答案不要太多，否则会使得被访者感到无所适从或产生厌烦。多项选择便于回答和统计，但要注意答案的排列次序。对于没有强烈偏好的被调查者而言，选择第一答案的可能性大大高于其他答案，这时就要打乱排列顺序，制作多份调查问卷同时进行调查。如果备选答案为数字，没有明显态度的人往往选择中间的数字而不是偏向两端的数，对于 A、B、C 字母编号而言，不知道如何回答的人往往选择 A，因为 A 通常与高质量、好等特性相关，因此在编号时用后面的字母如 P、Q、R 或者干脆不写编号字母。

c. 填入式问题。填入式问题一般只针对有唯一答案的情况。对于答案不唯一的情况，则应该设计成开放式问题。

例如：您工作_____年，家里有_____人，年均收入_____万元。

d. 顺位式问题。顺位式问题又称序列问题，是在多项选择的基础上，要求被调查者对询问问题的答案，按照自己的想法和喜欢顺序排列。

例如：购房时您所看中的因素依次为（请根据您认为的重要程度分别标上序号）

地段（ ），价格（ ），配套（ ），环境（ ），设计（ ），服务（ ），品牌（ ），其他：_____

e. 态度评测题。态度评测题要求测量被调查者对某种商品的态度，通常将消费者态度分为多个层次进行测量，其目的在于多了解和分析被调查者群体客观存在的态度。

例如：在购买商品房时，您认为小区环境的重要性如何？

很重要□，   较重要□，   一般□，   不太重要□，   很不重要□。

f. 语义差别题。语义差别题是列出两个语意相反的词，让被调查对象做出一个选择，从中发现客户群体的态度。

例如：请问您对××楼盘的看法？

建筑新颖□，建筑风格陈旧□；品位高□，品位低□；户型设计合理□，户型设计不合理□。

(4) 问卷设计中需注意的几个问题

① 问题的措辞 在问卷设计中措辞相当重要，不当措辞的提问，不同的人可能产生不同的反应。一般而言，问题的陈述应尽量简洁、清楚，避免模糊信息。应尽量使用准确意义、用法普通的词语，避免使用专业词汇，避免提带有双重或多重含义的问题。例如，"您对××小区的环境和套型设计满意吗？"如果客户只对其中某一项满意，就很难回答你的问题，即使回答了也不能统计到完善的信息。

在问题设计中最好不用反义疑问句，避免使用否定句。例如，"您是否不赞成在××楼盘旁边建设一个商铺？"，这是一个否定句式，由于习惯性的思维，人们往往倾向于选择答案"是"，对相当一部分人来说，可能并非出自本意。如果改成"您不赞成在××楼盘旁边建设一个商铺，对吗？"情况更糟，可能会有相当一部分人选择"是"，因为反义疑问句中带有信息暗示，如果改成"您是否赞成在××楼盘旁边建设一个商铺？"情况就会好一些。

问题措辞中还要注意避免使用引导性的语句，例如"现在房价过高，您觉得是否能够承受？"这样的问题会暗示被调查者其他人的观点，调查结果不真实。解决的办法是将问题细化，做成多项选择的样式，如"现在的房价，您能承受的范围在哪个区间内？"

5000 元/平方米以下□，5000～10000 元/平方米□，10000～20000 元/平方米□，20000 元/平方米以上□。

另外，在设计问题时，尽量避免假设性的问题如"如果房价降 10%，您是否会考虑购买?",这种假设性的问题最大的弊端在于被调查者不太会认真地进行考虑,由此得出的统计结论很可能失真。

② 问题的顺序 问题相互之间的排列组合和排列顺序是问卷设计中的另一个相当重要的方面。一般来说,问题的排列要便于被调查者顺序作答,便于资料的整理和分析。通常可按照问题的难易程度排列次序,先列被调查者熟悉的问题,再列生疏的问题;先问事实、行为方面的问题,然后再问观念、情感、态度方面的问题;先问一般性的问题,后问特殊性的问题;能引起被调查者兴趣的问题放在前面,开放式问题尽量安排在问卷的后面。问卷设计时尽量保证被调查者在一种轻松、愉快的气氛下完成答题,不要引起他们紧张、顾虑和厌烦的情绪。

③ 问卷的排版 问题设计好后,需要对整个问卷的版面进行设计。问卷排版和布局总的要求是整齐、美观,便于阅读、作答和统计。卷面排版不能过紧、过密,字间距、行间距都要适当,避免使人产生厌倦情绪,影响被调查者的兴趣。字体和字号要有机的组合,可适当通过变换字体和字号美化版面,活跃气氛。对于开放式的话题要留给被调查者足够的空间答题。

最后,问卷设计完成后,可根据情况组织预先测试,根据测试的结果对问卷进行修改。同时,在问卷的最后也可以请被调查者评价一下问卷的质量。

4.4 调查结果分析与调查报告的编写

在一手资料和二手资料都收集完后,房地产市场调查的重点应转向资料的整理分析,并编写成最后的调查报告,也就是市场调查的最后一个阶段分析与总结阶段的工作。

4.4.1 资料整理

资料的整理过程包括编辑、检查和修正搜集到的资料;编码,给每个问题的答案配上数字或符号,为列表和统计分析作准备;列表,把相似的数据放到一起,具有初步分析资料的作用。

(1) 编辑

编辑是对资料进行筛选,去除统计资料中的无用部分,这可以在现场进行称为实地编辑,也可以在办公室进行,称为办公室编辑。

① 实地编辑 实地编辑是初步编辑,任务是发现资料中非常明显的遗漏和错误,及时调整调查程序,帮助消除误解和有关特殊问题。实地编辑需要保证资料的完整性,没有遗漏的项目;保证资料的清晰性,调查人员需要仔细查看记录,如果发现无法辨认的字迹应及时澄清;保证资料的内容一致性,不要出现前后矛盾的情况;保证答案的明确性,特别是针对开放式的问题,不要出现模棱两可的词语;保证资料单位统一性,便于后续的统计分析工作。实地编辑的工作重点是复查和追访,一旦发现有错误就需要及时纠正。

② 办公室编辑 办公室编辑在实地编辑之后,其主要任务是更加完整、确切地审查和校正回收来的资料。这一工作需要由那些对项目调查目的和过程都十分明确,而且具有敏锐洞察力的人员来进行。办公室编辑的工作重点是对查出的问题如何处理。在调查统计上来的资料主要存在的问题是三大类:不完全回答、明显的错误和由于被访者缺乏兴趣而作的搪塞回答。

对于不完整的答卷,如果是大面积的无回答,或相当多的问题无回答应作为废卷;

对于个别问题无回答可作为有效问卷，空白待后续工作采取补救措施；对于相当多的问卷同一个问题（群）无回答，仍可作为有效答卷，虽然它对统计工作有影响，但也可能指出问题是否写得不清楚，或者是敏感话题，人们不愿回答。

对于明显的错误答卷，应进行仔细分析，如果能够发现其中的逻辑关系纠正前后矛盾的问题，就可作为有效答卷，否则作为"不详值"处理。

对于无兴趣的答卷，如果是整个问卷的情况，应作为废卷处理；如果只是出现在某个问题（群）上，应把这部分的答卷作为一个独立的样本进行对待。

在审查收集的次级资料时，应弄清楚作者的身份和背景，注意编写时间。在审核统计资料时，要注意它们的指标口径和资料的分组，尽可能地减少使用次级资料时可能遇到的麻烦。

(2) 编码

编码就是对一个问题的不同回答进行分组和确定数字代码的过程。大多数问卷中的大部分问题都是封闭式的，这些在事先应做好编码。但对于开放式的问题，它只能在资料收集好之后，根据被调查者回答的内容确定类别的指定编号。这部分工作首先是列出所有答案，将有意义的答案列成频数分布表，再确定可接受的分组数，根据分组数再将有意义的答案重新挑选归并。然后为所确定的分组选择正式的描述词汇，再根据分组结果制定编码规则，最后对全部回收问卷的开放式问题答案进行编码。例如：某个小区楼盘的开放式问题调查如下。

问题：您为何会选择购买××小区的商品房？

根据整理后收集到答案如下（假设20个样本）：①开发商品牌好，②价格适中，③房屋套型设计好，④靠近地铁，⑤靠近工作单位，⑥朋友们都买这里，⑦房屋质量好，⑧电视节目里推荐，⑨附近有很多公交车，⑩这里空气好，⑪附近买东西方便，⑫报纸上推荐，⑬价格低，⑭小区规划比较好，⑮没什么原因，⑯外观比较漂亮，⑰公司信誉好，⑱看买的人多就买，⑲环境好，⑳得房率高。

根据上面的答案，我们可以做如下分类，如表4.3所示。

表 4.3 编码分类表

分类表号	类别描述	被调查者回答编号	分类表号	类别描述	被调查者回答编号
1	品牌好	①,⑰	6	交通方便	④,⑤,⑨
2	价格优势	②,⑬	7	购物方便	⑪
3	房屋设计、质量好	③,⑳	8	从众效应	⑥,⑱
4	小区环境好	⑦,⑩,⑭,⑯,⑲	9	不知道	⑮
5	广告宣传效果	⑧,⑫			

(3) 列表

把调查资料按照一定的目的、用表格的形式展现出来，即是资料的列表。它的基本功能就是计算变量值的出现次数。如果只计算一个变量就是单向列表，如果需要同时计数两个或多个变量的不同数值联合出现的次数，就称为交叉列表。一个较为简单列表如表4.4所示。

表 4.4　××地区家庭住宅情况调查表

家庭编号	年均收入/万元	家庭人口	家长受教育程度	居住面积	建成时间	有无二套以上住房	2年以内有无购房计划	…
0501	15	3	1	90	2003	0	0	…
0502	20	4	2	80	1995	0	1	…
0503	12	3	1	66	1999	0	1	…
0504	8	2	3	50	1990	0	1	…
…	…	…	…	…	…	…	…	…

表中一些难以量化的变量用数字等级分类表示，如2年内有无购房计划，如果有购房计划则为1，如果没有购房计划则为0，又如，家长受教育程度分为初中、高中、大学、硕士、博士，可以用1~5来表示，便于计算机的统计。

4.4.2　资料的分析与解释

在房地产市场营销调查的所有活动中，对研究者的技能要求最高的是资料的分析与解释。分析是以某种有意义的形式或次序把收集到的资料重新展现出来。解释是在资料分析的基础上找出信息之间或手中信息与其他已知信息的联系。在资料解释时尽管无固定模式可循，但有两个方面是要注意的：一是要理解归纳和演绎的推理方法，二是要保证形成结论时的客观性。

归纳推理的方法是首先产生一系列个别的前提，然后把这些前提与其他前提结合在一起，以形成结论。这些个别的前提可以从观察、试验、调查中获得。比如，调查中发现100个打算购房客户中有72个客户咨询物业管理公司的情况，则表明大部分用户关心小区物业。

演绎过程是一系列的推理过程，通过逻辑推理得出最后的结论。在演绎过程中前提的正确性决定了结论的正确性。例如，房贷利率上升后，贷款购房的压力增大，对于炒房者的利润空间有所降低，预期收益下降将导致部分炒房者提前抛出手中的房屋，导致房价滞胀。

研究者进行调查研究时，保持一个客观态度去收集资料是非常重要的，特别是在对资料的分析和解释时，更要以客观的眼光来看待资料中的信息。由于研究者控制着要解释的资料，他们可能会把那些跟他们预计结果相悖的资料放在一边，而只研究他们感兴趣的。保持客观的态度在实际工作中是比较难以掌握的，这就需要调查研究工作人员不断的培训和提高业务素质。

4.4.3　调查报告的撰写

研究人员在完成前面的市场营销调查工作以后，必须写出准确无误、优质的调研报告，使决策者能够清楚地了解市场情况，作出正确的决策。一份优质的营销报告能对整个营销研究起到画龙点睛的作用。研究报告的撰写要针对读者，技术性的报告可以针对有一定专业基础，又对项目所涉及的技术方面有兴趣的人准备的；一般性报告可以给企业里的非技术人员或某些高层经理们阅读。一般来说，调研报告必须完整、准确、清楚和简明。

一份完整的报告应当是为了读者提供他们能懂得的所有信息，报告中细节的数量应与使用者的数量相适应。要保证调查中所有信息的可信性和有效性，坚持实事求是原则。调研报告要如实反映市场情况和问题，对报告中引用的事例和数据资料，要反复核实，必须确凿、可靠。用词准确，逻辑正确，避免使用带有主观感情的语言。对于特定的读者，调研报告的内容必须紧扣调查主题，突出重点。结构要条理清楚，语言要准确精练，务必把所说的问题写得清楚透彻。结论明确。调查结论切忌模棱两可，不着边际。要善于发现问题，敢于提出建议，以供决策参考，结论和建议可归纳为要点，使之更为醒目。另外报告的印刷要精美，调研报告应完整、装订整齐、印刷清楚、精致美观。

房地产市场调查全过程结束后，要认真回顾和检查各个阶段的工作，做好总结和反馈，以便改进今后的调查工作。总结的内容主要有以下几个方面：

① 调查方案的制订和调查表的设计是否切合实际；

② 调查方式、方法和调查技术的实践结果，有哪些经验可以推广，有哪些教训应当吸取；

③ 实地调查中还有哪些问题没有真正搞清，需要继续组织追踪调查；

④ 对参加调查工作的人员做出绩效考核，以促进调查队伍的建设，提高调查水平和工作效率。

4.5 房地产市场的预测

房地产市场预测是通过对随时间和空间变化的房地产市场的活动进行科学的预知和推测。科学的预测一般分为几种途径：一是因果分析，通过研究事物的形成原因来预测时间未来发展变化的结果；二是类比分析，把正在发展中的事物同历史上的"先导事件"相类比，分析事物未来发展趋势；第三种是统计分析，通过数学方法对事物的过去和现在的资料进行分析，揭示出其中的规律性，给出事物未来的发展趋势。传统房地产市场预测一般包括直观预测技术、时间序列预测技术、相关分析预测技术。近年出现了一些新的预测方法，这里简要介绍一下系统动态学方法和房地产指数预测方法。

4.5.1 直观预测技术

直观预测技术也称专家预测法，是目前较为常用的方法之一。它通过对房地产行业情况十分熟悉的有关专家的直观判断进行预测。这种方法简单易行，特别是在历史数据资料不足的情况下适于使用。常用的直观预测技术方法有专家会议法、特尔裴法、综合判断法、类比法等。

专家会议法是请一批专家或熟悉房地产行业情况的人开会讨论，事先提供必要的历史资料和房地产环境情况，明确预测的目标，使会议人员有足够的准备时间。开会时各自提出意见，相互交流，使意见逐步集中。

德尔菲方法（Delphi）主要过程是主持预测的机构先选定与预测与问题有关的领域，以及有关方面的专家10~30人，与他们建立适当的联系，如信件往来。将他们的意见经过综合、整理、归纳，并匿名反馈给各位专家，再次征求意见。这种方式经过多次反复、循环使专家们的意见逐渐趋向一致，由主持预测的机构进行统计分析提出最后的预测意见。

综合判断法是特尔裴方法的一种改进形式，它是给每个专家的意见加上权重，然后分别求出每个专家预测结果的平均值，例如第 i 位专家估计的某地区房地产需求量最高值为 MAX_i，最低值为 MIN_i，最可能值为 P_i，假设平均值的计算方法为：$A_i = (MAX_i + 2 \times P_i + MIN_i)/4$。得出每个专家预测的平均值后，再根据每个专家的情况分别给出各个的权重系数 W_i，则最终的期望值 $E = (X_1 \times W_1 + X_2 \times W_2 + \cdots + X_n \times W_n)/(W_1 + W_2 + \cdots + W_n)$。

类比法是思维一种普遍应用的方法。它是将预测事件称为类比物，将类比物称为类比模型，然后将类比物与类比模型进行逐项比较，如果发现两事物间的基本特征相似并具有相同的性质，就可以用类比模型来预测类比物。比如，A 地区的 GDP、人均收入、人口数量的发展与 B 地区前两年的情况相似，则可以用 B 地区目前的房地产需求量估算出 A 地区在今后一段时间内的房地产需求量。

4.5.2 时间序列预测技术

时间序列分析方法是分析统计数据依时间变化的规律，用以预测未来，它包括趋势外推法、平滑预测法。

（1）趋势外推法

这种方法假定未来的发展趋势和过去的发展趋势相一致。常用的预测方法有线性方程、二次曲线方程、指数方程、幂函数方程。它们都是预测量与时间的函数，它们的方程如下：

线性方程：$Y_t = aT + b$，二次曲线方程：$Y_t = aT^2 + bT + c$，指数方程：$Y_t = ba^T$，幂函数方程：$Y_t = bT^a$。方程中的系数可以通过最小二乘法解出。

图 4.3 是几种曲线的发展趋势。

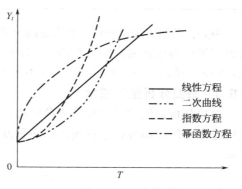

图 4.3 趋势外推曲线

在房地产发展初期，通常是爆炸性的增长，可以用指数和二次曲线方程的函数进行预测，在房地产发展一段时间后进入平稳发展期的时候可以用线性函数或者幂函数的方法进行预测。

（2）平滑预测法

平滑预测法的特点是首先对统计数据进行平滑处理，滤掉其中由于偶然因素引起的波动，然后找出其发展规律。平滑预测法中常用的是移动平均法，它分为一次和二次移动平均

$$Y(t)_N^1 = \frac{1}{N} \sum_{i=t-N+1}^{t} X_i, \quad Y(t)_N^2 = \frac{1}{N} \sum_{i=t-N+1}^{t} Y(t)_N^1$$

建立的模型关系为

$$Y(T + t_0) = A(t_0) \times T + B(t_0)$$

表 4.5 某地区房地产新房销售量的移动平均值计算表

序号 t	年份	销售量/万平方米	$Y(t)_5^1$	$Y(t)_5^2$
1	2000	50		
2	2001	45		
3	2002	60		
4	2003	52		
5	2004	45	50.4	
6	2005	51	50.6	
7	2006	60	53.6	
8	2007	43	50.2	
9	2008	57	51.2	51.2
10	2009	40	50.2	51.2

续表

序号 t	年份	销售量/万平方米	$Y(t)_5^1$	$Y(t)_5^2$
11	2010	56	51.2	51.3
12	2011	87	56.6	51.8
13	2012	49	57.8	53.4
14	2013	43	55.0	54.2
15	2014	52	57.4	55.8

例如：某地区房地产新房销售量的统计如表 4.5 所示，取移动平均周期为 5 年。取 $t_0=15$，从表中可以得出预测模型为 $Y(T+15)=0.8\times T+59$。如要预测 2017 年的房地产新房销售量，$Y(3+15)=0.8\times 3+59=61.4$ 万平方米。

4.5.3 回归分析预测技术

相关分析预测技术也称因果预测法，它是根据各种经济变量之间的相互关系。利用历史数据建立起的回归方程进行预测的一种方法。一般较为常用的是多元线性回归预测，它的方程是

$$Y=a_n x_n+a_{n-1} x_{n-1}+\cdots+a_1 x_1+a_0 \tag{4.1}$$

其中 Y 是因变量（预测对象），$x_1 \sim x_n$ 是自变量（影响因素）。比如，房地产的需求量与地区的经济发展情况有关，与居民收入有关，与人均居住面积大小有关，则可将经济发展情况、居民收入、人均居住面积分别量化，设为自变量 x_1，x_2，x_3，通过算法可以求出各自的系数 a_0，a_1，a_2，a_3，这样就可以求得三个因素与房地产需求量之间的关系，预测出在一定经济发展情况下、一定居民收入和居住面积情况下的住宅需求量。对于多元线性回归方程，系数人工计算比较复杂，一般采用计算机计算。方法如下：

设 Y 有 k 个已知统计值，$Y=[y_1,y_2,\cdots,y_k]^T$，设 $A=[a_0,a_1,\cdots,a_n]^T$，对应这 $n+1$ 个参数，k 个已知统计值，我们可以做以下矩阵

$$X=\begin{bmatrix} 1 & x_{11} & \cdots & x_{1n} \\ 1 & x_{21} & \cdots & x_{2n} \\ \vdots & \vdots & \ddots & \vdots \\ 1 & x_{k1} & \cdots & x_{kn} \end{bmatrix}$$

参数 A 的估计值为

$$A=(X^T X)^{-1} X^T Y \tag{4.2}$$

在进行回归预测分析时需要注意模型的检验。因为在设立模型之初，只是根据人的主观感觉判断几个与预测值相关的因素，这种判断不可能做到精确，也无法判断出哪个因素的影响大，哪些因素根本不重要。通过检验可以略去一些相关性不强的因素，简化回归预测模型。回归预测模型中的变量不要太多，一般 3～5 个左右即可，因为自变量太多，误差链增大，会影响到预测的精度。相关性检验可分为总体相关性检验和偏相关性检验。总体相关性检验时，相关系数 r 的计算公式为

$$r=\sqrt{1-\frac{\sum_i (y_i-Y_i)^2}{\sum_i (y_i-\bar{y})^2}}$$

式中，y_i 是预测对象统计值，Y_i 是公式计算理论值；r 越接近于 1 表明总体线性相关

性明显。

在偏相关系数检验时,偏相关系数 r_i 的计算公式如下

$$r_i = \frac{\sum_{j=1}^{k}(x_{ji}-\overline{x_i})(y_j-\overline{y})}{\sqrt{\left|\sum_{j=1}^{k}(x_{ji}-\overline{x_i})^2\right|\left|\sum_{j=1}^{k}(y_j-\overline{y})^2\right|}}$$

式中,$\overline{x_i}=\dfrac{\sum_{j=1}^{k}x_{ji}}{k}$,$\overline{y}=\dfrac{\sum_{j=1}^{k}y_j}{k}$,根据公式,对多元线性相关方程可以计算出 n 个偏相关系数,通常 $r_i \geq 0.7$ 表示相关性很好;$0.3 \leq r_i < 0.7$ 表示相关性一般;如果 $r_i < 0.3$ 表示该因素与预测值相关性差,可以从方程中略去。

4.5.4 系统动态学方法

系统动态学是用定量和实验的方法来研究社会经济行为中信息反馈的特征,并用仿真的方法来研究政策的作用和系统行为中延迟作用对系统动态行为的影响。系统动态学可以运用反馈结构的概念模型,借助于计算机,研究在一定时间范围内,由于政策的变化导致系统各状态变迁的特征;找出系统中政策的作用点,测试系统对政策的敏感性;研究改善系统结构的可能性和时机;试图通过改变政策和系统结构达到消除现实系统中存在的问题,并引导社会经济系统朝着期望的目标运行。

房地产系统是一个社会经济系统,房屋的供给量、需求量、存量、退役量之间存在着信息的反馈和延迟作用,而社会经济系统中某一个量的变化,会导致房地产发展系统状态的变迁。因此,运用系统动态学模型来研究住宅发展问题是可行的。

与其他研究方法相比较,系统动态学弥补了传统定量研究方法的局限性,能够方便地仿真模拟复杂的大系统,特别是可以将社会经济一些不易量化的方面纳入系统结构中,加以分析和检验;它是一种结构依存型模型,对数据要求不高,可以在历史数据残缺不全的情况下,对系统进行分析的研究;另外它能对系统内外的因素相互关系予以明确的认识和体现;它能对系统内各种反馈回路,无论是直观的还是隐含的,均予以明示;所以它能使决策者清晰地知道哪些是系统的控制参数和敏感参数并且能对系统进行动态仿真实验,不同的参数输入,能考察系统不同的状态和变化趋势。一个较为复杂的城市住宅系统动态流程如图 4.4 所示。

从图中我们可以清楚地看出与城市住宅系统相关的几个因素,以及他们之间的关系。

4.5.5 房地产指数

(1) 国房景气指数

房地产指数方法是根据指数体系的原理,由属于超前、同步、滞后性质的指数指标(注意:这里仅指性质,而不是理论上真正起超前、同步、滞后作用的指标)组成,根据合成指数的计算方法,在计算分类指数的基础上,得到的一个加权平均综合指数。再根据各个时点的数据与基期数据(以基期为100)进行对比,得出各个时点数据的综合指数。综合指数值 100 为景气线,100 以上为景气空间,100 以下为不景气空间。

下面以"中国房地产景气指数"为例,说明房地产指数的方法。为了综合反映全国房地产业发展景气状况,从 1995 年起,国家统计局开始公布"国房景气指数"。"国房景气指数"的编制方法是根据经济周期波动理论和景气指数原理,采用合成指数的计算方法,从房地产

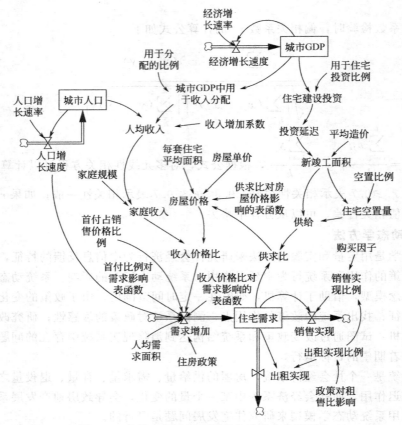

图 4.4 某城市房地产市场需求系统动态学流程

业发展必须同时具备的土地、资金和市场需要三个基本条件出发,选择房地产开发投资、资金来源、土地转让收入、土地开发面积、新开工面积、竣工面积、空置面积、商品房销售价格等 8 个具有代表性的统计指标进行分类指数测算,再以 1995 年 3 月为基期对比计算出的综合指数体系。

"国房景气指数"的计算分为 8 个步骤:①确定指标体系;②建立原始指标数据库;③消除量纲的影响;④确定权数;⑤确定基准对比时期;⑥消除季节、价格因素的影响;⑦建立分类指数和"国房景气指数"计算数学模型;⑧"国房景气指数"计算结果的分析报告。通过分析报告可综合反映全国房地产业运行的景气状况,政府可以据此制定房地产改革和发展的各项政策,出台调节房地产健康发展的有效措施,投资者可以接受信息的正确导向,权衡投资的得失利弊,支配自己的投资行为,这样就对房地产业的健康发展起到了信息导向作用。

"国房景气指数"是反映房地产市场景气变化趋势和程度的综合指数,其数据资料来源于国家统计局房地产统计机构进行的全面调查,而且数据资料可以月月更新,保证"国房景气指数"按月发布。同时,"国房景气指数"是由政府统计部门编制,是代表国家行使统计监督职能的政府行为。因此,具有及时性、综合性和权威性等特点。"国房景气指数"是对房地产业发展变化趋势和变化程度的量化反映,用百分制表示。其中,通过对景气所处空间、景气值波动幅度、趋势的评估发布,可为国家宏观调控提供决策依据,也为社会提供统计信息,引导中国房地产业健康、有序发展。

（2）房地产销售价格指数

下面介绍由国家统计局编制的新建住宅销售价格指数和二手房销售价格指数的计算方法。各城市新建住宅基本分类月环比价格指数的计算步骤与方法是：第一，计算某一新建住宅项目 90m² 及以下、90～144m²、144m² 以上三个基本分类的环比指数；第二，采用双加权计算全市三个基本分类的环比指数，即分别利用本月销售面积和金额作为权数计算价格指数，然后将两个价格指数再简单平均计算；第三，计算保障性住房环比价格指数，计算方法与商品住宅基本分类计算方法一致。

① 新建住宅销售价格指数的计算方法。

a. 计算各项目各基本分类（90m² 及以下、90～144m²、144m² 以上商品住宅和保障性住房）本月及上月平均价格。

本月及上月平均价格计算公式为

$$p_t^{i,j} = \frac{Y_t^{i,j}}{Q_t^{i,j}} \quad \text{和} \quad p_{t-1}^{i,j} = \frac{Y_{t-1}^{i,j}}{Q_{t-1}^{i,j}}$$

式中，$Y_t^{i,j}$，$Y_{t-1}^{i,j}$ 为第 i 个项目第 j 基本分类 t 期（本月）、$t-1$ 期（上月）销售金额；$Q_t^{i,j}$，$Q_{t-1}^{i,j}$ 第 i 个项目第 j 基本分类 t 期（本月）、$t-1$ 期（上月）销售面积。

b. 计算各项目各基本分类（含保障性住房）月环比价格指数。

• 连续性销售项目和新开项目环比价格指数的计算。

连续性销售项目是指，该项目本月和上月对应分类都有成交记录；新开项目是指，该项目本月第一次进入市场销售（本方案中连续四个月没有成交记录的在售项目也视为新开项目）。

对于新开项目，需对上月该项目各分类平均价格进行评估，具体评估方法如下：如果新开项目附近区域存在可比在售项目，则按照该可比项目对应分类成交价格评估新开项目上月价格；如果没有，则根据区域、地段、价格同质可比原则，选取与该项目位置属同一级别区域的相似项目，按照其对应分类成交价格评估新开项目上月价格；如果上述项目都不存在，则根据该项目附近区域内本月二手住宅交易价格变动幅度或有关价格数据变动幅度进行评估。

连续性销售项目和新开项目基本分类环比指数计算公式为

$$H_{i,j} = \frac{p_t^{i,j}}{p_{t-1}^{i,j}}$$

式中，$p_{t-1}^{i,j}$ 为第 i 个项目第 j 基本分类 $t-1$ 期（上月）平均价格（对于新开项目则为评估的平均价格）；$p_t^{i,j}$ 为 t 期（本月）平均价格。

• 间断性销售项目环比价格指数的计算。

间断性销售项目是指，由于市场供求变化等原因导致该项目当月有交易，对应分类上月没有交易，而在上月之前的两个月内曾经有交易的项目。

对于该类项目，依据项目上月之前两个月内离本月最近的各分类成交数据计算各分类平均价格，再利用下列计算公式计算基本分类环比价格指数

$$H_{i,j} = \sqrt[n]{\frac{P_t^{i,j}}{P_0^{i,j}}}$$

式中，$P_t^{i,j}$ 表示第 i 个项目第 j 基本分类 t 期（本月）平均价格；$P_0^{i,j}$ 表示距离本月最近的对应基本分类平均价格；n 为距离本月的月份个数。

c. 计算全市基本分类（含保障性住房）月环比价格指数。计算公式为

$$R_{t,t-1}^{j} = \frac{\sum_{i=1}^{n} H_{i,j} w_{t}^{i,j}}{\sum_{i=1}^{n} w_{t}^{i,j}}$$

式中，$H_{i,j}$ 为第 i 个项目第 j 基本分类环比价格指数；$w_{t}^{i,j}$ 为第 i 个项目第 j 基本分类 t 期（本月）销售面积（金额）；n 为该基本分类中包含项目的个数。将分别利用销售面积和金额加权计算得到的两个指数再简单平均计算。

各城市基本分类以上类别价格指数计算方法如下。

a. 定基价格指数的计算公式（注：以 2010 年为基期，即以 2010 年平均价格为基期价格、2010 年销售面积为基期销售面积）。

$$L_t = L_{t-1} \times \frac{\sum P_t Q_{2010}}{\sum P_{t-1} Q_{2010}}$$

式中，P_t 表示当月各分类平均价格；Q_{2010} 表示 2010 年各分类销售面积；L_t，L_{t-1} 分别为本月和上月定基价格指数；$\frac{\sum P_t Q_{2010}}{\sum P_{t-1} Q_{2010}}$ 为环比指数。

b. 月环比价格指数的计算公式。

$$本月环比价格指数 = \frac{L_t}{L_{t-1}} = \frac{本月定基价格指数}{上月定基价格指数} \times 100$$

c. 月同比价格指数的计算公式。

$$本月同比价格指数 = \frac{L_t}{L_{t-12}} = \frac{本月定基价格指数}{上年同月定基价格指数} \times 100$$

② 二手住宅销售价格指数的计算方法。

各城市基本分类月环比价格指数计算方法如下。

a. 计算各基本分类中选中的二手住宅的环比指数。计算公式为

$$H_{i,j} = \frac{p_t^{i,j}}{p_{t-1}^{i,j}}$$

式中，$p_t^{i,j}$ 为第 j 基本分类中第 i 个样本住宅 t 期（本月）价格；$p_{t-1}^{i,j}$ 为 $t-1$ 期（上月）价格。

b. 计算全市基本分类环比价格指数。

采用双加权计算全市各基本分类的环比指数，即分别利用本月销售面积和金额作为权数计算价格指数，然后将两个价格指数再简单平均计算。计算公式为

$$R_{t,t-1}^{j} = \frac{\sum_{i=1}^{n} H_{i,j} w_{t}^{i,j}}{\sum_{i=1}^{n} w_{t}^{i,j}}$$

式中，$H_{i,j}$ 为第 j 基本分类中第 i 个样本住宅环比价格指数；$w_{t}^{i,j}$ 为第 j 基本分类中第 i 个样本住宅所代表住宅类型的 t 期（本月）销售面积（金额）；n 为该基本分类中包含样本住宅的个数。

各城市二手住宅销售价格指数的计算方法同各城市新建住宅价格指数。

2017 年 12 月 70 个大中城市分类价格指数的构成如表 4.6～表 4.9 所示。

表 4.6　2017 年 12 月 70 个大中城市新建商品住宅价格指数

城市	新建商品住宅价格指数			城市	新建商品住宅价格指数		
	环比	同比	定基		环比	同比	定基
	上月=100	上年同月=100	2015年=100		上月=100	上年同月=100	2015年=100
北京	100.0	99.8	134.9	唐山	100.6	106.1	108.5
天津	100.2	100.1	128.6	秦皇岛	100.1	106.3	112.3
石家庄	100.0	102.9	123.8	包头	101.1	105.7	104.4
太原	100.6	107.9	111.9	丹东	101.2	104.2	101.7
呼和浩特	100.8	106.9	107.4	锦州	100.1	101.7	97.6
沈阳	100.4	111.5	114.9	吉林	100.3	106.9	108.5
大连	100.8	108.4	110.4	牡丹江	101.2	106.5	104.4
长春	101.2	109.0	112.6	无锡	100.2	98.9	133.8
哈尔滨	101.0	110.7	113.6	扬州	100.3	109.1	120.0
上海	100.3	100.2	145.8	徐州	100.2	109.3	119.9
南京	100.1	98.6	146.5	温州	100.6	106.7	113.7
杭州	100.0	99.4	133.0	金华	100.5	109.7	118.6
宁波	100.3	105.1	120.7	蚌埠	99.7	108.8	117.3
合肥	100.0	99.6	148.6	安庆	100.5	105.2	112.7
福州	99.8	98.3	128.2	泉州	100.6	101.4	110.7
厦门	99.8	102.2	151.8	九江	100.1	108.4	120.1
南昌	100.0	106.4	124.0	赣州	99.7	102.8	116.2
济南	100.3	100.9	121.6	烟台	100.4	108.2	113.8
青岛	100.2	104.2	117.8	济宁	100.4	109.0	109.3
郑州	100.3	99.3	130.1	洛阳	100.1	109.0	113.5
武汉	100.3	100.6	129.9	平顶山	100.5	106.5	110.9
长沙	100.2	106.1	126.0	宜昌	100.4	108.6	113.7
广州	99.7	105.5	137.8	襄阳	100.0	106.4	107.6
深圳	99.8	97.0	145.7	岳阳	100.7	109.7	113.7
南宁	100.4	109.2	123.1	常德	100.6	109.1	111.1
海口	102.2	105.9	112.7	惠州	100.2	104.5	130.9
重庆	100.4	110.0	118.4	湛江	100.3	109.4	116.5
成都	100.5	99.4	106.2	韶关	100.4	108.9	116.5
贵阳	101.2	110.4	115.7	桂林	100.3	109.6	112.2
昆明	102.6	110.2	113.7	北海	99.7	113.2	117.6
西安	100.6	112.2	121.3	三亚	100.5	105.0	109.9
兰州	100.8	105.5	109.1	泸州	102.0	105.5	109.4
西宁	101.1	105.8	106.8	南充	100.5	109.5	109.9
银川	100.5	104.0	104.9	遵义	101.0	107.4	108.4
乌鲁木齐	101.0	106.6	104.7	大理	101.5	105.7	108.0

表 4.7　2017 年 12 月 70 个大中城市二手住宅价格指数

城市	二手住宅价格指数			城市	二手住宅价格指数		
	环比 上月＝100	同比 上年同月＝100	定基 2015 年＝100		环比 上月＝100	同比 上年同月＝100	定基 2015 年＝100
北京	99.6	98.4	148.1	唐山	100.0	104.5	105.8
天津	100.0	99.7	126.7	秦皇岛	100.1	106.1	108.7
石家庄	99.8	100.8	119.2	包头	100.6	104.0	101.2
太原	101.1	107.9	113.3	丹东	100.5	102.8	100.6
呼和浩特	100.6	102.8	101.8	锦州	100.0	99.9	93.6
沈阳	100.5	107.4	109.1	吉林	100.3	103.9	105.4
大连	100.5	105.7	106.6	牡丹江	100.7	103.8	104.1
长春	100.6	105.7	106.4	无锡	100.0	108.9	129.8
哈尔滨	100.7	107.4	108.9	扬州	100.4	106.2	112.4
上海	99.9	100.3	141.4	徐州	100.2	105.5	110.7
南京	99.8	98.7	136.9	温州	99.8	106.4	111.6
杭州	100.0	107.2	134.1	金华	100.6	107.7	113.5
宁波	100.3	106.7	118.0	蚌埠	99.8	107.6	112.2
合肥	100.2	99.2	151.4	安庆	100.3	106.8	113.4
福州	99.8	105.9	125.8	泉州	100.3	106.5	112.4
厦门	99.3	103.3	141.8	九江	100.0	104.6	114.2
南昌	99.8	103.8	118.3	赣州	100.0	102.8	113.2
济南	99.9	102.4	119.8	烟台	100.5	106.9	109.1
青岛	100.2	108.9	120.1	济宁	100.7	107.8	108.5
郑州	99.8	101.0	131.1	洛阳	100.1	104.2	106.4
武汉	100.2	108.9	136.3	平顶山	99.9	105.0	105.3
长沙	100.0	111.4	126.0	宜昌	100.5	106.1	110.3
广州	99.6	109.8	146.6	襄阳	100.3	105.0	105.4
深圳	100.4	101.5	144.0	岳阳	100.3	105.0	107.0
南宁	100.1	108.8	116.5	常德	100.2	104.1	106.8
海口	100.1	100.7	103.2	惠州	100.2	106.4	122.5
重庆	100.3	109.0	115.6	湛江	100.2	108.2	109.1
成都	100.2	104.6	110.8	韶关	100.2	105.9	107.3
贵阳	100.7	105.4	107.9	桂林	99.9	103.0	100.3
昆明	101.3	106.8	108.9	北海	99.9	108.4	112.3
西安	100.5	108.8	105.1	三亚	100.3	102.7	105.8
兰州	100.8	103.7	104.7	泸州	100.6	104.7	109.2
西宁	100.7	102.9	102.1	南充	100.5	106.6	109.9
银川	100.3	101.0	100.5	遵义	100.9	106.1	106.4
乌鲁木齐	100.8	109.6	107.3	大理	101.0	102.8	101.8

表 4.8 2017 年 12 月 70 个大中城市新建商品住宅分类价格指数

城市	90m² 及以下			90～144m²			144m² 以上		
	环比	同比	定基	环比	同比	定基	环比	同比	定基
	上月＝100	上年同月＝100	2015年＝100	上月＝100	上年同月＝100	2015年＝100	上月＝100	上年同月＝100	2015年＝100
北京	100.2	101.2	122.5	100.2	100.4	139.4	99.7	98.4	140.6
天津	99.9	100.5	134.6	100.2	99.5	128.2	100.6	101.1	125.2
石家庄	100.2	100.8	120.0	99.8	103.0	124.7	100.2	104.1	123.8
太原	100.0	108.6	114.5	101.0	108.6	113.1	100.2	106.6	109.3
呼和浩特	100.9	105.0	103.4	101.1	107.1	108.6	100.3	107.5	107.2
沈阳	100.4	111.5	116.8	100.4	111.6	114.4	100.2	111.5	112.1
大连	100.5	108.8	110.5	101.0	108.5	113.0	100.7	107.2	105.4
长春	101.5	111.2	116.7	100.9	109.1	111.3	101.1	106.2	109.7
哈尔滨	101.4	110.8	113.1	100.8	110.7	114.5	100.9	110.5	112.5
上海	100.4	100.3	148.4	100.1	100.6	147.4	100.4	99.9	143.6
南京	100.1	99.5	151.5	100.1	98.4	146.0	100.0	98.2	143.0
杭州	100.0	99.2	137.4	100.1	98.9	132.2	99.8	100.0	128.6
宁波	100.3	105.8	124.3	100.3	104.2	120.5	100.4	105.5	119.0
合肥	100.0	98.9	147.0	99.8	100.3	149.2	100.7	99.5	148.7
福州	99.7	97.7	128.1	99.7	98.2	128.7	100.1	98.9	127.6
厦门	99.9	102.5	152.6	99.9	103.0	153.1	99.8	100.9	149.0
南昌	100.6	108.6	127.1	100.0	106.0	123.9	99.5	106.2	122.4
济南	100.0	99.6	119.4	100.1	100.7	122.3	101.3	102.1	120.7
青岛	100.3	103.7	117.5	100.1	104.2	119.0	100.1	105.0	115.7
郑州	100.3	99.5	132.0	100.2	99.8	130.1	100.5	97.5	124.6
武汉	100.5	101.0	130.4	100.2	100.9	131.1	100.2	99.2	125.3
长沙	100.4	105.6	123.0	100.0	105.9	126.5	100.5	106.6	127.3
广州	100.1	106.3	140.3	99.7	105.2	137.2	99.6	105.8	137.6
深圳	99.6	97.4	144.9	99.8	97.6	146.3	100.4	95.8	146.7
南宁	101.0	109.5	124.7	99.7	108.1	122.3	100.8	111.1	121.9
海口	102.7	102.8	111.3	101.8	107.9	114.9	102.6	104.0	108.7
重庆	100.2	112.5	120.4	100.4	109.0	117.6	100.8	107.9	116.5
成都	100.6	100.9	105.9	100.3	97.8	106.3	100.6	99.1	106.5
贵阳	101.1	111.5	116.8	101.3	110.2	116.1	101.0	109.6	113.2
昆明	102.7	110.1	114.6	102.7	110.9	114.5	102.2	109.1	111.2
西安	100.6	112.8	123.0	100.7	112.6	121.2	100.5	111.1	119.9
兰州	100.8	105.9	109.7	100.9	106.2	109.8	100.9	107.9	107.8
西宁	101.8	106.7	108.3	101.1	106.0	106.9	100.9	104.6	105.9
银川	100.7	103.3	105.2	100.4	103.5	104.7	100.3	105.6	105.4
乌鲁木齐	100.7	107.3	104.5	101.3	107.0	106.4	100.3	105.1	100.1

续表

城市	90m² 及以下			90～144m²			144m² 以上		
	环比 上月=100	同比 上年同月=100	定基 2015年=100	环比 上月=100	同比 上年同月=100	定基 2015年=100	环比 上月=100	同比 上年同月=100	定基 2015年=100
唐山	100.8	106.7	108.5	100.5	105.7	108.4	100.6	106.5	108.6
秦皇岛	100.3	107.8	113.5	99.9	105.9	112.9	100.7	105.6	108.8
包头	101.4	108.2	106.9	100.7	104.7	104.0	101.9	106.9	104.0
丹东	101.9	105.4	103.5	100.9	103.3	101.5	100.9	105.3	99.2
锦州	100.2	102.8	95.0	100.1	101.0	98.5	100.2	103.8	100.5
吉林	100.5	107.1	108.5	100.1	106.9	108.7	100.6	106.2	107.7
牡丹江	100.6	106.7	103.9	101.5	106.4	105.0	101.1	105.8	102.0
无锡	99.9	100.0	137.2	100.2	99.2	136.7	100.2	97.5	125.6
扬州	100.0	108.3	120.1	100.6	108.6	120.1	99.9	111.0	119.4
徐州	100.0	110.1	120.5	100.2	109.2	119.8	100.1	109.2	120.0
温州	100.5	105.1	111.2	100.5	106.6	114.9	100.7	108.0	113.9
金华	100.3	109.8	120.1	100.1	110.1	119.9	101.2	108.9	115.3
蚌埠	98.8	107.9	115.4	100.1	109.5	118.4	99.5	104.2	111.9
安庆	100.5	105.5	114.3	100.5	105.3	112.5	100.7	103.9	111.4
泉州	100.3	102.0	111.5	100.4	101.4	110.6	101.1	100.9	110.5
九江	99.9	111.0	123.0	100.2	107.7	119.3	99.8	110.1	121.5
赣州	99.7	103.3	117.6	99.8	102.4	115.4	99.6	103.9	117.9
烟台	100.4	107.7	111.7	100.4	108.9	116.2	100.7	106.4	110.4
济宁	100.5	109.4	110.3	100.2	109.3	109.7	100.1	108.3	108.1
洛阳	100.4	110.5	119.0	100.1	109.6	113.1	99.9	107.5	110.8
平顶山	100.7	103.8	107.6	100.6	107.9	112.4	100.1	105.4	109.8
宜昌	100.3	107.4	112.3	100.4	109.0	114.0	100.2	107.4	114.1
襄阳	100.9	109.2	111.6	99.7	105.8	107.1	100.1	105.8	104.9
岳阳	100.8	108.4	112.8	100.8	109.8	112.9	100.6	110.3	116.1
常德	101.4	111.9	114.1	100.1	107.8	110.2	100.6	107.6	108.1
惠州	100.8	106.8	132.1	100.4	104.4	131.8	99.4	102.8	128.2
湛江	100.3	108.2	116.6	100.4	109.7	117.1	100.0	110.6	114.0
韶关	99.3	107.0	114.9	99.9	110.0	117.0	101.6	107.8	116.0
桂林	100.1	108.2	110.5	100.0	110.5	112.7	101.5	107.6	112.7
北海	99.8	113.5	118.3	99.7	113.2	116.8	99.8	110.2	115.4
三亚	100.3	105.9	111.3	101.1	104.6	109.0	100.0	104.1	109.0
泸州	101.0	103.9	109.2	102.4	106.2	109.6	102.0	105.4	107.7
南充	100.4	109.9	109.8	100.6	109.3	110.1	100.3	110.8	108.4
遵义	101.1	106.9	110.1	100.9	107.4	107.4	101.3	108.2	110.8
大理	102.1	108.0	109.9	101.5	105.6	109.0	101.2	104.8	106.2

表 4.9 2017 年 12 月 70 个大中城市二手住宅分类价格指数

城市	90m² 及以下			90～144m²			144m² 以上		
	环比 上月=100	同比 上年同月=100	定基 2015 年=100	环比 上月=100	同比 上年同月=100	定基 2015 年=100	环比 上月=100	同比 上年同月=100	定基 2015 年=100
北京	99.5	98.0	148.0	99.7	98.5	147.2	99.5	99.4	150.0
天津	99.8	98.9	128.8	100.2	100.4	127.3	100.0	100.3	118.7
石家庄	99.6	101.1	121.5	99.9	100.9	118.6	100.0	99.5	114.3
太原	100.9	106.5	113.5	101.2	110.1	114.9	101.2	106.9	110.4
呼和浩特	100.5	102.8	101.7	100.9	102.7	102.3	100.4	102.8	101.1
沈阳	100.4	106.8	108.9	100.6	109.1	110.1	100.4	108.0	107.4
大连	100.4	105.1	106.3	100.6	106.1	107.2	100.6	107.7	106.4
长春	100.6	105.6	107.3	100.4	105.5	105.5	100.6	106.5	105.5
哈尔滨	100.8	107.5	109.4	100.5	107.3	108.7	101.1	107.1	108.5
上海	99.6	99.0	141.7	100.0	101.3	140.7	100.7	101.8	141.8
南京	99.9	97.2	131.5	99.8	99.8	139.3	99.7	99.2	142.2
杭州	100.1	107.5	135.2	100.1	108.1	134.9	99.8	105.4	130.8
宁波	100.4	107.1	118.5	100.4	106.7	118.8	100.2	106.1	116.2
合肥	100.1	99.3	152.9	100.3	99.1	149.7	100.2	99.4	153.2
福州	99.7	106.5	125.5	99.8	105.5	125.0	99.8	105.5	127.5
厦门	99.2	104.2	145.7	99.4	103.1	140.8	99.5	102.3	138.6
南昌	100.3	105.6	120.9	99.4	102.9	117.1	99.6	99.7	112.9
济南	99.8	103.0	121.1	99.9	101.8	119.3	100.0	102.4	117.3
青岛	100.2	109.3	120.4	100.2	109.1	120.9	100.1	107.6	117.5
郑州	99.7	101.5	131.7	99.8	100.3	131.5	99.9	101.8	128.9
武汉	100.4	109.8	138.6	100.1	108.6	136.7	100.2	108.0	131.0
长沙	100.0	112.1	125.7	100.1	111.4	125.0	100.1	110.5	127.6
广州	100.0	111.8	148.8	99.2	108.0	144.7	99.5	107.9	144.2
深圳	99.2	103.4	147.9	101.2	99.3	139.9	101.7	101.1	141.8
南宁	99.6	108.0	114.3	100.5	108.7	115.6	100.1	110.5	122.8
海口	100.1	100.6	102.8	100.2	100.9	103.9	100.2	100.1	102.4
重庆	100.3	108.6	115.5	100.3	109.9	117.7	100.6	107.3	110.5
成都	100.3	105.5	112.3	100.1	103.5	109.7	100.1	104.7	109.3
贵阳	100.8	105.8	108.0	100.5	104.8	107.3	101.0	106.2	109.4
昆明	101.3	105.4	108.3	101.0	105.9	108.1	101.6	110.4	111.0
西安	100.8	110.5	106.7	100.2	108.6	105.6	100.7	106.3	101.4
兰州	100.5	104.2	106.1	101.0	103.6	104.4	100.9	103.1	103.2
西宁	100.6	102.4	101.8	100.9	103.3	102.4	100.4	102.3	101.5
银川	100.3	101.2	100.9	100.3	100.8	100.4	100.0	101.0	99.4

续表

城市	90m² 及以下			90～144m²			144m² 以上		
	环比 上月=100	同比 上年同月=100	定基 2015年=100	环比 上月=100	同比 上年同月=100	定基 2015年=100	环比 上月=100	同比 上年同月=100	定基 2015年=100
乌鲁木齐	100.7	110.4	107.0	101.0	109.6	108.0	100.6	106.4	105.5
唐山	99.8	105.3	106.6	100.1	103.8	104.9	100.4	103.2	104.3
秦皇岛	100.3	107.0	110.5	99.9	106.2	108.2	100.0	102.0	104.3
包头	100.5	102.4	99.9	100.7	105.8	103.3	100.8	102.3	97.8
丹东	100.4	102.6	99.8	100.7	102.9	102.6	100.6	103.5	97.8
锦州	100.1	99.9	93.8	99.9	99.8	93.1	100.1	100.9	93.9
吉林	100.4	103.9	105.7	100.1	103.9	105.8	100.5	103.7	103.2
牡丹江	100.6	103.6	105.4	101.2	105.2	101.9	101.4	100.6	95.0
无锡	100.0	109.4	130.8	100.2	108.7	129.2	99.6	108.4	128.8
扬州	100.4	106.6	113.0	100.4	105.7	112.0	100.6	106.0	111.5
徐州	100.2	105.7	111.2	100.1	105.1	110.0	100.4	106.2	111.9
温州	99.9	107.2	113.9	99.8	106.6	112.1	99.6	105.4	109.0
金华	100.7	108.5	115.6	100.4	107.3	112.3	100.7	107.0	111.8
蚌埠	99.9	108.0	112.6	99.6	107.1	111.7	99.9	107.5	111.6
安庆	100.3	106.5	113.3	100.2	107.7	113.9	100.1	106.0	111.8
泉州	100.3	106.3	111.9	100.3	107.5	113.0	100.4	105.0	112.3
九江	100.0	104.7	116.8	100.1	104.8	112.4	100.0	104.7	110.5
赣州	100.5	103.2	112.9	99.9	102.6	114.2	99.8	102.8	111.8
烟台	100.6	108.1	111.0	100.5	105.8	107.9	100.4	105.1	104.7
济宁	100.7	107.3	108.3	100.8	108.2	109.1	100.0	107.4	106.7
洛阳	100.0	104.2	107.7	100.1	104.4	106.2	100.3	104.3	105.4
平顶山	99.4	103.5	101.3	100.8	106.4	106.8	99.3	105.0	109.6
宜昌	100.5	106.1	111.6	100.5	106.3	110.2	100.4	105.4	107.6
襄阳	100.2	104.0	105.5	100.3	105.8	106.4	100.2	104.4	101.4
岳阳	100.2	105.3	107.7	100.4	104.8	106.4	100.2	104.9	107.3
常德	100.1	104.2	107.3	100.1	104.0	106.3	100.7	104.3	106.8
惠州	100.3	107.3	123.5	100.0	106.4	122.4	100.4	105.4	121.7
湛江	100.3	108.5	108.8	100.2	108.5	109.2	100.0	106.6	110.0
韶关	100.0	105.4	107.0	100.1	106.5	108.2	100.5	105.2	106.2
桂林	99.7	103.7	100.7	100.2	102.2	99.7	99.8	103.5	101.0
北海	99.8	108.7	112.4	100.0	107.9	112.2	100.0	108.3	111.3
三亚	100.5	102.8	106.2	100.1	102.6	106.0	100.0	102.9	104.7
泸州	100.6	104.0	108.3	100.6	105.1	109.8	100.8	105.0	108.0
南充	100.5	107.3	110.7	100.7	106.2	109.4	100.8	105.4	108.9

续表

城市	90m² 及以下			90～144m²			144m² 以上		
	环比 上月=100	同比 上年同月=100	定基 2015年=100	环比 上月=100	同比 上年同月=100	定基 2015年=100	环比 上月=100	同比 上年同月=100	定基 2015年=100
遵义	100.8	105.8	107.4	101.0	106.4	106.2	100.9	105.5	104.9
大理	101.1	103.3	101.6	100.9	102.9	103.2	100.7	101.9	100.0

注：1. 现行《住宅销售价格统计调查方案》自2011年1月起开始实施。

2. 调查范围为70个大中城市的市辖区，不包括县。

3. 调查方法：新建住宅销售价格、面积、金额等资料直接采用当地房地产管理部门的网签数据；二手住宅销售价格调查为非全面调查，采用重点调查和典型调查相结合的方法，按照房地产经纪机构上报、房地产管理部门提供与调查员实地采价相结合的方式收集基础数据。

4. 新建住宅含保障性住房；新建商品住宅不含保障性住房。

思考题

1. 房地产市场调查步骤有哪些？
2. 调查原始资料（第一手资料）时，有哪些方法？
3. 房地产市场调查内容有哪些？
4. 问卷设计中有哪些方法？
5. 房地产市场预测的常用方法及其之间的区别有哪些？
6. 试设计一份房地产市场调查问卷。

5

房地产开发项目客户定位策划

在初步明确房地产产品潜在消费者的情况下,根据潜在消费者的要求和经济承受能力,进行房地产项目产品定位和产品生产,经过恰当的形象定位后向潜在消费者推销房地产产品,最后完成交易并做好售后服务工作。这样操作,属于主动的营销,而不是被动的推销。主动营销的关键工作是产品潜在消费者的研究和分析,也就是产品的客户定位策划。

5.1 基本概念

5.1.1 房地产项目定位的内涵

房地产项目定位是在市场调研基础上研究和分析潜在消费者的客户定位,是对消费者使用方式和使用心理进行分析研究基础上的产品定位,是将产品按消费者的理解和偏好方式传达出去的形象定位。房地产项目定位的核心是客户定位,房地产项目定位的目的是通过好的定位形成项目的市场竞争优势。

房地产项目定位包括客户定位、产品定位和形象定位三部分内容。

(1) 客户定位

客户定位是研究和分析房地产项目的目标消费群体和他们行为特征的一项活动,客户定位是产品定位、形象定位的基础和前提。如果客户定位不科学、不正确,那么,房地产项目的营销过程是盲目和被动的。

(2) 产品定位

产品定位是在客户定位的基础上,根据目标消费群体的要求和经济承受能力所进行的房地产项目规划设计、建筑设计方案确定的一个过程。通过产品定位,形成市场差异化产品。

(3) 形象定位

形象定位主要是找到该房地产项目所特有、不同于竞争对手、能进行概念化描述、能通过广告表达并能为目标客户所接受而产生共鸣的特征。形象定位需要研究房地产项目的市场表现方式,确定房地产项目从产品到商品的过程中的最佳表达方式。在该部分研究中要回答的问题有:如何让消费者理解产品的内涵?如何对产品的特点进行描述和提升?如何让消费者对项目产生认同感而发生购买行为?等。形象定位一般通过企业文化、品牌、广告、包装、模型与样板房等形式来表达。

5.1.2 房地产项目客户定位的内涵

客户定位是研究和分析房地产项目的目标消费群体和他们行为特征的一项活动。

房地产项目客户定位主要包括下列工作:

① 根据用地性质,明确开发项目的类型;

② 分析开发项目所在地该类房地产的供求情况;

③ 市场购买行为分析;

④ 明确市场细分因素，进行市场细分；
⑤ 评估细分市场，确定目标市场；
⑥ 目标消费者的描述。

5.1.3 房地产市场分析

5.1.3.1 市场区域的确定

房地产市场属于区域性市场，其供给和需求都是区域性的。因此，定义市场区域就成了房地产市场分析的第一步工作。市场区域是指主要（潜在）需求的来源地或主要竞争物业的所在地，它包含与目标物业相似的竞争空间的需求和供给。定义市场区域工作主要包括：描绘市场区域、在相应的图上标出市场区域的边界、解释确定市场区域边界的依据。

在市场分析报告中应该有描绘市场区域的部分，并有相应区域的地图，显示出与该目标物业临近的公路或关键干线的位置、区域地名、道路及自然特征等。

影响市场区域形状和大小的关键因素有：①自然特征，如山地和河流等；②建筑阻碍、高速路或铁路；③人口密度的大小；④政治区域，市区和郊区，学校间的区域；⑤邻里关系和人口统计特征，如由于家庭收入、地位、种族等形成的市场区域特征；⑥发展的类型和范围，如未来城市发展的方向、速度等；⑦竞争性项目的区域（竞争项目重新组合的区域）。

5.1.3.2 房地产市场分析的内容

（1）宏观因素分析

房地产市场分析首先要就影响整个房地产市场的宏观因素进行分析。投资者首先要考虑国家和地方的经济特性，以确定区域整体经济形势是处在上升阶段还是处在衰退阶段。在这个过程中，要收集和分析的数据包括：国家和地方的国民生产总值及其增长速度、人均国内生产总值、人口规模与结构、居民收入、就业状况、社会政治稳定性、政府法规政策完善程度和连续性程度、产业结构、三资企业数量及结构、国内外投资的规模与比例、各行业投资收益率、通货膨胀率和国家金融政策（信贷规模与利率水平）等。

投资者还要分析研究其所选择的特定开发地区之城市发展与建设情况。例如某城市的铁路、公路、机场、港口等对内对外交通设施情况，水、电、燃气、热力、通信等市政基础设施完善程度及供给能力，劳动力、原材料市场状况，人口政策，地方政府产业发展政策等。这方面的情况，城市之间有很大差别，甚至在同一个城市的不同地区之间也会有很大差别。例如上海市的浦东新区和浦西老市区，其政策条件、交通状况、基础设施状况等就有很大的差别。

地区的经济特征确定后，还必须对项目所在地域的情况进行分析，包括经济结构、人口及就业状况、家庭结构、子女就学条件、地域内的重点开发区域、地方政府和其他有关机构对拟开发项目的态度等。

（2）市场状况分析

房地产市场状况分析，是介于宏观和微观的分析。市场状况分析一般要从以下几个方面进行：

① 供给分析

a. 调查房地产当前的存量、过去的走势和未来可能的供给。具体内容包括：相关房地产类型的存量、在建数量、计划开工数量、已获规划许可数量、改变用途数量等；短期新增供给数量的估计。

b. 分析当前城市规划及其可能的变化和土地利用、交通、基本建设投资等计划。

c. 分析房地产市场的商业周期和建造周期循环运动情况，分析未来相关市场区域内供求之间的数量差异。

②　需求分析

　　a. **住宅需求预测**。新增住宅需求主要包括：由于居民生活水平的提高，增加住房建筑面积引起的新增住宅需求；新增人口引起的新增住宅需求；拆迁引起的新增住宅需求；投资、投机引起的新增住宅需求。

　　b. **商业类房地产需求预测**。新增商业类房地产需求主要包括：由于经济发展的需要引起的新增需求，拆迁引起的新增需求；投资、投机引起的新增需求。

　　c. **写字楼、工业类房地产需求预测**。写字楼、工业类房地产的新增需求主要是由经济发展的需要引起的。

　　需求预测的方法主要有：购买者意图调查法、专家意见法、销售人员意见综合法、时间序列分析法以及相关分析法等方法。

③　**竞争分析**　列出竞争项目的功能和特点。具体内容包括：描述已建成或正在建设中的竞争性项目（价格、数量、建造年代、空置、竞争特点），描述计划建设中的竞争性项目，对竞争性项目进行评价。

④　**市场占有率分析**　基于竞争分析的结果，估算市场供给总吸纳量、吸纳速度和拟开发项目的市场份额，明确拟开发项目吸引顾客或使用者的竞争优势。具体内容包括：估计项目的市场占有率，在充分考虑拟开发项目优势的条件下进一步确认其市场占有率，简述主要的市场特征；估算项目吸纳量，项目吸纳量等于市场供求缺口（未满足需求量）和拟开发项目市场占有率的乘积。

5.1.4　市场购买行为分析

　　根据谁在市场上购买，可将市场分为两大类型：个人消费者市场和组织市场。不同的市场由于购买者构成及购买目的不同，其需求和购买行为也不同。从市场营销的角度出发研究市场，其核心是研究购买者的行为。本节重点分析个人消费者市场的需求和购买行为特点。

5.1.4.1　消费者市场的购买对象

　　消费者在购买不同商品时，并不遵循同一个购买模式，如买一套住宅和买部彩电，购买行为方面肯定有相当大的差异。根据消费者购买行为的差异，市场营销学将他们所购商品（包括服务）分为三类，即便利品、选购品和特殊品。

　　①　**便利品**　多为消耗快、需频繁购买、价格低廉的商品。不同品种或品牌之间差别甚微，消费者购买时不需做太多的选择，而以方便地买到为宗旨。如我们称之为日用品的肥皂、牙膏、火柴及报刊、糖果、冷饮等。

　　②　**选购品**　为单价较高，一次购买后使用时间较长，不同品种、规格、款式、品牌之间差异较大的商品，消费者购买时往往要花较多时间进行比较之后才做出购买决策。如服装、鞋帽、家具及多数耐用家电产品。

　　③　**特殊品**　单价昂贵，能满足消费者某方面特殊偏好的商品，如立体音响、钢琴、高级相机、名牌服装等。消费者在购买这类商品时，往往不大考虑代价，以获取为主要目的。

　　对经营这些商品的企业来说，了解消费者购买行为的上述区别，显然十分重要。它提醒企业：针对消费者购买行为的不同，企业应采取不同的营销战略并有所侧重。如经营便利品，最重要的是分销渠道要宽，货源供应要充足，以保证消费者能随时随地方便地买到。经营选购品，最重要的是备齐花色品种，让消费者有充分的选择余地，并帮助他们了解各种商品的质量、性能和特色，他们才会放心地做出决策。

5.1.4.2 影响消费者购买行为的因素

消费者市场上不同购买者的需求和购买行为存在着很大的差异。经济学家曾把在市场上进行购买的消费者都看做是"经纪人",在购买过程中总能进行理智而聪明的判断,作出最经济的选择。但经济学家们的理论很难解释现实中人们的购买选择为什么会那么千差万别。显然,除了经济因素以外,还有其他因素;除了理性的思考以外,还有其他非理性的情绪在影响人们的购买决策。

为研究这些影响因素,市场营销专家建立了一个"刺激-反应模式"来说明外界刺激与消费者反应之间的关系,如图 5.1 所示。

图 5.1 刺激-反应模式

图 5.1 所示的模式说明,同样的外界刺激,作用于具有不同特征的消费者,加上购买决策过程中所遇情况的影响,将得出不同的选择。我们需要了解的是,当外界刺激被接受时,购买者黑箱内到底发生了什么?购买者在各方面的特征怎样影响他们的购买行为?也就是说,消费者购买行为取决于他们的需求和欲望,而人们的要求、欲望、消费习惯以至购买行为又是在许多因素的影响下形成的。图 5.2 所示的模型说明了这些影响因素。

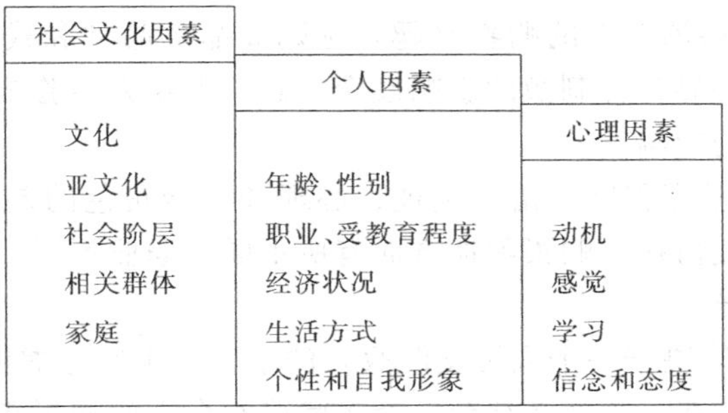

社会文化因素	个人因素	心理因素
文化		
亚文化	年龄、性别	
社会阶层	职业、受教育程度	动机
相关群体	经济状况	感觉
家庭	生活方式	学习
	个性和自我形象	信念和态度

图 5.2 影响消费者购买行为的因素

(1) 社会文化因素

① 文化因素 文化、亚文化和社会阶层等文化因素,对消费者的行为具有最广泛和最深远的影响。文化是人类欲望和行为最基本的决定因素,低级动物的行为主要受其本能的控制,而人类行为大部分是学习而来的,在社会中成长的儿童是通过其家庭和其他机构的社会化过程学到了一系列基本的价值、知觉、偏好和行为的整体观念,这也影响了他们的购买行为。

每一文化都包含着能为其成员提供更为具体的认同感和社会化的较小的亚文化群体,如民族群体、宗教群体、种族群体、地理区域群体等。如地区亚文化群,由于地理位置、气候、历史、经济、文化发展的影响,我国可明显分出南方、北方,或东部沿海、中部、西部内陆区等亚文化群。不同地区的人们,由于生活习惯、经济、文化的差异,导致消费就有差别。

每个社会客观上都会存在社会阶层的差异,即某些人在社会中的地位较高,受到社会更多的尊敬,另一些人在社会中的地位较低,他们及他们的子女总想改变自己的地位,进入较高的阶层。不过,在不同社会形态下,划分社会阶层的依据不同。在现代社会,一般认为所从事职业的威望、受教育水准和收入水平或财产数量综合决定一个人所处的社会阶层。显然,位于不同社会阶层的人,因经济状况、价值观取向、生活背景和受教育水平不同,其生活习惯、消费内容,对传播媒体、商品品牌、甚至商店的选择都可能不同。

② 社会因素　消费者购买行为也会受到诸如相关群体、家庭、社会角色与地位等一系列社会因素的影响。

相关群体是指对个人的态度、偏好和行为有直接或间接影响的群体。每个人周围都有许多亲戚、朋友、同学、同事、邻居,这些人都可能对他的购买活动产生这样那样的影响,他们就是他的相关群体。尤其在中国,顺从群体意识是中国文化的深层结构之一,因此人们往往有意无意地按照或跟随周围人的意向决定自己购买什么、购买多少。

家庭是最重要的相关群体。一个人从出生就生活在家庭中,家庭在个人消费习惯方面给人以种种倾向性的影响,这种影响可能终其一生。而且,家庭还是一个消费和购买决策单位,家庭各成员的态度和参与决策的程度,都会影响到以家庭为消费、购买单位的商品的购买。

(2) 个人因素

消费者购买决策也受其个人特性的影响,特别是受其年龄所处的生命周期阶段、职业、经济状况、生活方式、个性以及自我观念的影响。生活方式是一个人在世界上所表现的有关其活动、兴趣和看法的生活模式。个性是一个人所特有的心理特征,它导致一个人对其所处环境的相对一致和持续不断的反应。

① 年龄　不同年龄层消费者的购物兴趣,选购商品的品种和式样也不同。如青年人多为冲动性购买,容易受外界各种刺激的影响改变主意;老年人经验丰富,多习惯型购买,不容易受广告等商业信息的影响。

② 性别、职业、受教育程度　由于生理、心理和社会角色的差异,不同性别的消费者在购买商品的品种、审美情趣、购买习惯方面有所不同。职业不同、受教育程度不同也影响到人们需求和兴趣的差异。

③ 经济状况　主要取决于一个人可支配收入的水平,也要考虑他是否有其他资金来源、借贷的可能及储蓄倾向。在一个经济社会,经济状况对个人的购买能力起决定性作用。消费者一般要在可支配收入的范围内考虑其开支。

④ 生活方式　是人们根据自己的价值观念安排生活的模式。有些人虽然处于同一社会阶层,有相同的职业和相近的收入,但由于生活方式不同,其日常活动内容、兴趣、见解也大相径庭。因此,了解顾客的生活方式及产品与生活方式之间的关系,显然也是营销人员的任务之一。

⑤ 个性　个性是个人的性格特征,如自信或自卑、内向或外向、活泼与沉稳、急性或慢性、倔强或顺从等。显然,自信或急躁的人,购买时很快就能拿定主意;缺乏自信或慢性子的人购买决策过程就较长,或是反复比较,拿不定主意。外向型的人容易受周围人的意见影响,也容易影响他人,内向型的人则相反。有学者认为,根据个性不同可将购买者分为6种类型:习惯型、理智型、冲动型、经济型、感情型和不定型。

⑥ 自我形象　自我形象,即人们怎样看待自己。现实中呈现一个十分复杂的现象:有实际的自我形象、理想的自我形象和社会自我形象(别人怎样看自己)之分。人们希望保持

或增强自我形象，购买有助于改善或加强自我形象的商品和服务就是一条途径。

（3）心理因素

消费者购买行为要受动机、感觉、学习以及信念和态度等主要心理因素的影响。

① 动机　动机是一种升华到足够强度的需要、它能够及时引导人们去探求满足需要的目标。人是有欲望的动物，需要什么取决于已经有了什么，尚未被满足的需要才影响人的行为，亦即已满足的需要不再是一种动因；人的需要是以层次的形式出现的，按其重要程度的大小，由低级需要逐级向上发展到高级需要，依次为生理需要、安全需要、社会需要、自我尊重需要和自我实现需要；只有低层次需要被满足后，较高层次的需要才会出现并要求得到满足。一个被激励的人随时准备行动。然而，他如何行动则受其对情况的感觉程度的影响。

② 感觉　是人们通过各种感观对外界刺激形成的反映。现代社会，人们每天面对大量的刺激，但对同样的刺激不同人有不同的反映或感觉。原因在于感觉是一个有选择性的心理过程。由于每个人的感知能力、知识、态度和此时此地关心的问题不同，同样的刺激作用于不同人身上产生不同的反应，导致了一部分消费者购买行为的差异。

③ 学习　人们的行为有些是与生俱来的，但多数行为，包括购买行为是通过后天的学习得来的。人们在市场上会遇到许多从未见过的新产品，他们怎样建立起对这些产品的态度或信念呢？除了宣传广告以外，正如一句俗话所说：要想知道梨子的滋味，就得亲口尝一尝。尝过、用过之后，对这种产品有了亲身体验，就会形成某种观念或态度，学习过程即告结束。具体讲，学习是驱动力、刺激物、提示物、反应和强化诸因素相互影响和作用的结果，其中每一要素都是完成整个学习过程必不可少的，营销者显然需帮助创造这些条件。

④ 信念和态度　是人们通过学习或亲身体验形成的对某种事物比较固定的观点或看法。这些信念和态度影响着人们未来的购买行为。信念和态度一旦形成就很难改变，它们引导消费者习惯地购买某些商品。

每位消费者在以上各方面的特性都会或多或少地影响到他的购买行为，营销人员为了很好地开拓市场，有必要从上述诸方面对消费者进行认真的研究。

5.1.4.3　消费者购买决策过程

在分析了影响购买者行为的主要因素之后，还需了解消费者如何真正做出购买决策，即了解谁做出购买决策，购买决策的类型以及购买过程的具体步骤。

（1）参与购买的角色

人们在购买决策过程中可能扮演不同的角色，包括：发起者，即首先提出或有意向购买某一产品或服务的人；影响者，即其看法或建议对最终决策具有一定影响的人；决策者，即对是否买、为何买、如何买、何处买等方面的购买决策做出完全或部分最后决定的人；购买者，即实际采购人；使用者，即实际消费或使用产品或服务的人。

（2）购买行为类型

消费者购买决策随其购买决策类型的不同而变化。较为复杂和花钱多的决策往往凝结着购买者的反复权衡和众多人的参与决策。根据参与者的介入程度和品牌间的差异程度，可将消费者购买行为分为4种。

① 习惯性购买行为　一般多是指对便利品的购买，消费者不需要花时间进行选择，也不需要经过搜集信息、评价产品特点等复杂过程，因而，其购买行为最简单。消费者只是被动地接收信息，出于熟悉而购买，也不一定进行购后评价。这类产品的市场营销者可以用价格优惠、电视广告、独特包装、销售促进等方式鼓励消费者试用、购买和续购其产品。

② 寻求多样化购买行为　有些产品品牌差异明显，但消费者并不愿花长时间来选择和

估价,而是不断变换所购产品的品牌。这样做并不是因为对产品不满意,而是为了寻求多样化。针对这种购买行为类型,市场营销者可采用销售促进和占据有利货架位置等办法,保障供应,鼓励消费者购买。

③ 化解不协调购买行为　有些产品品牌差异不大,消费者不经常购买,而购买时又有一定的风险,所以,消费者一般要比较、看货,只要价格公道、购买方便、机会合适,消费者就会决定购买。购买以后,消费者也许会感到有些不协调或不够满意,在使用过程中,会了解更多情况,并寻求种种理由来减轻、化解这种不协调,以证明自己的购买决定是正确的。经过由不协调到协调的过程,消费者会有一系列的心理变化。针对这种购买行为类型,市场营销者应注意运用价格策略和人员促销策略,选择最佳销售地点,向消费者提供有关产品评价的信息,使其在购买后相信自己做了正确的决定。

④ 复杂购买行为　当消费者购买一件贵重的、不常买的、有风险的而且又非常有意义的产品时,由于产品品质差异大,消费者对产品缺乏了解,因而需要有个学习过程,广泛了解产品性能、特点,从而对产品产生某种看法,最后决定购买。对于这种复杂购买行为,市场营销者应采取有效措施帮助消费者了解产品性能及其相对重要性,并介绍产品优势及其给购买者带来的利益,从而影响购买者的最终选择。居民购买住宅的行为就属于复杂购买行为。

(3) 购买决策过程

在复杂购买行为中,购买者的购买决策过程由引起需要、收集信息、评价方案、决定购买和买后行为5个阶段构成。

购买者的需要往往由两种刺激引起,即内部刺激和外部刺激。市场营销人员应注意识别引起消费者某种需要和兴趣的环境,并充分注意到两方面的问题:一是注意了解那些与本企业的产品实际上或潜在的有关联的驱使力;二是消费者对某种产品的需求强度,会随着时间的推移而变动,并且被一些诱因所触发。在此基础上,企业还要善于安排诱因,促使消费者对企业产品产生强烈的需求,并立即采取购买行动。

一般来讲,引起的需要不是马上就能满足,消费者需要寻找某些信息。消费者信息来源主要有个人来源(家庭、朋友、邻居、熟人)、商业来源(广告、推销员、经销商、包装、展览)、公共来源(大众传播媒体、消费者评审组织等)、经验来源(处理、检查和使用产品)等。市场营销人员应对消费者使用的信息来源认真加以识别,并评价其各自的重要程度,以及询问消费者最初接到品牌信息时有何感觉等。

消费者对产品的判断大都是建立在自觉和理性基础之上的。消费者的评价行为一般要涉及产品属性(即产品能够满足消费者需要的特性)、属性权重(即消费者对产品有关属性所赋予的不同的重要性权数)、品牌信念(即消费者对某品牌优劣程度的总的看法)、效用函数(即描述消费者所期望的产品满足感随产品属性的不同而有所变化的函数关系)和评价模型(即消费者对不同品牌进行评价和选择的程序和方法)等问题。

评价行为会使消费者对可供选择的品牌形成某种偏好,从而形成购买意图,进而购买所偏好的品牌。但是,在购买意图和决定购买之间,有两种因素会起作用,一是别人的态度,二是意外情况。也就是说,偏好和购买意图并不总是导致实际购买,尽管二者对购买行为有直接影响。消费者修正、推迟或者回避作出某一购买决定,往往是受到了可觉察风险的影响。可觉察风险的大小随着冒这一风险所支付的货币数量、不确定属性的比例以及消费者的自信程度而变化。市场营销人员必须了解引起消费者有风险感的那些因素,进而采取措施来减少消费者的可觉察风险。

消费者在购买产品后会产生某种程度的满意感和不满意感，进而采取一些使市场营销人员感兴趣的买后行为。所以，产品在被购买之后，就进入了买后阶段，此时，市场营销人员的工作并没有结束，购买者对其购买活动的满意感（S）是其产品期望（E）和该产品可觉察性能（P）的函数，即 $S=f(E,P)$。若 $E=P$，则消费者会满意；若 $E>P$，则消费者不满意，若 $E<P$ 则消费者会非常满意。消费者根据自己从卖主、朋友以及其他来源所获得的信息来形成产品期望。如果卖主夸大其产品的优点，消费者将会感受到不能证实的期望。这种不能证实的期望会导致消费者的不满意感。E 与 P 之间的差距越大，消费者的不满意感也就越强烈。所以，卖主应使其产品真正体现出其可觉察性能，以便使购买者感到满意。事实上，那些有保留地宣传其产品优点的企业，反倒使消费者产生了高于期望的满意感，并树立起良好的产品形象和企业形象。

消费者对其购买的产品是否满意，将影响到以后的购买行为。如果对产品满意，则在下一次购买中可能继续采购该产品，并向其他人宣传该产品的优点。如果对产品不满意，则会尽量减少不和谐感，因为人的机制存在着一种在自己的意见、知识和价值观之间建立协调性、一致性或和谐性的驱使力。具有不和谐感的消费者可以通过放弃或退货来减少不和谐，也可以通过寻求证实产品价值比其价格高的有关信息来减少不和谐感。市场营销人员应采取有效措施尽量减少购买者买后不满意的程度。

5.2 房地产市场细分

5.2.1 市场细分的内涵

市场细分就是从消费者需求的差别出发，以消费者的需求为立足点，将市场分为具有不同需要、特征或行为，因而需要不同产品或营销组合的不同购买者群体。

市场细分这一概念最初是 20 世纪 50 年代中期美国市场学家温瑞尔·施密斯提出的。作为现代市场营销思想的一个突破，这一概念一经提出，很快受到学术界的重视和企业界的广泛应用。目前，市场细分已成为现代市场营销学的重要理论之一。

市场是一个庞大的整体，任何一个企业或任何一种产品和服务，都不可能满足所有消费者的需求，而只能满足其中一部分消费者的需求。尤其是近年来随着居民收入的增加，居民消费发生了很大的变化，消费者的需求和欲望日趋异质化。为了满足消费者的不同需求和欲望，企业往往根据一定标准将整个市场划分为若干子市场，并在对自己的优势劣势以及面临的市场机会和威胁进行分析的基础上，选择自己产品的目标市场。房地产开发商在进行产品定位之前，也同样需要对企业本身和整个市场环境进行分析，对整个房地产市场进行细分，选择自己产品的目标市场。

从市场细分的发展历程来看，市场营销主要经历了大量营销、产品差异化营销和目标市场营销三个阶段。在倡导大量营销方式时期，销售者向所有客户大量生产、大量配销和大量促销一种模式的产品。这种传统观点认为大量营销方式便于降低成本及价格，从而创造更大的潜在市场。但社会经济发展到一定时期，人们越来越追求商品的多样化，这种大量营销策略也便没有了"市场"。于是，销售者便生产或开发具有不同特点、风格、质量、档次、大小的产品，以便为客户提供多种选择，这样便进入了产品差异化营销阶段。产品差异化营销的传统观点认为：客户有不同的喜好，而且随着时间的推移，社会的发展，其喜好也在变化，因而客户也在寻求差异化。随着社会经济的进一步发展，生活方式不同的人希望通过不同的销售渠道来寻求不同的产品，并采取不同的交流方式，结果使大型的市场细分为数百个

"微型市场"，此时销售者先从整个市场中区分出主要的细分市场，在其中确定一个或几个目标，并制订产品开发计划和营销计划，使之适合每个选定的细分市场的需要，这便是市场细分下的目标市场营销。

房地产市场细分，就是针对房地产项目的类型，在房地产市场分析和购买行为分析的基础上，根据市场细分的依据，把房地产开发企业可能进入的市场分成若干个需求和愿望大体相同的细分市场的过程。

5.2.2 市场细分的作用

在制订战略性的房地产市场营销计划时，房地产企业的基本任务是发现和了解它的市场机会，然后制定与执行一个有效的营销方案，而房地产市场细分是完成这一任务的关键和核心，其作用在于如下方面。

① 房地产市场是一个容量大、品种多、配套服务强、需求标准多样的市场，任何一个营销者都不可能完全独立地满足整个房地产市场的需求。因此，房地产市场细分有利于营销者找到有利的市场方向，掌握市场上的现实购买量与潜在购买量、购买者满足程度及竞争状况等，搞好市场定位。

② 每一个房地产市场营销者的市场营销能力是有限的，通过房地产市场细分把自己的优势力量集中在目标市场上，做到有的放矢，就能取得更大的社会经济效益，尤其是小规模及新入市的营销者，如果能发现一类特定的房地产购买者的需求未得到满足，细分出一个小市场，集中优势力量，开发出相应的房地产产品，就往往比较容易占领市场，从而在竞争激烈的房地产市场中找到自己的立足点。

③ 房地产市场营销者通过房地产市场细分能针对目标市场制定适当的营销组合方案，从而把有限的资源集中投入在目标市场上来，开创出适合自身企业的房地产开发经营特色之路来，从而提高自己的市场占有率和知名度。而且，在细分市场的情况下，房地产市场营销者比较容易觉察和估计客户的反应，当房地产市场营销情况发生变化时，也有比较灵活的应变能力，从而及时调整营销策略，实现企业房地产开发经营活动的可持续发展。

5.2.3 市场细分的程序

(1) 市场细分的步骤

市场细分主要有以下几个步骤。

① 调查阶段 在该阶段中，市场营销人员要进行探讨性面访，主要是集中力量掌握消费者的消费动机、态度和行为。根据调查结果，市场营销人员应该着重收集产品的属性、品牌知名度及其受欢迎程度、产品使用方式、调查对象对产品类别的态度、调查对象的人口统计、心理统计和媒体接触统计等资料。

② 分析阶段 在该阶段中，对收集的资料经过分析找出差异性最大的细分市场。

③ 归纳总结阶段 在该阶段中，市场营销人员根据消费者的不同态度、行为、人口变量、心理变量和消费习惯，可以归纳总结出各个细分市场的特征，并且可以用每个细分市场最显著的差异特征为每个细分市场命名。如 Anderson 和 Belk 将休闲市场分为 6 个细分市场：消极的以家庭活动为中心的人；积极的体育爱好者；内向型自我满足者；经常参加文化活动的人；积极的以家庭为活动中心的人；社交活跃的人。

值得注意的是，由于细分市场总是处于不断地变化中，所以要周期性地运用这种市场细分程序。同时通过调查消费者在选择某一品牌时所考虑的产品属性的先后顺序，可以划分现有的消费者细分市场和识别出新的细分市场。如在购买住宅时，首先确定价格条件的购买者属于价格支配型；首先确定户型的购买者属于户型支配型；进一步还可以将消费者划分为户型——价格——品牌支配型,并以此顺序形成细分市场;按质量——服务——户型这一属性支配顺序形成另一细分市场等。每一细分市场可以拥有其独特的人口变量、心理变量和媒体变量。这种推理过程称为市场细分理论。

(2) 市场细分的程序

① 根据需要选定产品市场范围　每一个企业都有自己的任务和追求目标。作为制定发展战略的依据,房地产开发企业也要考虑选定可能的产品市场范围。房地产产品市场范围应以市场的需求而不是商品特性来决定。例如一家住宅租赁公司,打算在某大学周围建造一幢简朴的学生公寓。从商品特性如房间大小、简朴程度等出发,公司就可能认为这幢公寓是以大学生为对象的。但是从市场需求的角度分析,便可看到许多并非大学生的人员,也是潜在客户。如外来打工的年轻人,在工作之余想继续"充电"。这就是说,公司不应把这种普通学生公寓看成只是提供给大学生居住的房子,而要在这种学生公寓的市场范围中加入有求知欲望的在职青年那部分需求。

② 列举潜在顾客的基本需求　选定商品市场范围以后,房地产开发企业的营销专家们就可以通过头脑风暴法,从地区参数、人口参数、消费行为和心理参数等几个方面,大致估算一下潜在的顾客对产品有哪些方面的需求。通过对所掌握的情况的分析,能为以后的深入分析提供一份征询讨论稿。例如,这家住宅租赁公司可能发现,人们希望这类学生公寓满足的基本需求包括:遮风避雨,停放车辆,安全,经济,设计良好,方便工作、学习与生活,不受外来干扰,足够的起居空间,简洁的内部装潢,方便的公寓管理和维护,并能提供相应的服务(如洗衣)等。

③ 分析潜在顾客的不同需求　该住宅租赁公司再依据人口参数做抽样调查,向不同的潜在顾客征询上述需求中的哪些方面对他们更为重要。比如,在校外租房住宿的大学生,可能认为最重要的需求是遮风避雨、经济、方便上课和学习等;在职人员希望是遮风避雨、出行方便、不受外来干扰、满意的公寓管理等;外来人员则希望没有特别的条件限制(如户口限制)、遮风避雨、出行方便、不受外来干扰等。这一步至少应有三个分市场出现。

④ 舍去潜在客户的共同需求　公司需要移去各分市场或公寓各消费者群的共同需求。这些共同需求固然很重要,但只能作为设计市场营销组合的参考,而不能作为市场细分的基础。比如说,遮蔽风雨、安全方面的需求,几乎是每一个潜在顾客都希望的。对此,公司可以把它们作为产品决策的重要依据,但在市场细分时则要省去。

⑤ 为市场暂时取名　公司在舍去了各分市场的共同需求后,对剩下的那些特殊需求要作进一步分析,并结合各分市场客户的特点,暂时定一个名称,以便在分析中形成一个简明的、容易识别和表述的概念。

⑥ 进一步认识各分市场的特点　公司还要对每一分市场的顾客需求及其行为特征更深入地进行考察,仔细分析对各分市场的特点掌握了哪些,还需要了解什么。这样做是为了进一步明确现有的分市场有无必要再作细分或重新合并。

⑦ 测量各分市场的规模大小　通过前6个步骤的分析,基本确定了各分市场的类型。接下来,公司应把每个分市场同人口参数结合起来分析,以测量各分市场潜在顾客的数量。这是因为企业进行市场细分,是为了在适宜的市场范围中寻找获利最多的机会,而这取决于各分市场顾客的多少及其销售潜力。所以,在这里如果不引入分市场的人口参数是危险的。有时可以发现,某些分市场中的顾客很少,以至于误入这个分市场的公司开发营销成本增加、产品积压,做亏本的买卖。

5.2.4 市场细分的原则

房地产市场细分有许多方法,但不是所有细分方法都是有效的。如果对某种产品的需求不存在异质性,则就没有细分的必要。要使市场细分对房地产经营与销售有利,房地产市场细分应该遵循以下原则。

(1) 可测量性

可测量性是指各个细分市场的现实或潜在购买力和市场规模大小是可以识别、可以衡量的。也就是说,细分市场的划分应该有明确的界限,而且市场的规模大小和购买力是可以判断的。

(2) 可进入性

可进入性是指房地产企业可能进入所选定细分市场的程度。主要从三个方面判断细分市场对于企业是否具有可进入性:①企业是否具有进入细分市场的条件;②企业是否能将产品推广到细分市场的消费者面前;③产品是否能够进入市场。

(3) 可盈利性

可盈利性是指市场规模足以使企业有利可图。也就是说,一个细分市场应该具有一定的规模,并且具有相当程度的发展潜力,足以满足企业销售和利润的要求。

(4) 可行性

可行性是指房地产企业选择的细分市场,能否制定和实施相应有效的市场营销计划,包括产品、价格、渠道以及促销等计划。

5.2.5 市场细分的依据

房地产市场中的购买者或租赁者对房地产产品有不同的欲望和需要。引起人们对房地产产品产生不同欲望和需要的差异,是构成细分房地产市场的依据。市场细分是以市场调查、预测为基础,以对市场的深入分析研究为依据,从而找出市场不同特点的一个综合技巧和艺术。不同企业进行市场细分时,不仅要掌握市场细分的标准和一般的方法,而且要善于和本企业的内部条件以及市场上的竞争产品联系起来,以便在细分市场的基础上选择好企业的目标市场。

房地产市场细分依据的选择应注意如下方面。

① 根据房地产的社会经济用途,房地产市场可区分为住宅市场和生产经营用房地产市场。一般说来,住宅市场是面向家庭和居民的房地产市场,而生产经营用房地产市场则是为工厂、公司、商业、宾馆提供生产经营要素的房地产市场。由于这两类房地产市场中需求主体性质各异,所以应对它们的市场细分依据分别加以讨论。

② 房地产市场细分充分显示消费者对房地产周围环境的评价与偏好。房地产是不动产,房地产市场是不动产市场。由于不动产所固有的空间位置的不可移动性,就必然存在一个不动产所处的周围环境问题。而这种环境对房地产消费者非常重要。

③ 房地产市场细分应注重消费者对房地产管理和服务的需求。房地产不仅是一种物,同时也是一种社会关系。体现在房地产上的这种社会关系具体包括:经济关系、法律关系、邻里关系、社区关系等,而且,房地产还具有使用期限长、财产或权利流转复杂、专业技术性强的特点。因此,消费者对房地产的现时需求,往往是与今后自己那份房地产的权利保障性和使用(或处分)便利性联系起来考虑的。这就需要房地产企业提供优质的房地产管理和服务来加以解决。

④ 市场细分依据不是一成不变的。企业应根据市场的变化,树立动态观念。消费者的年龄、收入、家庭规模等会随着时间的推移而不断地变化,他们的习惯与爱好也会随着年龄

的增长和阅历的积累而有所变更。因此，按人口因素或购买动机、心理因素细分市场，就要随时研究其变化，以便及时调整营销策略。即使是地理因素，也是不断变化的，城镇的大小、人口密度都会随着社会经济的发展而有所增减。因此，企业对房地产市场的细分要以变应变，适应市场发展的需要。

⑤ 在进行市场细分时，可以按一个细分依据细分市场，但在大多数情况下是把多种细分依据结合起来进行细分。

5.2.5.1 住宅市场的细分依据

对住宅市场进行细分的依据主要有如下方面。

(1) 地理因素

地理细分是按照消费者所在的地理位置、地形、气候等因素来细分市场。房地产市场是一个区域性市场，但是其购买者并不一定完全是本区域的人群，因此在住宅市场的地理细分方面，可以考虑将住宅购买者划分为本区域购买者和非本区域购买者。其中非本区域购买者还可以分为：本市其他区域购买者、省内购买者、大陆其他省市购买者、港台购买者和国外购买者。

(2) 人口标准

人口细分是按照人口的一系列性质因素所造成的需求上的差异来细分市场。在人口细分中通常考虑的因素有：年龄、性别、职业、收入水平、教育程度、宗教信仰、家庭规模、家庭类型、家庭代际数等。

① 家庭规模　家庭规模主要是指家庭人口数量多少以及家庭组织范围大小。随着社会经济的发展，家庭规模一直在不停地变动之中。如我国城市家庭规模一直呈现出下降的趋势。根据统计资料显示，我国城市家庭平均人数从 1982 年的 4.54 人下降到 2015 年的 3.10 人，具体数据见表 5.1。随着家庭规模的下降，对住房的需求即使在人口总量不变的情况下，也表现出上升的趋势。

表 5.1　2015 年 1 月我国城镇居民家庭平均人口数

地区	调查户数/户	平均每户家庭人口/人	地区	调查户数/户	平均每户家庭人口/人
全国	6715351	3.10	河南	427261	3.39
北京	126146	2.54	湖北	290026	3.05
天津	76920	2.78	湖南	313240	3.28
河北	350041	3.24	广东	512564	3.23
山西	181314	3.08	广西	209878	3.51
内蒙古	139371	2.73	海南	38313	3.65
辽宁	242006	2.77	重庆	159905	2.85
吉林	144359	2.92	四川	413182	3.02
黑龙江	208837	2.79	贵州	160492	3.38
上海	148332	2.46	云南	207401	3.49
江苏	391135	3.09	西藏	12066	4.13
浙江	311630	2.69	陕西	181904	3.14
安徽	289977	3.25	甘肃	112147	3.53
福建	188900	3.10	青海	26200	3.46
江西	194967	3.57	宁夏	31774	3.21
山东	514223	2.88	新疆	110839	3.29

② 家庭类型　家庭类型是指家庭成员之间的关系。根据家庭成员之间的血缘关系，一般分为6种类型：单身家庭，指独居者；夫妻家庭，由一对夫妻组成的家庭；核心家庭，由一对夫妻与其未婚子女组成的家庭；主干家庭，由两代以上的人，而每代只有一对夫妻组成的家庭；联合家庭，由两代以上的人而同一代中又有两对夫妻以上组成的家庭；其他家庭，即上述5种类型家庭以外的其他家庭。由于家庭类型的不同，表现为家庭人口数量以及家庭辈数和人员关系的不同，对于住宅的居住面积、附属面积以及公共活动空间面积所占比重会有不同的需求。

③ 家庭代际数　家庭代际数是指家庭成员由几代人构成。按照家庭代际数可以把家庭划分为一代家庭（包括单身家庭和夫妻家庭）、二代家庭（核心家庭）和多代家庭（三代以及三代以上家庭）。随着社会的进步和人们观念的变化，年轻人离开父母单独居住使得家庭代际数逐渐减少，增加了住宅的需求。同时由于家庭代际数的差异，不同家庭对住房的房间数有不同的需求。

(3) 心理标准

心理细分是按照消费者的生活方式和个性进行市场细分。生活方式是指一个人或群体对消费、工作和娱乐的特定习惯和倾向性方式。为了进行生活方式细分，可以从三个尺度来测量消费者的生活方式，即：①活动，如消费者的工作、业余消遣、运动、公共关系等活动；②兴趣，如消费者对家庭娱乐、家庭设备、色彩等的兴趣；③意见，如消费者对社会、经济、文化、环境的意见。由于活动、兴趣、意见三个词的第一个字母分别为A、I、O，这种尺度又叫AIO尺度。

此外，企业还可以按照消费者不同的个性来细分住宅市场。如企业可以赋予房地产产品与某些消费者个性相似的高档住宅的品牌个性，树立品牌形象。

(4) 购买行为

行为细分是按照消费者购买或使用某种产品的时机、追求的利益、使用者情况、使用程度、信赖情况、消费者待购阶段等行为变量来细分住宅市场。

在现代市场营销实践中，企业往往通过时机对市场进行细分，及时捕捉消费者购房时机，向市场提供与需求相似的产品或服务。购买者往往有不同的购买动机，追求不同的利益，所以购买不同档次的住宅。同样是购买住宅，有的人注重子女就学，有的人注重购物方便，有的人注重环境视野，有的人注重商住两用，有的人对客厅厨房等更为关注，还有的人则最关注的是物业管理服务。因此，在产品定位时，应该针对不同购买动机的需求，设计开发适宜的住房和提供相应的服务。

住宅市场的细分依据见表5.2。

表 5.2　住宅市场细分的依据

细分依据	具　体　因　素			
地理因素	国界 人口密度 其他	区域 交通条件	地形 城乡	气候 城市规模
人口标准	国籍 职业 收入	种族 教育 家庭规模	民族 性别 家庭生命周期	宗教 年龄 其他
心理标准	社会阶层 其他	生活方式	性格	购买动机
购买行为	追求利益 品牌商标忠诚度	使用者地位 对渠道的信赖度	购买频率 对价格、广告、服务的敏感程度	使用频率 其他

5.2.5.2 生产营业用房地产市场的细分依据

生产营业用房地产市场是整个房地产市场的重要组成部分。这一市场的细分依据，与用来细分住宅市场的依据有很大的不同，因为生产营业用房的购买者、租赁者目的不在于消费，而是把生产营业用房作为生产过程的要素，作为营业和生产场所。在这里，生产营业用房是成本，购买者投入这个成本的最终目的是要获取利润。

生产营业用房地产市场的细分依据见表5.3。

表 5.3 生产营业用房地产市场的细分依据

细分依据	具 体 因 素			
地理因素	国界 资源 交通条件	区域 自然环境 生产力布局	地形 城乡 其他	气候 城市规模
用户行业	冶金 机械 航空	煤炭 服装 船舶	军工 纺织 化工	食品 森林 其他
用户规模	大型企业 小用户	中型企业 其他	小型企业	大用户
购买行为	使用者地位 购买批量 价格、服务的敏感程度	追求利益 购买周期 其他	作用率 购买目的	购买频率 品牌商标、渠道忠诚度

5.2.6 市场细分的一般方法

假设某市场上有若干购买者，由于每位购买者都有自己独特的需求，因此每位购买者都会成为一个潜在的独立市场。卖方可以针对每位购买者来设计不同的产品，制订相应的营销计划。这种市场细分的极限程度称为定制营销。但是对卖方来说，如果为每个购买者定制产品几乎是无利可图。因此实际上，卖方会根据买主对产品的不同需求或营销反映将购买者分为若干类型。

购买者可能会由于收入水平不同而具有不同的消费需求，这就使我们可以按购买者收入水平进行市场细分。同时，购买者也可能由于年龄差异引起不同的购买行为，这时我们可按年龄差别进行市场细分。如果假设收入和年龄同时影响购买者对产品的购买行为，这时就可以将市场进一步细分。

5.2.7 市场细分的模式

如果按照消费者对产品两种属性的重视程度进行划分，就会形成不同偏好的细分市场，这时会出现三种不同的模式。

① 同质偏好 图5.3(a)所示的市场中，所有消费者具有大致相同的偏好。它不存在自然形成的细分市场，至少消费者对这两种属性的重视程度基本一致。可以预见现有品牌基本相似，且集中在偏好的中央。

② 分散偏好 另外一种极端情况是消费者的偏好分散在整个空间，如图5.3(b)所示，这时消费者的偏好差别很大。进入该市场的第一家品牌很可能定位于偏好的中央，以尽可能迎合较多的消费者。定位于中央的品牌可将消费者的不满降低到最低限度。第二个进入该市场的竞争者应定位于第一个品牌的附近，以争取市场份额。或者将品牌定位于某个角落，来吸引对中央品牌不满的消费群体。如果市场上同时存在几个品牌，那么他们很可能定位于市

场上各个空间,分别突出自己的差异性,来满足消费者的不同偏好。

③ 集群偏好 市场上可能会出现具有不同偏好的消费群体,称为自然细分市场,如图 5.3(c) 所示。进入该市场的第一家企业将面临三种选择:一是定位于偏好中心,来迎合所有的消费者,即无差异性营销;二是定位于最大的细分市场,即集中性营销;三是同时开发几种产品,分别定位于不同的细分市场,即差异性营销。显然,如果第一家企业只推出一种品牌,那么随后进入该市场的其他竞争者,将会抢占其他的细分市场,在那里突出自己的品牌。

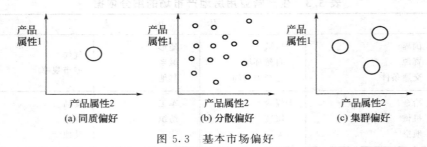

图 5.3 基本市场偏好

案例 深圳某住宅细分定位

(1) 片区分级

分级前提:滨河大道和华强北路为界。以北以西,主要为北方移民置业选择区域,带有浓厚的北方文化文脉;以南以东,主要为广东客户,多数置业居民具有广东亲缘。

可按 8 个片区进行分级,分出的 8 个区域内有置业互换性。8 个片区为香蜜湖、车公庙、梅林、景田、莲花、中心区、黄木岗、华强。其中,一级居住区:中心区、香蜜湖、车公庙,片区价格 8000 元/m² 以上;二级居住区:景田、莲花,片区价格 6000~7000 元/m²;三级居住区:梅林、黄木岗、华强,片区价格 5000~6000 元/m²。

(2) 客户分级

第一类:二次以上置业者,能承受 100 万元以上的物业,所需面积 140m² 以上。居住选择首先考虑大片区环境,高尚居住区是置业的基础条件;对产品品质尤为关注,如小区环境、户型设计、物业管理等是置业首选要素;对价格不敏感,首付和月供能力极强;来深圳 10 年左右,家庭年收入 35 万元以上,已有 1 套 100m² 以上的物业,年龄 30~45 岁,有较高社会地位,多为核心家庭,有车,居住讲究身份感。

第二类:能承受 60 万~80 万元的物业,所需面积 100~140m² 以上。居住讲求实用性,同时重视产品户型设计、小区环境、生活教育配套、交通等方面因素;对价格有一定敏感性,有一定首付和月供能力;来深圳 5 年左右,家庭年收入 20 万元左右,已有 1 套 80m² 以下的物业,或一直未置业,年龄 30~40 岁,多为核心家庭,有入托或入学小孩,部分有车,收入较高的公司中层人员或小私营业主。

第三类:能承受 30~50 万元的物业,所需面积 80m² 以下。对价格敏感,讲求居住的便捷,对公共交通依赖程度高、置业选择地铁和主要交通枢纽附近,生活要求周边配套齐全;产品要求户型方正实用、实用率高,但对具体设计、朝向、小区环境、物业管理等要求不高;来深圳 2 年左右,家庭年收入 12 万元以下,年龄 30 岁以下,多为丁克家庭或单身,极少有车。

第四类:投资物业大部分在 60m² 以下,总价 40 万元以下;对设计、环境朝向等没有过多需求;投资物业讲求地理位置和升值前瞻;一般选择靠近中心商务区和中心商业区物业;区域内租赁市场旺盛。

(3) 细分客户结论

第一类客户主要流向中心区、香蜜湖区、景田部分片区;第二类客户主要流向景田、莲花、中心区部分片区;第三类客户主要流向景田、莲花、梅林;第四类客户同样主要流向景田、莲花、梅林。

(4) 片区定位结论

景田片区是第二类和第二类客户首选的区域,也是第四类客户选择的区域。

5.3 房地产开发项目目标市场的选择

5.3.1 目标市场选择的内涵

(1) 与目标市场有关的市场概念

① 市场　市场就是某产品的实际购买者和潜在购买者的集合。市场的规模就是特定商品的购买者数。

② 潜在市场　潜在购买者具有兴趣、收入和途径三个特征。因此，在估计某种产品的消费者市场时，首先需要判断对该产品有潜在兴趣的人数。如"你想自己拥有一套住宅吗?"假如10个被调查者中有2个持肯定的回答，那么就可以估计消费者总数的20%是住宅的潜在市场，潜在市场是对某种特定商品有某种程度兴趣的消费者。

③ 有效市场　消费者只有兴趣还不足以确定市场，潜在购买者必须有足够的收入来购买这种产品，并且能够通过某种途径买到这种产品。因此有效市场是指对特定商品具有兴趣、收入与途径的消费者集合。

④ 合格的有效市场　政府或其他机构可能会限制对特定群体销售某些商品，也就是说消费者对特定商品的消费可能要先取得资格。所以对特定商品具有兴趣、收入、途径并且合格的消费者集合才构成合格的有效市场。

⑤ 目标市场　目标市场是企业决定追求的那部分合格的有效市场，它可能是全部的合格的有效市场也可能是部分合格的有效市场。

⑥ 渗透市场　是指已经购买了该产品的消费者集合，如某一预售楼盘的全体预售合同签约者。

(2) 目标市场选择的内涵及步骤

目标市场选择，就是在市场细分的基础上，通过对细分市场的评价，确定有效市场，在对有效市场进行竞争者分析和风险分析的基础上，最后确定目标消费者并描述目标消费者的特征。

目标市场选择有如下主要步骤。

① 进行市场细分，确定细分市场。

② 评价细分市场，明确有效市场。

开发企业在评估细分市场时，必须考虑三个方面的因素：

a. 细分市场的规模与发展潜力；

b. 细分市场竞争结构状况；

c. 企业目标和能力。

③ 对有效市场进行竞争者分析。

④ 对有效市场进行风险分析。

⑤ 确定目标消费者，描述目标消费者的特征。

(3) 目标市场选择的模式

目标市场的选择一般有以下几种模式。

① 单一市场集中化　最简单的模式是企业只选择一个细分市场。通过集中营销，企业能更清楚地了解细分市场的需求，从而树立良好的信誉，在细分市场上建立巩固的市场地位。同时企业通过生产、销售和促销的专业化分工，能提高经济效益。一旦企业在细分市场上处于领导地位，它将获得很高的投资效益。但对某些特定的细分市场，一旦消费者在该细

分市场上的消费意愿下降或其他竞争对手进入该细分市场,那么企业将面临很大的风险。

② 选择专业化　在这种情况下,企业有选择地进入几个不同细分市场。从客观上讲,每个细分市场都具有吸引力,且符合企业的目标和资源水平。这些细分市场之间很少或根本不发生联系,但在每个细分市场上都可盈利。这种多细分市场覆盖策略能分散企业的风险。因为即使其中一个细分市场丧失了吸引力,企业还可以在其他细分市场上继续盈利。

③ 产品专业化　指企业同时向几个细分市场销售一种产品。在这种情况下,一旦有新的替代品出现,那么企业将面临经营滑坡的危险。

④ 市场专业化　这时企业集中满足某一特定消费群体的各种需求。企业专门为某个消费群体服务并争取树立良好的信誉。企业还可以向这类消费群推出新产品,成为有效的新产品销售渠道。但如果由于种种原因,使得这种消费群体的支付能力下降的话,企业就会出现效益下滑的危险。

⑤ 全面覆盖　这时企业力图为所有消费群提供他们所需的所有产品。一般来讲,只有实力较强的大企业才可能采取这种营销战略。当采用这种营销战略时,企业通常通过无差异性营销和差异性营销两种途径全面进入整个市场。

⑥ 大量定制　大量定制是指企业按照每个消费者的要求大量生产,产品之间的差异可以具体到每个最基本的组成部件。采用这种营销方式,由于成本的增加,一般要求消费者支付较高的价格。

5.3.2　竞争者分析

5.3.2.1　识别竞争者

竞争者一般是指那些与本企业提供的产品或服务相类似,并且有相似目标顾客和相似价格的企业。识别竞争者看来似乎是简而易行的事,其实并不尽然。企业现实的和潜在的竞争者范围是很广的,一个企业很可能被潜在竞争者吃掉,而不是当前的主要竞争者。通常可从产业和市场两个方面来识别企业的竞争者。

(1) 产业竞争观念

从产业方面来看,提供同一类产品或可相互替代产品的企业,构成一种产业,如住宅产业、汽车产业、信息产业等。如果一种产品价格上涨,就会引起另一种替代产品的需求增加。企业要想在整个产业中处于有利地位,就必须全面了解本产业的竞争模式,以确定自己的竞争者的范围。从本质上讲,分析起始于对供给和需求基本条件的了解,供求情况影响产业结构,产业结构影响产业行为(包括产品开发、定价策略和广告策略等),而产业行为又影响产业绩效(例如产业效率、技术进步、盈利能力、就业状况等)。

(2) 市场竞争观念

从市场方面来看,竞争者是那些满足相同市场需要或服务于同一目标市场的企业。例如,从产业观点来看,普通商品住宅开发商以其他同行业的公司为竞争者;但从市场观点来看,顾客需要的是"居住空间",经济适用房、联建住宅、自建住宅也可以满足这种需要,因而开发这些居住空间的单位或个人均可成为普通商品住宅开发商的竞争者。以市场观点分析竞争者,可使企业拓宽眼界,更广泛地看清自己的现实竞争者和潜在竞争者,从而有利于企业制定长期的发展规划。

识别竞争者的关键,是从产业和市场两方面将产品细分和市场细分结合起来,综合考虑。如果某品牌试图进入其他细分市场,就需要估计各个细分市场的规模、现有竞争者的市场份额,以及他们当前的实力、目标和战略,掌握每个细分市场提出的不同竞争问题和市场营销机会。

5.3.2.2 确定竞争者的目标

确定了企业的竞争者之后,还要进一步搞清每个竞争者在市场上的追求目标是什么?每个竞争者行为的动力是什么?可以假设,所有竞争者努力追求的都是利润的极大化,并据此采取行动。但是,各个企业对短期利润或长期利润的侧重不同。有些企业追求的是"满意"的利润而不是"最大"的利润,只要达到既定的利润目标就满意了,即使其他策略能赢得更多的利润他们也不予考虑。

每个竞争者都有侧重点不同的目标组合,如获利能力、市场份额、现金流量、技术领先和服务领先等。企业要了解每个竞争者的重点目标是什么,才能正确估计他们对不同的竞争行为将如何反应。例如,一个以"低成本领先"为主要目标的竞争者,看到其他企业在降低成本方面技术突破的反应,要比对增加广告预算的反应强烈得多。企业还必须注意监视和分析竞争者的行为,如果发现竞争者开拓了一个新的细分市场,那么,这可能是一个市场营销机会;或者发觉竞争者正试图打入属于自己的细分市场,那么,就应抢先下手,予以回击。

竞争者目标的差异会影响到其经营模式。美国企业一般以追求短期利润最大化模式来经营,因为其当期业绩是由股东评价的。如果短期利润下降,股东就可能失去信心,抛售股票,以致企业资金成本上升。日本企业一般按市场份额最大化模式经营。它们需要在一个资源贫乏的国家为1亿多人提供就业,因而对利润的要求较低,大部分资金来源于寻求平稳的利息而不是高额风险收益的银行。日本企业的资金成本要远远低于美国企业,所以,能够把价格定得较低,并在市场渗透方面显示出更大的耐性。

5.3.2.3 确定竞争者的战略

各企业采取的战略越相似,它们之间的竞争就越激烈。在多数行业中,根据所采取的主要战略的不同,可将竞争者划分为不同的战略群体。例如,在美国的主要电器行业中,通用电器公司、惠普公司和施乐公司都提供中等价格的各种电器,因此可将它们划分同一战略群体。

根据战略群体的划分,可以归纳出两点:一是进入各个战略群体的难易程度不同。一般小型企业适于进入投资和声誉都较低的群体,因为这类群体较易打入;而实力雄厚的大型企业则可考虑进入竞争性强的群体。二是当企业决定进入某一战略群体时,首先要明确谁是主要的竞争对手,然后决定自己的竞争战略。

除了在同一战略群体内存在激烈竞争外,在不同战略群体之间也存在竞争。因为:第一,某些战略群体可能具有相同的目标顾客;第二,顾客可能分不清不同战略群体的产品的区别,如分不清高档货与中档货的区别;第三,属于某个战略群体的企业可能改变战略,进入另一个战略群体,如提供高档住宅的企业可能转而开发普通住宅。

企业需要估计竞争者的优势及劣势,了解竞争者执行各种既定战略是否达到了预期目标。如果发现竞争者的主要经营思想有某种不符合实际的错误观念,企业就可利用对手这一劣势,出其不意,攻其不备。

5.3.2.4 判断竞争者的反应模式

竞争者的目标、战略、优势和劣势决定了它对降价、促销、推出新产品等市场竞争战略的反应,此外,每个竞争者都有一定的经营哲学和指导思想,因此,为了估计竞争者的反应及可能采取的行动,企业的市场营销管理人员要深入了解竞争者的思想和信念。当企业采取某些措施和行动之后,竞争者会有不同的反应。

(1) 从容不迫型竞争者

一些竞争者反应不强烈，行动迟缓，其原因可能是认为顾客忠实于自己的产品；也可能重视不够，没有发现对手的新措施；还可能是因缺乏资金无法作出相当的反应。

(2) 选择型竞争者

一些竞争者可能会在某些方面反应强烈，如对降价竞销总是强烈反击，但对其他方面（如增加广告预算、加强促销活动等）却不予理会，因为他们认为这对自己威胁不大。

(3) 凶猛型竞争者

一些竞争者对任何方面的进攻都迅速强烈地作出反应，一旦受到挑战就会立即发起猛烈的全面反击，对这样的企业，同行都避免与它直接交锋。

(4) 随机型竞争者

有些企业的反应模式难以捉摸，它们在特定场合可能采取也可能不采取行动，并且无法预料它们将会采取什么行动。

5.3.2.5 企业应采取的对策

企业明确了主要竞争者并分析了竞争者的优势、劣势和反应模式之后，就要决定自己的对策：进攻谁、回避谁，可根据以下几种情况作出决定。

(1) 竞争者的强弱

多数企业认为应以较弱的竞争者为进攻目标，因为这可以节省时间和资源，事半功倍，但是获利较少。反之，有些企业认为应以较强的竞争者为进攻目标，因为这可以提高自己的竞争能力并且获利较大，而且即使强者也总会有劣势。

(2) 竞争者与本企业的相似程度

多数企业主张与相近似的竞争者展开竞争，但同时要注意避免摧毁相近似的竞争者，因为其结果可能对自己反而更为不利。如美国 A 建筑公司在 20 世纪 70 年代末和与其同样规模的 B 建筑公司竞争中大获全胜，导致竞争者完全失败而将公司全部卖给竞争力更强大的 C 建筑公司，结果使 A 建筑公司面对更为强大的竞争者，处境更为艰难。

(3) 竞争者表现的好坏

有时竞争者的存在对企业是必要的和有益的。竞争者可能有助于增加市场总需求，可分担市场开发和产品开发的成本，并有助于使新技术合法化；竞争者为吸引力较小的细分市场提供产品，可导致产品差异性的增加；最后，竞争者还加强企业同政府管理者或同职工的谈判力量。但是，企业并不是把所有的竞争者都看成是有益的，因为每个行业中的竞争通常都有表现良好和具破坏性的两种类型。表现良好的竞争者按行业规则行动，按合理的成本定价；他们致力于行业的稳定和健康发展；他们将自己限定在行业的某一部分或细分市场中，他们激励其他企业降低成本或增加产品差异性；他们接受合理的市场份额与利润水平。而具有破坏性的竞争者则不遵守行业规则，他们常常不顾一切地冒险，或用不正当手段扩大市场份额等，从而扰乱了行业的均衡。

5.3.2.6 几种主要类型房地产项目的市场规模预测与竞争分析

(1) 住宅类项目的市场规模预测与竞争分析

① 住宅需求市场区的建立　在特定的市场供应圈里，住宅的总体需求决定于两方面的关系，一是购房者的区位偏好、购买能力，二是开发商提供的房源的质量和数量。市场需求的房源类型和区位偏好，则取决于购房者的特征，如年龄结构、家庭规模、收入、受教育程度和生活方式等。对区位的偏好还与建筑密度、区域类型、交通条件、教育和医疗卫生设施的水平、环境条件以及其他许多因素有关，这些因素随着购房者本身的社会经济特征的变化而变化。

要分析某一区位的市场需求，首先要对潜在消费者的地理区域的范围作一确定。所谓房地产的市场供应圈，通常定义为这样一个地区，"在该地区内所有居住单元都是互相关联且可互相替代的"。在这一区域内，对于潜在消费者来说，某一特定类型和价格的住房之间可以相互替代。

要画出精确的市场区的界限是不可能的。但我们可以通过找出潜在消费者和被分析的房地产之间的尽可能全面的关联性，就可得到大致的市场边界。例如，一种主要的关联就是就业的场所。从任何一个居住的地方到所有可能的就业点的范围，取决于上班所花的时间、车费和难易程度。我们可以用公共交通或自行车行驶的时间或距离及其成本来表示这一范围，这要看购房者的社会经济特征和当地盛行的交通方式而定。在这些交通方式下，购房者寻找能为他们所希望和接受的住处。在需要的情况下，研究人员可在就业中心向被试者发放问卷，以获得关于被试者的住处的第一手资料。调查结果可以为研究人员提供现行通勤类型的情况。通过计算最大范围的通勤时间和花费，研究人员就可画出一张地图，来显示潜在消费者的就业区的大致范围。

在上述就业区范围内的就业中心，构成了购房市场中的潜在消费者的就业基础。其他能够同样方便地进入这些就业中心的住宅区，形成了竞争性的市场区。

② 住宅开发的竞争情况调查　为了制定合理的符合市场情况的销售单价，必须对竞争性的房产销售情况进行调查。只有当调查对象与我们要研究的房产具有真正的可比性时，搜集到的资料才有意义。调查的内容包括：竞争对手的区位、单元数、单元类型、单元面积、单元装修、附设装备（游泳池、会客厅等）、销售单价、所使用的营销策略、总竞争力（主观评判）。

竞争市场的情报可以作为确定销售单价的基础。它还可以用来对已投资建成的有关数据进行比较，以衡量这些数据是否合理。如果市场信息与我们正在分析的项目的有关数据出现不一致，就应该对竞争对手的情报更加重视，在确证自己的项目数据的来源确实无懈可击之前，不要轻易放过这一问题。从竞争对手方面得到的数据，可能会反映某些潜在消费者的需求没有得到满足。在这种情况下，计划推出的住宅建设可能会在竞争的盘子里面得到一块蛋糕。

(2) 商铺类项目的市场规模预测与竞争分析

商铺开发的利润高低主要取决于商铺开发后给房地产开发商带来的租金收入多少。而某一商铺能否产生租金和能产生多少租金，主要取决于其所在的区位是否适合于它所从事的商业活动。商铺的租金通常由一个固定租金加上销售额的一个百分比来确定。租户的销售额越大，业主得到的租金就越高。因此，估计一个商铺的产生租金的能力，实际上就是预测它的零售销售能力。为此，首先要为该区位的商铺开发选择一种最合适的零售业。假如该区位适合多种零售商业或服务业，可在几种不同假设下进行多重分析。这一分析可以帮助确定到底哪一类租户能为房地产开发商获得最多的年租。

影响商铺的区位因素包括商业区内竞争性企业的数量和区位，以及交易范围内居民的购买力和消费类型。非区位因素，则包括管理和营销能力、价格及商业信誉。

对商铺来说，在什么地方开店，是很重要的问题，商铺必须做到能招徕客户，为此，在选择商店开设地点时，必须选择符合条件的有利的开店地点。在选择开店地点时，具有良好的商圈及购买圈知识是必不可少的。

① 商圈的设定　商圈是指一个商店街（或商铺或商店，以下用"商店街"）的客户吸引力的所及范围或地域。凡是处于商圈内的客户，经常到该商店街购物，其购买需要中的一定比重在该商店街实现的。商圈是一个商店街维持现销售额的客户群居住的地域。

商圈是从店方角度看，能吸引客户的范围，换句话说，是经常光顾购物的客户居住地区的范围。另一方面，购买圈是消费者在进行购买活动时的行动范围。确定和分析商圈的方法有如下几种。

a. 利用政府商业主管部门通过调查而存有的现成资料的方法。因为政府做的调查通常是大规模的，因此，官方资料是了解大范围的消费者行为的好线索。

b. 独立的调查方法。调查采用如下方式进行：直接征询光顾商店者的意见，或以计划中的开发地址为中心，设定半径300m、500m、1000m等的范围为拟调查商圈范围，然后就消费者在竞争商店街的购买行为，商圈边界地区的消费者的购买行为等问题，在街上直接询问调查。访问调查方法，具体是直接进行家庭访问、通过邮政部门发放调查问卷、电话调查等，问卷的内容有住址、性别、职业、年收入、购买额、在哪个商店街或商店购买哪种商品、喜欢哪些商店、讨厌哪些商店、来商店的手段等。

c. 商圈的层次区分。下面是日本一位专家提出的区分商圈的一个基准。

第一层次商圈：可望吸引该地域30%以上的消费需要的地域。
第二层次商圈：可望吸引该地域10%以上的消费需要的地域。
第三层次商圈：可望吸引该地域5%以上的消费需要的地域。

不过，以上的基准无论如何也只是一种基准，而非绝对的基准。在遇到物理障碍、客户的交通流量受到影响的情况下，运用上述技术得到的交易范围的边界应考虑适当修改。此外，还要根据统计资料所依据的区域范围，如人口统计区、零售销售报告编制区等，对交易范围的界限进行调整。究竟该把商圈的范围界定在哪里，尽管多少带有主观的色彩，但仍然是开店地点选择的关键，绝不可掉以轻心。

② 商圈大小的计算方法　商圈大小的计算方法很多，这里仅介绍莱利的零售引力法则。该法则是由莱利通过对美国都市商圈调查后发表的法则，故被称为"莱利零售引力法则"。

"具有零售中心地机能的两个都市，对位于其中间的一个都市或城镇的零售交易的吸引力与两都市的人口成正比，与两都市与中间地都市或城镇的距离成反比。"这就是说，具有竞争关系的两个都市A、B，以某一地点作为其吸引购买力的分界点，该分界点与A、B两都市的人口成正比，与两都市的距离成反比。它可以写成如下的数学等式

$$\left[\frac{B_a}{B_b}\right]=\left[\frac{P_a}{P_b}\right]\times\left[\frac{D_b}{D_a}\right]^n$$

式中，B_a为A都市从中间地C都市吸引来的零售销售额；B_b为B都市从中间地C都市吸引来的零售销售额；P_a为A都市人口；P_b为B都市人口；D_a为A都市与中间地C都市之间的距离；D_b为B都市与中间地C都市之间的距离；$n=2(1.5\sim2.5)$。

通过莱利零售引力法则，可导出下列求商圈分界点的公式

$$D_a=\frac{D_a+D_b}{1+\sqrt{\frac{P_a}{P_b}}}$$

由莱利零售引力法则推导出来的求商圈分界点的公式，只需有两个都市人口和距离便可求出分界点。

(3) 办公楼项目的市场规模预测与竞争分析

办公楼的建造有时供过于求，有时供不应求，其间周期变化很大，造成了空置率也出现巨大的起伏。由于统计数据参差不齐，可靠性低，许多情况下甚至无法得到资料，因此，办

公楼项目的市场规模预测难度比较大。

① 办公楼与第三产业　办公楼又称为写字楼，它是专门用来处理业务或提供专业性服务的建筑。在20世纪50年代，我国的办公楼多为政府办公楼，即使有少量公司办公楼，也明显带有政府的色彩。在我国实行社会主义计划经济时期，办公楼由政府拨款建造，因此每当经济处于低谷或者通货膨胀时，"楼、堂、馆、所"常遭禁建或停建，所指的楼即指办公楼，在那时，办公楼属非必需的建筑，甚至是铺张浪费的代名词。

改革开放后，我国的经济体制从社会主义计划经济向着社会主义市场经济过渡。不少城市的第三产业得到飞速发展，"白领"阶层迅速增长，除了原先在政府和事业单位的职工需要在办公楼上班外，新产生的"白领"职工需要到公司办公楼上班，去处理商务或提供各种专业性服务。从这个意义上说，写字楼成了第三产业大军上班必需的"厂房"。从社会发展规律看，第三产业的从业人员和白领阶层会越来越多，现在办公楼观念与以前的办公楼观念有了很大的不同，它们不再是可有可无，可停建或禁建的建筑，而是新兴的第三产业进行"生产"所必需的建筑。诚然，第三产业的从业人员不全都在写字楼上班，如零售业和餐饮服务业等，但是许多第三产业如金融、证券、贸易、房地产及各类专业人士的服务机构如律师事务所、会计师事务所、设计咨询事务所等都需要在写字楼工作。所以，从这个意义上说，办公写字楼建筑成了城市第三产业发达和不发达的重要标志。判断一个城市的第三产业是不是发达，只要到市中心的商务区数一数有多少栋办公写字楼，了解它们的空置率，就大致能得出结论。反过来也就是说，城市经济发展水平的各个阶段、第三产业的发达与否，决定了对办公楼的需求。此外，一个国家土地的多少，人口密度，社会制度，人民的习俗，都会对办公楼面积的需求总量造成影响。

总之，城市办公楼的供应量应和第三产业的发展相适应，超过了第三产业对办公楼的需求，办公楼的盲目建设或失控会造成空置和资金大量积压，反之，限制办公楼的建设会造成办公楼租金昂贵飞涨，形成"瓶颈"，影响和阻碍该城市的第三产业发展。

② 办公楼竞争情况调查　计划建造的办公楼的规模和性质，决定了竞争情况调查的角度。办公楼一般都倾向于在城市地区内集群分布或成节点状分布。相对较小或中等规模的、计划用作一般办公用房的建筑，其竞争对手一般就是同一节点上的其他办公楼。大型的或者设计用作特殊用途的办公楼，其竞争的对象包括了整个城市内的其他用房。竞争调查要依不同情况，分别确定办公楼的等级和调查区域的大小。

调查竞争用房的信息，主要包括：区位、总建筑面积、用房内净可租面积、净已租面积、每平方米售价、最短租期、提供的物业服务、停车设施及租户收费标准、辅助设施（会议设施、餐厅等）、用房质量的评判。

在调查竞争用房的信息时，有一点需要特别指出的是，在考察写字楼市场的时候，千万不能以为只有纯粹的写字楼供求才代表了写字楼市场，其他类型的建筑，特别是酒店（旅馆），在写字楼市场也占有相当大的份额，在进行市场分析时不能不把它们考虑进去，因为酒店抢去了写字楼的大量用户。在房地产的市场竞争中，写字楼也受到了来自酒店业的挑战。由于长包房可为酒店带来长期稳定的收入，使淡季不淡，因而酒店业者较倾向于这种经营，一些酒店正逐步向国际先进酒店靠拢，简化访客登记手续，对办公住宿合二为一成为较普遍现象，以留住商界人士并吸引新客户。而且由于酒店写字楼成本低，价格较有竞争力，酒店的扩展有较大的灵活性，不一定非开发新的物业不可，许多酒店是利用旧物业改造而成的。这就使写字楼面临着更大的市场威胁。

③ 办公楼开发的未来趋势预测　办公楼的需求增长，主要依据城市地区商业活动的一

般增长率的高低。其中包括对该地区经济趋势的预测，因为某个商业的预测需要具备对复杂的经济分析的了解。假如要在某节点区新建一座办公楼，为了估计该节点区在何种程度上分享市场的需求增长，就必须对该地区的邻区变化、犯罪率和交通拥挤状况等加以仔细分析。就节点本身条件来说，它的竞争能力还受其区位上的相对优势大小的影响，这些优势包括它们的可达性、视觉、日照条件、是否具备封闭式停车空间等因素。

预测未来的市场供给较为困难。在具备分区合理、土质和海拔高度等特征适合建造办公楼的情况下，可以大概地说，办公楼的供给将随着市场需求的变化而变化，尽管二者并不同步。

5.3.3 房地产细分市场风险分析

(1) 住宅细分市场风险分析

普通住宅和小型公寓是人类生产和生活不可缺少的消费品和生活资料，是房地产业中最重要的组成部分之一。在经济处于发展中的国家和地区，住宅具有极大的市场需求。住宅的需求比较稳定，不易受市场波动影响，是房地产投资者最容易参与的一种投资项目类型。在住宅市场中，主要的经营方式是出售和出租两类。目前在中国，住宅在市场中相对能比较顺利地出售，对投资开发者来说，这种投资开发便是一种短期投资行为，与其他类型房地产相比，它具有投资回收快，投资过程简单的特点。也正是这个原因，普通住宅市场的投资风险会相对小一些。对于普通住宅开发主要的影响因素有如下方面。

① 销售价格 普通住宅在市场上的销售价格是影响住宅投资风险的最重要的因素。对于普通居民来说，购买住宅通常需要很大一笔资金，可能占购买者积蓄的很大一部分。住房价格定位过高，人们买不起住宅，对住宅的客观需求就不能转变为对住宅的有效需求。投资者在投资之前，就必须首先摸清购房者的实际收入水平和有效承受能力，然后再决定开发成本和价格。

② 位置与环境 一般情况下，地理位置和住宅周围的环境对住宅投资的风险也有重要影响。商品住宅的价格与其所处的位置有很大的相关性，住宅的价格随着住宅距城市中心的距离增加而呈递减趋势。治安状况比较好、交通方便、生活服务设施齐全、住宅周围的环境质量好的地方的住宅比较受欢迎。

③ 质量和格局 房屋的质量和格局对住宅的价格有很大影响。住宅质量和价格直接影响和决定消费者对住房需求的满足程度。劣质住宅不但会降低住宅的价格，而且降低销售者的信誉，增大销售难度和销售成本，减少投资回报。住宅格局设计应能使房间内各种功能分开，方便日常生活。人们对住宅的需求已不再局限于一定的面积，因此住宅格局设计如果能迎合消费者偏好，销售起来比较容易，必定能加快投资回收速度，提高资金利用率，降低投资风险。

④ 住房政策 住房制度改革政策对住宅投资回报具有极大的影响。如果政府竭力建立住宅市场，则有助于商品房的销售，反之，若推行福利住房的政策，将导致市场交易活动减少。此外，住宅的物业管理和服务水平，银行抵押贷款比例、利率、期限等，都对住宅投资者能否以预期的价格，在尽快的时间内收回投资产生重要影响。

(2) 写字楼细分市场风险分析

写字楼的主要功能是为商务活动和政府机关办公提供工作场所。绝大部分写字楼都是由投资开发者自己持有物业所有权，而以出租等形式将使用权让渡给使用者来获取利润。因而，写字楼投资者一般不是一次性地收回投资，而是以收取租金和管理费的形式，获得稳定的现金流量。

影响写字楼收益的主要因素有如下方面。

① 区位及其交通便捷度　写字楼所处的区位及其交通便捷度是影响写字楼投资风险及其回报的首要因素。写字楼的价值如何主要看其所处的地理位置能否吸引各种特殊的客户。如果写字楼位于商业活动和社会活动的中心，交通快捷方便，周围商业服务设施完备、环境优美，就会对客户具有极大的吸引力。由于在特定的范围内办公具有集聚效应，一般来说，租用写字楼的客户是能够承担得起相当高消费水平的阶层，为了树立形象和维护声誉，以及达到显示身份和吸引客户的目的，通常不会因为租金的稍微上涨而移动或搬迁。

② 物业管理水平和服务状况　物业管理水平和服务状况是决定写字楼投资的重要因素，严格的管理和周到的服务会提高写字楼的租金水平和市场价值，降低写字楼的空置率。写字楼内各种设备是否运转良好，保安服务情况等是评价物业管理水平的重要指标。物业管理做得好不但可以提高写字楼的信誉，也会对现在的和潜在的客户构成极大的吸引力。

③ 市场需求　市场需求状况对写字楼投资风险影响很大，在经济增长和繁荣阶段，生产发展，市场交易活跃，写字楼的需求量上升，租金水平相应提高而空置率下降，投资者的回报会大幅度上升。位置相对较差的写字楼也能获得比较好的回报。而在经济衰退和萧条时期，写字楼的租金下降，空置率上升，投资回报下降，风险增大。

④ 租户的信誉　写字楼能否获得稳定的收益，还取决于租期的长短和租户信誉。租户经济稳定、信誉好是写字楼稳定收益的前提和保证。

写字楼投资回报的影响因素复杂，因此，写字楼的投资风险比住宅的投资风险要大，因而，写字楼的投资回报率相对住宅和小型公寓来说也较高。由于写字楼的投资主要以租金收入来回报，因而写字楼投资回收期长，投资回报具有长期性的特点，受市场变化的影响较大。

(3) 商业用房细分市场风险分析

商业用房的种类很多，包括专业商店、商场、百货商店、门市部、批发商店、超级市场、购物中心、地下商业街等。商业用房市场的主要活动是从事生产和交易各种商业用房，交易的主要形式是租赁方式。绝大部分商业用房使用权以多种形式在市场上进行交易，以获取利润。例如商业用房的所有者将全部商铺或柜台租赁出去，从中收取租金和管理费。商业用房的租金一般都比住宅楼和写字楼高。

商业用房的租金水平主要取决于客户的经营状况，而客户的经营状况又主要由商业用房的客流量决定。因此，商业用房的回报高低与它对客户的吸引力密切相关。商业用房投资风险与回报的最大影响因素与写字楼相类似只是影响度更大。

① 地理位置（区位）　商业用房对客户的吸引力在很大程度上取决于商业用房距市中心商业区的距离。商业活动随着商店距中心商业区距离的增加而递减，商店营业额也随之下降。商业用房的临街状况也在很大程度上影响其对客户的吸引力。临街宽度越大，对客户的吸引力越大，商业用房越容易租出去。所在地的交通状况对商业用房投资回报也有很大影响。交通方便的商业用房的客流量大，无疑对商家具有极大的魅力。当写字楼、普通住宅以及公寓住宅建于商业楼附近时，能显著增加商业中心的使用功能。相反的，新建许多同类的或者相近的商店和购物中心，而又不能增加其服务范围和服务对象，各个商店势必就会为争夺消费者而展开激烈竞争，从而增加店主的经营风险，同时也增加了这类房地产投资者的风险。

② 商业信誉　商业信誉对商业用房投资回报也有一定的影响。货真价实的商店会给消

费者留下很好的印象,会吸引更多的客流量,提高商业用房的信誉。而商业用房信誉的提高,则会吸引更多的客户前来承租,从而有利于提高租金水平,降低空置率。投资者在确定租户之前,首先要对商业用房的整体形象进行设计和规划,选择信誉良好的租户,保持用房内外形象的一致性。

③ 物业管理 物业管理质量对商业用房的租金水平和市场价值有很大的影响,客户通常非常关心物业的安全状况及卫生状况。客户最关心的是物业维护水平,各种设备能否良好运转往往成为衡量物业管理水平的重要指标。另外,客户还要求商业用房投资者对客户的经营行为予以管理,对于破坏商业形象,不道德经营的行为予以严厉的制裁,维护商业用房的形象和信誉。严格的管理对现在的和潜在的客户都有很大的吸引力。

④ 客户的状况 客户的状况主要指客户的信誉和经营能力,客户信誉偏好的,能按租赁合同或协议办事,而信誉差的客户可能会拖欠租金,或不愿付额外的租金,甚至到期不搬等,使业主收益蒙受损失。

商业用房的回报与住宅和写字楼相比,风险更大,回报率也更高。商业用房的回报方式可以是出售,也可以是出租。但是,采用出租方式时,会产生空置风险,因而在分析回报率的过程中,有可能产生较多的负现金流量。

案例 1 南京市某居住类房地产项目目标市场的选择

(1) 根据用地性质,明确项目类型

土地坐落:南京市浦口区×××路 141 号;

用地面积:用地总面积 8947.1m^2,其中代征城市道路用地面积 1721.5m^2,实际出让面积 7225.6m^2;

规划用地性质:二类居住用地(二类居住用地是指市政公用设施齐全、布局完整、环境较好、以多、中、高层住宅为主的用地);

建筑容积率:<1.2;

建筑覆盖率:<20%;

绿地率:>30%;

建筑高度:<35m;

楼面地价:9750 元/m^2;

项目类型:住宅。

(2) 南京市居住类房地产市场供需分析

通过对南京市居住类房地产市场供需分析,未来 2~3 年,总体上是求大于供。

(3) 确定市场细分因素

市场细分因素见表 5.4。

(4) 根据市场细分因素,进行市场细分

本项目确定了 4 个细分市场,具体内容见表 5.5。

(5) 评估细分市场,确定目标市场

通过对细分市场的评估,确定细分市场 2 和细分市场 3 为目标市场,具体内容见表 5.6。

(6) 目标客户的住房可支付能力分析

下面以细分市场 2 为例进行分析。

① 购房面积:100m^2。

② 购房单价:24500 元/m^2。

③ 购房总价:2450000 元。

④ 首付款 二套房首付款占购房总价 50%,即 50%×2450000=1225000 元。

可用原有房产出售收入、积蓄来支付首付款,该类客户是有支付能力的。

表 5.4 市场细分因素

地理因素	区位	城市闹市区、城市副中心区、闹市区边缘地带、城市边缘区、城市郊区
人口因素	年龄	20~30岁、30~40岁、40~50岁、50~60岁、60岁以上
	家庭结构	单身户、中青年住户、纯老年住户、小子女家庭、大子女家庭、多中心家庭
	职业	专业人员、企事业单位管理者、公务员、自由职业者
	教育程度	高中以下、大中专、大学本科、研究生以上
	家庭收入	最低收入户、低收入户、中等偏下户、中等收入户、中等偏上户、高收入户、最高收入户
	社会阶层	下层、中层、上层
心理因素	生活方式	变化型、参与型、自由型、稳定型
	个性	冲动型、进攻型、交际型、权力型、自负型
行为因素	购房动机	便利、经济、身份、品位
	购房次数	首次置业、二次置业、多次置业
	购房时机	一般时机、特殊时机

表 5.5 细分市场

细分因素	细分市场 1	细分市场 2	细分市场 3	细分市场 4
年龄	20~30岁	30~40岁	40~50岁	40~50岁
家庭结构	单身户	小子女家庭	大子女家庭	大子女家庭
职业	专业人员	公务员	专业人员	企事业单位管理者
家庭收入	中等偏下	中等收入	中等偏上	高收入
教育程度	大学本科	大学本科及以上	大学本科及以上	大学专科及以上
生活方式	自由型	稳定型	稳定型	参与型
购房动机	便利	便利及经济	便利及经济	身份
购房次数	首次置业	二次置业	二次置业	多次置业

表 5.6 目标市场

目标市场	细分市场 2	细分市场 3	目标市场	细分市场 2	细分市场 3
年龄	30~40岁	40~50岁	教育程度	大学本科及以上	大学本科及以上
家庭结构	小子女家庭	大子女家庭	生活方式	稳定型	稳定型
职业	公务员	专业人员	购房动机	便利及经济	便利及经济
家庭收入	中等收入	中等偏上	购房次数	二次置业	二次置业

⑤ 贷款月还款额的计算 购房贷款：50%×2450000=1225000元，其中家庭住房公积金贷款上限为600000元，其余为个人住房贷款。贷款年限：25年，即300月。贷款利率：个人住房公积金贷款的年利率为3.25%，月利率为0.27%；个人住房贷款的年利率为4.90%，月利率为0.408%。还贷方式：月等额还本付息。

月等额还本付息下月还款额的计算：

已知：$i_1 = 0.27\%$，$i_2 = 0.408\%$，$n = 300$月，$P_1 = 600000$元，$P_2 = 1125000$元。

则：

$$A = A_1 + A_2 = P_1\left[\frac{i_1(1+i_1)^n}{(1+i_1)^n - 1}\right] + P_2\left[\frac{i_2(1+i_2)^n}{(1+i_2)^n - 1}\right] = 6541 \text{元}$$

⑥ 贷款月还款能力分析　2017年南京市城镇居民人均可支配收入为54538元，中等偏上收入家庭的月可支配收入为15106元，贷款月还款额/月可支配收入＝（6541/12589）×100%＝43%，该类家庭基本上具有可支付能力。

案例2　深圳某一小户型住宅目标客户描述

（1）目标客户描述

年龄：平均年龄在28～30岁之间。

置业用途：有80%～87%的客户为自用，13%～20%的客户为投资。

客户类型：公司白领/收入比较稳定的公司一般职员/投资客（二次以上置业者）/个体经营者/深港家庭（家庭成员一方在深圳，一方在香港）。

职业：银行职员、证券公司从业人员、律师、卫生系统年轻的从业人员、电子行业技术人员、电子行业相关服务人员、电信业职员、普通公务员、教育系统年轻的从业人员、贸易公司职员、百货公司职员、航空公司职员等。

居住区域：主要集中在石厦、新洲、益田村、皇岗村、福田保税区、福民新村、海滨广场、福华新村、岗厦、福田南、福星路、福华路、华强北、华富村、华新村、上步、南园路、东园路、白沙岭、冬瓜岭、八卦岭、莲花北、莲花一二三村、梅林。

居住状况：租住商品房、福利房。

家庭结构：比较简单，绝大多数为两口之家，部分为单身家庭。

（2）目标客户群的层面划分及其行为特征

公司白领：年轻，自信，追求时尚及高雅、浪漫的生活情调，受过高等教育，工作比较稳定，小有积蓄，希望尽早拥有独立的生活空间，有个性，喜欢运动，崇尚西方生活，喜爱咖啡、网络和音乐，比较感性，喜欢包装精致、品位高尚的商品。

投资客：追求高投资回报率及低风险投资，注重投资的升值潜力，希望投资不会花费太多的精力和财力。

个体经营者：工作在项目的周边，有一定的经济积累，更注重资金的周转，比较节俭，对居住安全有更高的要求。

深港家庭：要求较高的私密性及安全感（投资方面、生活方面），要求临近口岸或交通便捷。

思考题

1. 房地产项目定位包括哪几部分内容？其核心内容是什么？
2. 何谓房地产项目客户定位？
3. 房地产项目客户定位主要包括哪些工作？
4. 房地产项目客户定位中的房地产市场分析主要有哪些内容？
5. 一般应从哪几个方面进行市场状况分析？
6. 影响消费者购买行为的因素主要有哪些？
7. 根据参与者的介入程度和品牌间的差异程度，可将消费者购买行为分为哪几种？
8. 购买者的购买决策过程有哪几个阶段构成？
9. 何谓房地产市场细分？
10. 从市场细分的发展历程来看，市场营销主要经历了哪几个阶段？
11. 房地产市场细分有何作用？
12. 简述市场细分的程序。
13. 房地产市场细分应该遵循哪些原则？
14. 住宅市场的细分依据有哪些？
15. 生产营业用房地产市场的细分依据有哪些？
16. 市场细分有哪几种模式？

17. 何谓定制营销？
18. 潜在市场、有效市场、合格的有效市场、目标市场的概念有何区别？
19. 房地产项目目标市场选择有哪几个主要步骤？
20. 目标市场选择一般有哪几种模式？
21. 竞争者有哪几种反应模式？
22. 何谓商圈？举例说明商圈分界点的计算方法。
23. 住宅细分市场有哪些主要风险因素？
24. 举例说明房地产项目目标市场选择的步骤。

6 房地产开发项目产品策划

通过市场调查和分析预测,房地产营销人员向规划设计人员提供信息,使他们能够设计出最具竞争力和最适合市场需求的产品。这是房地产开发项目产品定位策划的主要内容。

6.1 房地产产品的概念与产品分类

6.1.1 房地产产品概念

(1) 从物质形态看房地产产品的概念

房地产产品是指土地及其定着在土地之上的建筑物、构筑物和其他附属物的总称。

土地是指地球的表面及其上下一定范围内的空间,其范围包括地面、地面以上的空间和地面以下的空间,是一个三维立体空间概念。依此概念,从理论上讲,一宗土地的地面以上的空间是指从地球表面的该宗土地的边界向上扇形扩展到无限高度的空间;地面以下的空间是指从地球表面的该宗土地的边界向下呈锥形延伸到地心的空间。但在实际社会经济生活中,开发使用一宗土地要受到多方面的限制。首先,土地拥有者由于受自身的建筑技术(包括建筑施工技术、建筑材料性能)和自身经济能力等限制而不能无限利用空间;其次,由于土地是构成环境的重要因素,它的开发、利用可能会影响到周边环境及社会公众的利益,因此,土地的开发使用要受到法律法规和城市规划方面的限制。

建筑物是指能够遮风避雨并供人居住、工作、娱乐、储藏物品、纪念或者进行其他活动的空间场所,一般由基础、墙、门、窗、柱、梁和屋顶等主要构件组成。构筑物是指人们一般不直接在内进行生产和生活活动的场所,例如烟囱、水塔、水井、道路、桥梁、隧道、水坝等。

其他附属物是指与土地、建筑物不能分离,或者虽然能够分离,但是分离就会破坏土地、建筑物的功能与完整性或者其自身价值会明显受损害或甚至丧失的物体。如:为提高土地或建筑物的价值或功能而埋设在地下的管道、设施,种植在地上的花草树木或人工建造的庭院、假山等。

(2) 从营销的角度看房地产产品的概念

按照现代市场营销理论,产品是指能提供给市场以引起人们注意、购买并消费,从而满足消费者某种欲望和需要的一切东西。房地产产品是一个包含多层次内容的整体概念,如图 6.1 所示,一般包含三个层次的内容:核心产品、有形产品和延伸产品。

核心产品是产品需求的核心层次,即满足客户的基本需求或利益。从本质上说,客户需求的并不是房屋本身,而是房屋所能提供的安全、舒适的居住条件,进一步满足客户的家庭温暖、亲情、成就感等心理需求。或者是房屋所提供的保值、增值空间,进一步满足客户的投资获利需求。

有形产品是产品需求的物质层次,即产品的物质表现形式,是房地产实质产品的载体,它是消费者可直接观察和感觉到的内容。消费者实际上是从有形产品考察房地产是否满足其对实质产品需求的满足程度,所以,有形产品是消费者选购房地产的直接依据。房地产有形产品包括:土地的区位、建筑风格、房屋的户型、楼层、朝向、质量、建筑设备、配套设施等。

延伸产品是产品需求的外延部分,即顾客购买房地产商品过程中可以得到的各种附加服务或利益的总和。房地产延伸产品是附着在有形产品之上的,是实质产品

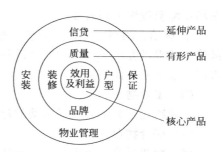

图 6.1 房地产产品的三个层次

的需要和体现。包括销售、信贷、物业管理、产品的环境等。延伸产品能给购房者带来更多的利益和更大的满足感,由于它主要存在于房地产购销过程的前后,所以,在日益激烈的市场竞争中,延伸产品已成为房地产开发经营者市场营销中重要的竞争手段。

房地产产品的三个层次构成了房地产产品的整体,三者是密不可分、相互支撑、相互促进的。一个好的房地产市场营销应该重视房地产产品的整体概念。以往企业的注意力集中在有形产品上,认为只要房屋的位置好、设计好、质量好就可以卖得好,而随着房地产市场竞争日渐激烈,企业渐渐注意到产品的三个层次,特别关注核心产品和延伸产品,竞争在多个层次上进行,通过在不同的层次上创造差异性来获得竞争优势。

6.1.2 房地产产品的基本类型和特点

6.1.2.1 房地产产品的基本类型

根据房地产产品的物质形态和用途我们将房地产产品分为住宅物业、商业物业、工业物业、综合物业和特殊物业。

(1) 住宅物业

住宅物业是指人们生活居住的建筑,它包括普通住宅、别墅等。

① 普通住宅 针对大众市场,市场需求量大,在整个住宅物业中占有较高比例。普通住宅根据住宅区的规模划分:居住 300~700 户、1000~3000 人,称为组团,即相当于一个居委会的管辖规模;2000~4000 户、7000~15000 人,称为居住小区;10000~15000 户、30000~50000 人,称为居住区。住宅物业根据建筑层数和高度划分为多层住宅、小高层住宅和高层住宅等。

② 独立别墅 属于高档的住宅物业。一般配备独立的庭院、景色宜人的视野、别致的外观造型、特殊设计的空间、高档的建材和配套设备。别墅除了满足人们居住的需求,还可以满足人们精神上的恬静和愉悦,彰显身份和地位上的尊贵。

③ 联排别墅 由部分独立住宅排拼接而成,每户有独立的院落和出入口。它综合了独立别墅的空间独立性和普通住宅的居住密度合理性,经济适用,尺度合适,主要是面向中产阶层。

(2) 商业物业

商业物业包括办公的场所,如写字楼;进行商品交换和流通的建筑物和场所,如零售商店、百货商场、超市、购物中心、商业街;为客户提供住宿、饮食以及娱乐的建筑物和场所,如旅馆、酒店等。各种物业形态的规模、布局、配套设施是不同的,给房地产开发商带来的收益也是不同的。因此,选择适当的业态也是房地产商业产品定位的一个重要内容。

① 购物中心 购物中心是一个配有相当规模停车场,以各种零售物业为主体,包括其他各种商业、服务、金融机构的商业群体。购物中心在占地面积、业态模式、商圈规模、停

车场及配套设施上均有要求。

② 旅馆、酒店　旅馆、酒店一般建在城市中心区或旅游景点附近。旅馆、酒店包括从最简单的提供客房、餐饮到提供设备齐全的游泳池、健身房、舞厅、酒吧、商店、银行、洗衣房、医务室、商务室等。

(3) 工业物业

工业物业是为生产提供活动的建筑物。它包括厂房、仓库、堆场等。

(4) 综合物业

综合物业是将城市中商业、办公、居住、旅馆、展览、餐饮、会议、娱乐、交通等生活空间的三项以上进行组合，并在各部分上建立一种相互依存、相互助益的能动关系，从而形成一个多功能、高效率的复杂而统一的综合体。在北京、上海和广州等大城市陆续兴建了部分多功能综合物业。如北京国际贸易中心、上海金茂大厦。它们不但满足了人们在工作、生活、社交等方面的多元化需求，而且也丰富了城市景观，是现代化都市的重要标志。

(5) 特殊物业

特殊物业主要包括娱乐中心、健身中心、高尔夫球场、加油站、停车场、飞机场、车站和码头等建筑物和场所。

6.1.2.2　房地产产品的特点

房地产产品除了具有一般产品的可以提供某项功能，可以满足人们的某项需求，可以进行买卖交易等属性外，还具有以下一些特点，这些特点造成了房地产产品定位的复杂性。

① 土地的稀缺性和位置的固定性，带来房地产产品有限性和空间上的固定性；

② 房地产产品投资高、生产和使用周期长，带来房地产产品定位的审慎性；

③ 房地产产品是一种金融产品，具有保值增值性，带来房地产产品的多重属性和多重评判标准；

④ 房地产产品对社会经济和人民生活影响大，带来房地产产品受到国家政策、法律法规的限制较多；

⑤ 大多数产品必须按照消费者需求制定开发，不能进行批量生产，人们的需求不同造成房地产产品之间的差异很大，而且随着社会、经济、科技的发展，人们的需求是在不断发展变化。

6.2　房地产产品策略

在房地产市场营销活动中，企业满足顾客需要并通过提供满足顾客需要的产品而获取利润，是通过开发不同用途的房地产产品来实现的。为满足消费者不同的需求而开发建设的各种用途的产品，是买卖双方交易的基础。因此，房地产产品策略是房地产企业市场营销活动的核心，也是制定其他市场营销策略的基础，也是产品定位的基础。

房地产产品策略是指房地产企业以向目标市场提供各种适合消费者需求的房地产产品和服务的方式来实现其营销目标。包括产品的规划、设计、建造、质量、环境、物业管理、品牌等可控因素的组合和运用。产品策略很多，我们这里主要谈三种主要的房地产产品策略：产品差别化策略、产品品牌策略和产品的组合策略。

6.2.1　产品差别化策略

目标市场确定后，房地产企业应针对目标客户的需求，结合自身的优势，最大限度地挖掘房地产产品的特色，甚至是创新点，使自己的产品在某方面比竞争者更具优势，更好地满足客户的需求。房地产企业可以从以下5个方面来塑造产品的差异化：产品的位置、产品的规划设计、产品的质量、产品的价格、产品的服务。下面分别论述如何从这5个方面来实现房地产产品的差别化策略，并辅以一些实例。

(1) 产品的位置

两幢建筑的完全相同的房屋，仅仅因为所处的位置不同，价格悬殊。房地产产品的位置是体现房地产产品差异性的首要因素。对房地产位置的研究我们可以从城市、地点、交通和环境4个方面进行。

① 城市 我们的房地产产品一般建造于城市之中，城市分析侧重于宏观环境分析。一般取决于该城市的经济发展水平、产业结构、生活水准、人口数量、文化教育、购买力水平、房地产的发展水平等。还取决于城市的发展规划，它是政府对城市性质、城市规模和发展方向、合理利用土地、协调空间布局的综合考虑和部署。

② 地点 一方面指房地产产品在城市中所处的具体地理位置。包括具体的门牌号码和相对的距离感觉。如某楼盘距离城市中心、副中心、商业中心、交通枢纽的远近。另一方面是指具体的方位、地块的形状和大小，如是临街地还是角地；是带状地还是点状地；是朝向主干道还是次干道等特征。

③ 交通 首先指楼盘附近的交通工具和交通方式，如铁路、飞机、地铁、公交等，表明交通的便捷程度。其次，交通状况也反映了该地区未来数年的发展趋势。如在南京，随着地铁的开通，地铁沿线的地区人流量必然加大，经济迅速发展，周边的房地产价格也将随之升值。

④ 环境 环境是指地块及地块周围的物质和非物质条件与特征，如水、电、煤气等市政设施，公园、学校、医院、商场等生活配套设施属于物质条件；地块周围的历史、人文、人口数量和素质等则是非物质特征。

(2) 产品的规划设计

住宅产品究竟是规划为别墅还是公寓？是小户型还是大户型？建筑覆盖率、容积率、绿化率控制在多少？质量标准确定在何种水平？等，这些都需要通过产品的规划设计最终确定。产品规划设计的原则有：

① 产品的规划设计应满足目标客户市场的需求；

② 产品规划设计需要符合城市规划的要求和各项法规；

③ 产品的规划设计应顺应市场趋势，引导消费时尚；

④ 产品的规划设计应兼顾成本与利润。

(3) 产品质量的确定

房地产产品质量是根据国家有关法律、法规、技术标准和顾客（潜在顾客）要求对产品安全、适用、经济、美观等特性的综合要求。从功能和使用价值看，产品质量主要体现在适用性、可靠性、经济性、外观质量与环境协调等方面。

产品的功能和使用价值的质量要求相对于潜在顾客的需要而言，并无一个固定和统一的标准，消费者甚至可以向房地产公司订制自己的房屋，提出对房屋质量的特殊要求，因此需要以满足潜在顾客需要为前提，以实现产品目标以及附加价值为目的，在产品决策中确定产品的质量目标和标准，并通过产品规划设计具体化。

(4) 产品的价格

房地产企业可以采用高价策略、中价策略和底价策略，价格的差异还可以体现在楼盘上、楼层间、每户中。

(5) 产品的服务

随着房地产核心产品和有形产品差距的缩小,延伸产品在房地产市场竞争中的作用越来越重要。一般来说,房地产营销服务可分为:售前咨询服务、售中代办手续服务和售后物业管理服务,这些被视为房地产延伸产品的内容。不同类型、不同档次的房地产硬件产品需要配以适宜的物业管理的软件服务,才能构成完整的房地产商品使用价值。物业管理可以营造安全、良好的工作、生活环境,提升房地产产品品质,创造房地产品的差异性,增强产品的竞争优势。

物业管理可以帮助客户正确、有效地使用产品,而且可以使企业进一步了解客户的需求,也是为产品赢得良好声誉的手段。现代的房地产市场营销强调房地产全过程营销,即企业的营销活动贯穿于开发企业生产经营的全过程,从产品的开发设计、施工建造、销售到售后服务都属于营销管理的范畴。物业管理处于房地产产品的使用阶段,属于售后服务的性质,但通过物业管理的前期介入,一方面房地产企业可以从客户使用的角度和物业公司便于管理的角度提出对项目规划设计要求,如在封闭式管理小区内道路不宜直通,根据需要预留空调机位等方面提出要求和建议。另一个方面,物业管理前期介入对于开发企业和建筑企业的活动起到了一定的监督作用,物业管理公司在项目规划设计、施工组织、工程竣工验收和销售过程中会代表未来的业主提出自己的建议和意见,这无疑对于保证项目的功能和质量起到不可估量的作用。

下面从两个具体的项目中看产品的差异性策略的应用。

案例 1　阿联酋迪拜阿拉伯塔的酒店

无论是从功能、结构、造型,还是从创新和差异化,该酒店都是成功的典范。该项目在设计上有三大要点。

① 项目位于海滨　一般海边酒店的最大亮点就是海景房,即面临大海的客房。但如果将酒店建于沙滩之上,则只有部分房屋能够成为海景房,于是设计人员根据地形的特点,仿造海洋石油平台的做法,将酒店建在了一个人工岛上,这样使得几乎所有的客房都成为海景房,客房的价格也按海景房的标准,获得了更多的利润。

② 把三百多米高的建筑建在海上,这本身就是对结构的一大挑战,设计人员采用了三角形的建筑平面,中间是一个中庭,这样的处理不仅使结构比较稳定,而且功能也相对统一。

③ 设计时考虑到波斯湾地区航海的传统　设计人员将整个建筑的外立面设计成桅杆状的帆船造型,既增强了建筑质感,又凸现了地域文化和历史文脉。

案例 2　北京"××城"

北京的"××城"项目创造了总销售额 40 多亿元的商业神话,所有现房抢购一空,甚至为周边楼盘带来了商机,使这些楼盘在 6 个月内销售额达到了 11.3 亿元,营造出了一种"××城"效应。该项目有 4 点创新。

① 所有的房屋进行精装修　当时"××城"属于内销房,不同于现在的内、外销合并、完全国际化运作。将"××城"所有的内销房进行精装修并附送家具的做法当时在国内尚属首例。

② 选用森德暖气　当时国内的暖气片都是铸铁的,装修时需要用木头外包,虽然经济但不美观。而"××城"每套房间都采用森德暖气,虽然其价格是铸铁暖气片的 8 倍,但物有所值。

③ 使用落地玻璃　在建筑设计规范中,限定窗台高度为 0.9~1.0m,而落地式玻璃等于将窗台的高度降为零。虽然这在国外很普遍,但在当时的北京还没有,3 年后,北京绝大多数楼盘使用了落地式玻璃。

④ 使用立面色彩　北京的楼房大多没有颜色,而"××城"的外墙创新突破,采用了彩色立面,效果很好。

6.2.2　品牌策略

(1) 房地产产品品牌的概念

品牌是用以识别产品或企业的某种特定标志，通常由某种名称、记号、图案或其他识别符号构成。品牌实际上是企业或产品在消费者心中的一种形象代表，将产品或企业从竞争者中区别出来。品牌和商标是有区别的，商标是企业在政府有关主管部门注册登记的品牌全部内容或部分内容。可以看出品牌的范围比商标要广泛。

房地产产品品牌是指房地产开发企业给自己开发的房地产产品规定的名称与标识，通常是由文字、标记、符号、图案和颜色等要素组合构成的。房地产产品品牌在整体产品营销中起着越来越重要的作用，成为房地产企业普遍重视的竞争手段。

（2）房地产产品品牌的作用

① 房地产产品的象征　由于品牌总是依附于某种特定的房地产产品，是房地产产品的形象代言。当人们看到某一品牌时，就会联想到它所代表的房地产产品的品质和服务。

② 有助于突出产品的特点　品牌的建立往往是抓住产品的某一特点，予以突出和夸大，有利于企业进行广告宣传，特别是企业新产品推广。如谈到现代城，大家就会想到SOHO，想到时尚的家居办公。

③ 有助于树立形象，增强竞争　通过建立优秀或知名的品牌，使市场对企业及企业的产品产生认同感，并进而达到提高市场占有率的目的。如谈到"四季花城"，无论是深圳的四季花城、武汉的四季花城、上海的四季花城、沈阳的四季花城、南昌的四季花城还是成都的四季花城，大家就会想到万科、高品质、欧洲小镇等，销售价格高于同品质的周遭的房地产产品，在各地均取得了不菲的销售业绩。

（3）房地产产品品牌的价值和效用

品牌竞争力强的产品一般所需要的营销成本就比较低，它可能不需要花费很多的广告费去增加自己的知名度，甚至可以使同样的品牌的新产品进入市场的成本大大减少；品牌竞争力强的产品可能比同类产品卖出更高的价格；由于消费者愿意购买好品牌的产品，从而使企业增加了同中间商讨价还价的优势，使品牌竞争力强的企业能够降低产品的生产成本，获得比其他企业更高的利润。综上所述，品牌同企业的其他财产一样，具有可以被衡量的价值，它可以被估价，甚至可以被转卖。品牌因其价值的存在而成为企业的一种无形资产。

（4）房地产品牌建立和维护

① 企业是否需要建立品牌　企业是否需要建立品牌是品牌策略的第一步。由于建立品牌需投资进行大量的广告、包装策划，耗费较大，因而为了降低成本，使房地产产品价格降低，增强竞争力，很多开发企业最初不愿意建立品牌。但是，随着市场竞争的加剧及消费者品牌意识的增强，有品牌的房地产产品更容易在市场产生影响，良好品牌的产品的售价高于同档次的其他产品且市场占有率高，加之品牌还可以作为开发企业的无形资产，因而大多数开发企业越来越重视品牌的建设。

② 房地产品牌的如何建立　房地产产品的品牌与企业的品牌相结合并以企业品牌为重点。房地产企业在初期创造市场时主要依赖产品品牌来迅速获得市场的认知，但随着项目的增多，项目的多元化，逐渐将成功的项目品牌延伸为企业品牌，并加以保持和发扬，还可以促进新的项目品牌的建立。如在深圳，万科"四季花城"以其准确的市场定位、新颖的规划设计获得市场热烈反应，被评为"国家康居示范小区"，"全国物业管理优秀示范住宅小区"，继深圳万科四季花城成功后，短短几年，万科四季花城系列迅速在全国主要城市遍地开花，武汉的万科四季花城、上海的万科四季花城、沈阳的万科四季花城、南昌的万科四季花城还有成都的万科四季花城，牢牢建立和巩固了四季花城的项目品牌，也建立了万科的企业品牌，并有助于万科企业的其他产品品牌的建立，如其后的城市家园等项目，现在，人们只要

听说是万科开发的产品,就会产生高品质的概念。

一个完整、丰满的房地产品牌设计需要包括品牌识别系统、品牌个性定义、品牌核心概念定义和品牌的延伸概念定义 4 个部分。房地产产品品牌设计还应符合:

  a. 易于认读、识记,切忌选用生、冷、偏、怪的文字;
  b. 与房地产产品的品质、环境、价格相适应,做到名副其实;
  c. 强调物业的意境、特色及文化和创意,使好的物业通过品牌起到"锦上添花"的作用;
  d. 符合时代潮流和民族传统。

6.2.3 房地产产品组合策略

现代企业往往需要经营多种类型和规格的产品来满足目标市场的需要,扩大销售,分散风险,增加利润。但是,由于企业在不同的产品生产经营方面的成本、质量优势不同,市场对不同产品的接受能力和程度不同,不同产品给企业该来的效益和风险差别很大。所以,企业需要对产品组合进行认真的研究和选择。

6.2.3.1 产品组合策略的概念

产品组合是指一个企业生产和销售的全部产品的结构。产品组合一般由若干产品线组成。所谓产品线是指企业经营的产品核心内容相同的一组密切相关的产品。它们有类似的功能,只是在户型、档次、设计等方面有所不同。如住宅包括低档住宅、普通住宅、高档住宅、别墅等。产品项目是产品线中的一个明确的产品单位,它可以依据尺寸、价格、外观等属性来区分,也可以依据品牌来区分。如不同户型、档次、设计风格的单个物业。

产品组合研究包括产品组合的广度、深度、长度和关联度的研究。产品组合的广度是指一个企业生产经营的产品线的总数,产品线越多说明产品组合的广度越宽。扩大产品线的广度,有利于房地产企业开拓新的市场;产品组合的深度是指一个产品线中所包含的产品项目的数量,加深产品的深度能够激发房地产企业的潜能,占领更多的房地产细分市场。产品组合的长度是指企业产品项目的总和,即所有产品线中的产品项目相加之和。产品组合的长度越长说明企业的产品品种越多、规格越多。产品组合的关联度是指企业生产的各个产品系列之间在最终用途、生产条件、销售渠道等方面存在的相互关联程度,如房地产开发企业组建物业管理公司,就是由于住宅产品与物业服务具有较高的关联度,关联度大的产品组合有利于企业的经营管理,获得较好的经济效益。

产品组合的广度和深度的关系如图 6.2 所示。

图 6.2 房地产产品组合示意

6.2.3.2 寻找最优产品组合

寻找最优的产品组合是一个动态的过程。随着企业内外部条件的不断变化,房地产企业需要及时对产品组合进行调整,适时地增加或删减一部分产品线或产品项目。

(1) 最优产品组合要受到以下约束条件的限制
① 企业自身的能力和优势；
② 周边竞争项目的产品类型和价格；
③ 地块自身条件的制约；
④ 建造成本的制约；
⑤ 需要满足的细分目标市场。

(2) 最优产品组合可以通过扩大和缩减产品组合来实现

① 扩大产品组合　扩大产品组合是指增加产品组合的广度和深度。前者是指在原产品组合中增加产品线，扩大房地产企业的经营范围；后者是指在原产品线中增加新的产品项目，增加房地产产品的规格和品种。当现有的产品线销售量、利润呈下降趋势时，房地产企业需要考虑增加新的产品线，创造新的利润点。当房地产企业希望满足更多的细分市场、扩大销售时，其可以通过增加新的项目类型来达到这一目标。因此，扩大产品组合有利于房地产企业充分利用各种资源，发挥生产潜能，降低经营成本；有利于企业适应顾客多方面的需求，扩宽市场，增加销售额；有利于企业开展多元化经营，降低经营风险。

② 缩减产品组合　缩减产品组合是指从产品组合中剔出那些获利小甚至不获利的产品线或产品项目。是扩大产品组合的反向运动。这种情况下，缩减产品组合有助于降低成本，集中优势发展利润高的产品，反而会使总利润上升。

6.2.3.3　不同的产品组合提升房地产的价值

采用什么样的产品组合需要根据市场，根据各类产品的优势、价格和成本来确定。

以京郊的雁栖湖项目为例。该项目紧临雁栖湖公园，占地约达两百多亩，由于自然环境很好，所以开发商想设计成酒店式公寓、分时度假的低密度住宅以及联排别墅等几种类型的产品。设计人员通过对70多种不同的组合方案的详细对比研究，最终选择把酒店式公寓的占地面积控制在比较小的范围内，更多的土地用于修建独立式别墅，通过分时度假的方式销售。酒店式公寓虽然占地面积有限，但是都面向湖面，有比较好的景观，这样一松一紧的组合使项目的利润率达到了最高。

6.3　房地产产品的定位方案

6.3.1　房地产产品定位的概念和程序

房地产开发项目产品定位是指房地产企业依据市场细分及目标市场的选择，针对目标消费群体对产品属性、特征、功能的需求，综合应用上述各种产品策略，强有力地塑造产品个性形象，并把这种形象传递给消费者，从而吸引顾客，占领市场并获得收益的过程。简而言之，产品定位主要针对产品属性而言，是对公司的某一产品在目标市场地位和竞争优势的研究与决策过程。

房地产定位是一种策划的过程，通过这种策划确定土地的用途和产品规划的方向。以往的开发商往往凭直觉或主观判断来进行产品定位，这种方式风险较大，也无法真正体会到科学产品定位带来的益处。房地产产品定位的程序一般包括确定房地产产品定位的目标、房地产产品定位的限制条件分析、确定房地产产品定位方案、房地产产品定位方案的评估。

6.3.2　确定房地产产品定位的目标

(1) 产品定位的目标是要满足目标客户群的需求

产品必须通过目标客户群市场的肯定来体现其价值，优秀的产品定位者是运用各种方法了解市场、洞悉市场、挖掘市场甚至是创造市场来寻找和确定目标客户群，而不是忽略或凭感觉想象，这样才能最终满足目标客户群的需求，降低销售风险，避免供过于求等带来的损失。

(2) 产品定位目标与企业的经营目标相一致

产品定位的目标要与企业经营目标相一致，在其指导和框架下制定，不能偏离这一目标。房地产开发企业市场营销的总目标是开发满足目标市场顾客需要的产品，并通过该产品的开发经营实现其利润目标，针对特定的项目或时期，这一总目标可能会随着企业目标的变化而有所侧重，从而对产品定位产生影响。

① 企业的经营目标是获取尽可能高的利润，增加投资回报，与之相应，企业会将产品定位于投资回报高的项目，创造个别产品的高利润。

② 企业的经营目标是降低开发经营风险，提高风险的抵御能力，与之相应，企业会将产品定位于投资回报稳定的项目，如普通住宅。

③ 企业的经营目标是平衡企业财务、资金和成本开支，避免开发销售与企业财务状况的冲突，与之相应，企业会将产品定位于成本较低的项目，删减一些非必要的配套设施。

④ 企业的经营目标是通过项目创造企业形象，打造企业品牌，与之相应，企业会将产品定位于高品质、高投入的项目。

⑤ 企业的经营目标是希望占领市场，提高市场占有率，与之相应，企业会将产品定位于多类型、多规格、高数量。

(3) 以土地特征及环境条件为基础，创造出产品的附加值

房地产产品定位不应仅仅局限于房屋的有形产品，而应体现土地、位置、环境等综合的价值，创造出高于产品自身的附加价值。

(4) 以同时满足规划、市场、财务三者的可行性为原则，设计供需有效的产品

房地产产品除了满足客户（市场）、房地产企业（财务）的需要以外，还要满足城市规划的要求，每一个房地产产品都是城市的重要组成部分，并且一经完成，将长期存在，好的房地产产品可以起到美化城市，标志城市的作用，而不适当的房地产产品将会污染环境，最终也将被淘汰。这三个目标总体上虽然是一致的，在局部也存在着冲突，特别是规划与财务，但企业应该协调好三者的关系，不能因小利而不顾全局，这样才能设计出供需有效的产品，这里的需求不仅包括客户需求，也包括的城市需求。

下面以办公楼和住宅为例分析房地产产品定位的目标。

一块基地是否能规划成为办公大楼，肯定有其基本条件，如果这些基本条件不存在，则规划为住宅楼也许反而较有利。一般来说，选择办公大楼或住宅大楼要注意下列事项。

① 办公大楼的坐落地点以商业区为主。基地所在地段属商业区，且金融服务业聚集性明显，面临道路宽阔（如路宽在30m以上），加上附近也有办公大楼分布的话，则其产品以办公大楼为宜。

② 办公大楼的销售时机，以经济景气高峰期为主要时点。在经济景气时期，因为办公大楼的价位高于住宅大楼很多，并且办公楼的需求增加，而其成本增加却有限，所以规划为办公大楼的利润较高，然而在景气下滑时期，由于前景看淡，办公楼的需求随即下滑，在这种情况下，不宜考虑办公大楼，宜考虑需求较稳定的住宅大楼。

③ 办公大楼的基地面积要大、地形要方整。基地形状方整且面积足够大者，若路段特性较合适办公大楼，则以规划成办公大楼为宜；否则应以住宅为宜，因为住宅对于面积、地

形的要求不太强。

④ 适合长期经营的产品，主要是以办公大楼为主。由于不动产具有保值性与增值性，所以只租不售便成为很多投资兴建者目前的经营方向，而适宜长期保有的不动产，则以办公大楼较具远景与潜力。所以在这种考虑下，就应该考虑规划办公大楼而非住宅大楼。但如果着眼于短期获利及实现可能性，则宜规划为住宅大楼。

⑤ 资金充裕情况下，才宜兴建办公大楼。在资金流量的特性上，办公大楼兴建成本高，且不易销售，因此资金积压的机会就远高于住宅大楼，所以在自有资金不足，且支付贷款利益的能力欠佳的情况下，就应该规划住宅大楼，而不宜考虑办公大楼。

⑥ 办公大楼地点要选择商业活动频繁的地区。如果是新兴商业区，且不断有公司设立、迁进营业，则可以考虑办公大楼的规划，以求掌握先机。如果商业活动不频繁，或公司相继歇业，则宜考虑住宅大楼。

办公大楼的售价、利润往往大于住宅大楼，但是因为其需求较特定，所以风险也远高于住宅大楼，因此一块土地究竟适宜规划办公大楼或住宅大楼，应多方面考虑，不宜单凭市场流行产品。

6.3.3　房地产产品定位的限制条件分析

（1）土地

主要考虑如下。

① 土地的自然条件，如地块的面积、形状等。通常面积越大、形状越方正完整，产品定位的发展空间越大。

② 土地的使用条件，如土地的规划要求、地理位置和其他限制条件。

③ 土地周围的使用现状和发展趋势。

④ 土地开发的条件，如是自主开发还是合建，自主开发使产品定位有了更大的空间。

（2）城市规划

主要考虑相关城市规划的限制，例如容积率、覆盖率、建筑物高度、用途及环境等。城市中心地块的规划一般比较详细，要确定用地范围、容积率、建筑物高度甚至是建筑物的外观、外墙颜色和装饰材料等，使得房地产产品的定位受到较大限制。

（3）顾客需求

主要考虑客户需求的地理位置、价格区间和产品种类，例如别墅一般考虑建在离城市较远的地方，定位于开敞的空间，优美和恬静的田园环境，满足高收入、自己配备汽车的家庭。

（4）资金供应

主要考虑是自有资金还是借贷资金，采用何种融资方式，即采用独资、招商、集资还是贷款等手段，不同资金来源造成房地产产品成本的不同，从而造成产品定位空间的不同。

（5）销售和经营模式

主要考虑销售方式和销售的周期，即是自销还是代理，是出售还是出租，会造成产品定位空间的不同。

（6）市场条件

主要考虑房地产市场的发展阶段、发展水平和发展趋势，例如，市场是处于一个供方市场还是需方市场，市场是一个良性市场还是一个不正常地市场，都会造成产品定位空间的不同。

6.3.4 确定房地产产品定位方案

6.3.4.1 房地产产品定位方案的主要方面

① 土地用途和开发周期。

② 房地产产品的规划设计、开发形态与开发方式。主要包括：建筑造型、主体结构与材料、建筑设备、平面布置、户型设计、配套设施、基础设施、开发建设周期、推出市场的时机、开发建设顺序、工程发包方式、招标方案、开发建设顺序、施工工艺等。

③ 房地产产品的服务，包括物业管理等。房地产产品的规划设计主要是体现在建筑设计上。建筑方案决定了房地产项目的使用功能、使用方式、表现形式甚至影响了使用者的生活行为，因此，建筑设计方案对房地产产品起着决定性作用。作为房地产产品的生产者应该在建筑设计前，在市场调研和预测的基础上，在对目标市场进行细分的基础上，提出房地产产品构思、概念、形象和基本构成要素，这个过程就是建筑策划。

6.3.4.2 建筑策划

(1) 建筑策划的含义

建筑策划就是根据总体目标，从建筑学的角度出发，依据相关经验和规范，以实际调查为基础，经过客观分析，最终实现产品目标的整个过程和基本方法。建筑策划为实现项目的经济目标、社会目标和环境目标提供了保证。建筑策划包括确定项目的性质、品质、级别、建筑物的功能和空间组合的方式。房地产建筑策划不同于建筑设计，策划者不需要具备建筑设计师那样的很强专业的知识，但策划者应该更加熟悉市场、经济、环境、社会等综合因素，应该是一个既有建筑专业知识又有各方面综合知识的咨询专家。

(2) 建筑策划方案的目标确立

① 目标分析

a. 房地产产品的功能主要包括居住、商业、娱乐、办公等，目的是给人们提供生活、休息、交往的空间场所；

b. 将信息技术引入房地产产品，形成智能化小区和楼宇；

c. 将绿色概念引入房地产产品，形成生态社区；

d. 创立特色商业模式，形成多功能综合物业；

e. 针对特定的客户群精心设计空间环境。创造积极空间和新的生活方式，如提供多户型选择和多种公共空间进行交流；合理布局以获得良好的声环境，最大限度地降低噪声污染；形成连续的步行环境，人车分流；设置运动设施，满足居民锻炼的需求；为残疾人提供无障碍设计。

② 目标的取舍　产品定位的目标往往不止一个，目标越多对产品设计人员而言可发挥的空间也就越大，但也会影响产品定位的准确性，在实际定位中需要进行目标的取舍，保证重要目标的实现，剔除不重要的目标。目标的高低也会影响到产品的定位，例如将绿化率的目标从30%提高到40%，则产品的定位就会受到影响。

6.3.4.3 建筑策划方案的框架

① 土地利用　利用人造园林手法进行园林设计，为居民提供一个休闲游憩空间，以绿化广场和水面为中心。

② 环境结构　以绿地小径为骨架，以中心广场和中心绿地为传媒，形成连续的开发空间体系。再配以东西两侧连续的绿化散步道，形成层次分明的绿化体系。规划布局公共空间、半公共空间和私密空间。各游憩活动区域有明显的空间界限，有利于小区安全防卫功

能，又不失小区的整体感。自成体系的绿化系统提供了一个与车行系统完全分离的步行网络，区内以步行为主，达到人车分离的目的，公共服务设施集体设置。

③ 功能设置　一层入户大堂设置接待中心和商务中心，实现人的居家办公功能；六层和七层设置大型生态运动会所，满足休闲娱乐功能；两塔楼之间的 7 个主体休闲连廊空间，满足聚会交流功能；裙楼商场，满足购物功能；顶层设置星空会所、观星台、舞池、宴会厅，满足聚会和观光功能。

④ 道路系统　小区入口，行车方式，步行系统。

⑤ 绿化系统　多个绿心，多条绿带，组团绿地，宅旁绿地，道路绿地。

⑥ 建筑设计　小区建筑布局遵循"朝向优行，兼配景观"的原则；小区按照"通而不畅，顺而不穿"的原则，分三级布置，功能合理、主次有序；全区要结合"分片多中心"的规划结构，形成高低起伏，疏密有致，开敞向心的空间布局形态；建筑布置采用条式拼接、条式转角、点式点缀等多种处理。

6.3.5　住宅小区的建筑策划

6.3.5.1　反映小区的特色

住宅小区是为客户提供居住和生活的空间场所。住宅小区虽然不像商业物业那样各具特色，可以成为城市的标志，大多数住宅小区从外观上看似乎十分相似，但住宅小区仍然需要具有自己的特色。住宅小区可以应根据其所在地段、城市大环境确定其主题定位，不宜千篇一律，更不宜大量照搬欧化、洋化或是复古风格。市中心区、郊区、山区、河畔、风景区等住宅区规划应因地制宜，与大环境结合，善于发挥地形、地段优势。城市远郊、近郊的小区，特别是主要为居民假日居住的小区（即所谓5+2模式：5天工作日在城内住，2天假日在郊区度假），应提供更多的游乐、休闲设施和优美景观，让居民在假日住得舒适，玩得开心。不仅住宅区要有特色，而且住宅区内组团（群落、院落）也应该有特色，尤其是大型住宅区，即使是主题不突出的住宅区，也可以在园林设计、建筑造型、社区服务等方面表现出不同的特色。

6.3.5.2　空间布局合理

空间设计应本着"以人为本"的原则，建筑与环境并重，建筑与环境融合、协调。住宅区以居住为主体，但各种配套功能区要合理布置。住区中住宅的投影面积占用地面积的比例（建筑密度）一般应控制在30%以下；绿化用地一般应超过35%，提高绿化覆盖率是住宅小区高品质的表现之一。绿地分布应按集中与分散相结合，使整个小区置身于绿色环境之中。科学布置中心花园、分区中心花园。中心花园应大小有度，除特大型住区外，住区内一般不宜建大型公共花园，而应着重搞好分区中小花园或主题公园及组团绿化。公共服务设施尤其是体育锻炼、老人休闲、儿童游戏活动场地，既要适当靠近居住区域，方便居民使用，也要防止对部分住户的干扰。

合理的组团围合形式，如院落式、群落式可以丰富建筑空间环境，优化组团布局，方便居民交往和休憩、锻炼。空间立体联系结构，如在相邻的住宅楼（尤其是高层）之间设计联系走廊，在楼顶设计空中花园等，可以提供新的交往空间，增加同一幢楼和不同幢楼居民之间的交往。有的住宅区还设计了三面连体住宅楼，在围合空间的第二层设露天绿化、活动平台（首层架空），也颇受居民欢迎。在山坡地段，可以依山就势建房，适度将住宅进行排列式布置，增加建筑群体的层次感，其间点缀绿地、树木和小径，创造住宅区空间错落有致的视觉感受。

6.3.5.3 交通道路合理分流

住宅小区道路系统应分级明显、架构清楚，既要与城市公共系统衔接，又要避免城市公交道路穿越住区而过。如果城市规划确定公交道路必须穿过住区时，在可能条件下可设计地下道路，以防止对住宅区的严重干扰。

小型住宅小区应避免机动车道进入居住区域。有的可以建设成为"无车小区"，即机动车道和停车场都设在地下，机动车从小区门口进入地下，居民在地下停车场可直接乘电梯到居室，车辆对居住区域全无干扰，效果良好，居民满意。

住宅小区的停车位要数量合适、设置合理，应根据不同类型小区和不同居住人群，按适当超前原则确定。停车位的布置不能影响环境的美观，要尽可能减少空气污染、噪声干扰、节约用地。住宅小区停车场以设在地下、半地下较为适宜，有以下几种形式：

① 半地下停车场与绿化组合；
② 全地下车库；
③ 架空平台下停车库；
④ 在绿化带搭棚架停车，即停车地面仍有绿地（用砌块铺地，地砖边缝种草），棚顶有绿树遮阴，不靠近楼旁的理想停车位置。

6.3.5.4 建筑风格

建筑是内容和形式的统一体，它要达到使用和美观两个目的。人们一般总是将风格与形式联系在一起。对开发商来说，良好的建筑风格对楼盘促销是有积极意义的；对消费者来说，他们青睐于某种使他们获得精神上的愉悦的建筑风格或者与他们为人处世风格、心理特征类似的建筑风格，倾向于购买具有这一类建筑风格的房地产产品。

住宅建筑，不论是多层住宅，还是高层住宅，其风格主要通过立面、重点和细部处理、材质、色彩、空间及其组合和外部环境等因素表现出来。窗户形式越来越多样化，由单层窗发展为多层窗，提高了窗户的保温及隔音效果；由平面向立体化方向发展，出现了飘窗、阳台连门窗、落地窗、转角窗、弧形窗等多种形式的窗户。窗户的色彩也多姿多彩，极大地丰富了住宅建筑的外观造型。屋顶形式多样，从坡屋顶，开气窗，或是设悬挑、柱廊、灯架，到做屋顶花园等。立面形式丰富，凸凹有致。例如，增加建筑物的立体感；局部镂空，创出楼中有楼、楼中有景、楼体通透的感觉；每隔若干层设一空中花园平台，进行楼宇的空中立体绿化；设观景台、观光桥廊等。建筑立面色彩丰富，局部施色，突出重点部位，色彩可以弥补建筑材料原始质感和自然肌理在调动人的感官方面的不足，同时它又可以通过抽象手法，直接表达出一种风格来。颜色的选择有讲究的，应考虑住宅所处城市的气候、历史文化背景、项目周边的色彩环境等。另外，环境规划和景观设计的重要性也日益凸现，景观房、水景住宅都成了楼盘大肆宣传的卖点。有景借景，无景造景，景观成了加深住宅内涵，提升楼盘综合素质的重要手段。

综合来说，当前面市的楼盘风格类型主要有以下几种：欧陆风格，特点是红色墙裙、白色外墙、红色坡屋顶、白色线条、通花栏杆、外飘窗台、绿色玻璃窗；岭南风格，特点是多坡檐、屋顶、立柱，且错落有致，色调清丽；地中海式风格，主要体现在两个部位：一是屋顶，如设立挑板、棚架等，二是配套设施之景观设计，使之具有"地中海式气息"；澳洲风格，色彩清新、立面处理简洁流畅，具热带滨海风情；东南亚风格，具有较浓的热带海洋和岛屿文化气息，它并没有一个统一的模式，以新加坡、马来西亚、印尼等为代表，并融会贯通；现代主义风格，没有固定格式，设计起来不受拘束和限制，容易获得消费者的认同；中国古典园林风格，特点是小桥流水、挑檐、阶梯等；其他风格，如法国风格、美国风格等；

各种风格并用,多采用古典与现代相结合的手法。

楼盘风格虽多,但存在的问题也很多,主要表现在抄袭、跟风现象较严重,较少考虑到本地的自然特征和文化特征,特别是缺乏创新精神,缺乏探索和尝试各种新的建筑风格的精神,难以突破各种限制。例如一个楼盘欧陆风格好,那么很多楼盘争相采用,这种现象说明房地产开发商没有房地产产品定位的整体思路。同时房地产开发商对风格内容的理解太过简单、很不完整,因此难免断章取义、照搬照抄。

6.3.5.5 住宅小区景观设计

住宅小区中的住宅是主体,景观是住宅的环境。现代的住宅小区越来越重视景观的设计来提升住宅小区的品质和档次,优美的景观设计能够为居民创造良好的氛围,使他们更好地享受生活。

不少优秀小区景观都在山、水、园林上做文章,创出各具特色的景观环境。广州二沙岛以绿、静、美为主题,点、线、面相结合,突出江景,展现亚热带气候特点和地方风情。房前屋后布置园艺,多层次主体绿化,造成无处不绿的居住空间。建筑错位布置,前低后高,增加观赏江景户数。丽江花园追求现代化人居与优美自然环境的和谐统一,营造以大型人工湖为中心的中轴景区和多个组团花园,形成优美的园林式住区。祈福新村以"环境新村"、"诗意人居"的目标营造居住空间和绿化景观。依山(自然山)傍湖(人造湖)布置住宅群和多个不同风格、不同特色的主题公园、花园和农庄使住户拥有十分丰富的休闲、观赏、娱乐游玩空间和直接参与种养的场所(农庄)。奥林匹克花园环绕健康的主题,设置泳池、运动场所、健康中心、家门口运动器械,以及健康步径、养生步径、儿童欢乐步径、青年动感步径。翠湖山庄把中庭花园瀑布、楼间涌泉、架空首层绿化、屋旁绿地与园林景观连成一体,建成覆盖整个小区七八成面积(车道入地下)的"万象翠园"。深圳华侨城以尊重自然、保护生态为指导思想,把原有山坡和绿化资源建成多姿多彩的山景,把山塘、小溪整理成优美的水景,住宅建在青山碧水、林木葱葱、处处有景的环境里,显现回归自然、保护生态的特色。广州颐和山庄借用颐和园的意境,借助天然山水,建造山顶公园(占地8万平方米)、观景颐天阁、昆明湖、故事画廊、万寿宫会所、湖滨亭台楼阁。再以小溪流水、假山瀑布、喷泉山石等点缀,建成一个具有天然特色的生态型、环境型住区。

住宅小区的景观设计应有层次,丰富多彩。一是空间层次。从小的楼顶绿化、楼旁绿化、路边绿化,到组团绿化、小花园,到中心花园、各类主题花园都应做到层次分明,各有特色。除了特大型住区外,一般应少建大花园,多建中小花园、组团花园,使居民就近享用绿化带来的好处。二是植物品种层次。草地、花卉、灌木、乔木、喜阳植物、喜阴植物,不同季节的植物,都应合理布局。切忌过多地、过大地营建大型草坪、大种棕榈种植物。草坪的生态效益和造氧功能都比树木低很多,而它的养护费却比树木高3~5倍。而且它的耗水量大,遮阴功能差,尤其在亚热带地区更不宜把大草坪作为主要绿化途径。应选择适合本地生长的植物种类,多种园林当家树、乡土树。适当选用一些外来的、能在本地生长良好的树种来调剂也是可行的。

城市人住在各自的住宅单元中,楼上楼下互不相识。因此,在住宅小区中,应注重营造有助于人际交往和居民间的交流沟通的景观环境。在住宅围合组团、庭院中营造优美的绿色环境空间,把它建成既有观赏景观又有交往设施(亭台、桌椅、器具等)的空间场所,吸引大量居民,尤其是老人、儿童到此休息、游玩,进而互相交往谈心,对克服"城市病",尤其是减少老人的孤独感是可以起到重要作用的。住宅楼首层架空也是增大人际交往和绿化空间的好办法。可在架空层设置居民休息、健身设施;老人、儿童活动的设施,宜种植喜阴的矮科植物和花卉。

　　景观设计的总原则是：有景用景，景观改造，无景造景。首先，景观设计中尽量利用已有的山岭、荒林、湖水、山塘，并加以改造，使天然与人工结合。例如对水面较宽的山塘通过种植、造岛（必要时）、架桥、清污、净化水体等办法来把它改造成景色宜人的优美平湖，使住宅小区具有难得的水景。相似的办法也可以把原有的荒山、乱林改造成层次丰富优美的山景、林景。山坡地段可因地制宜地建设房屋，让楼外人看到层层琼楼，为住宅小区增色；楼内居民由于楼房的高低差可更多地观赏景观，比平地建楼更胜一筹。人造景观在某些住宅区也是必不可少的，湖面、泳池、小河、山溪、瀑布、涌泉、假山、亭台、拱桥、连廊……都可人造，但要求造得精致，不落俗。有个住区本无河无湖，但投入1000多万元资金开挖宽达30多万平方米的人工湖，并对湖滨、湖中小岛等进行绿化、美化。设置游乐、体育设施后，住宅区环境大为改观，湖滨住宅成了畅销楼房。

　　立体绿化通常有阳台的花卉、盆景，墙面的攀悬植物，天台的花卉、藤类瓜果。还可以在高楼之间连接桥和平台，以及高楼中间的架空层营造空中花园。在房屋的一切可以利用的地方都绿化起来，其绿色效果必然更为显著。立体绿化的另一方面是植物的种植立体化，把乔木、灌木、花卉的种植形成有层次的立体景观。一些住区地处城郊大道旁，更应在住区边缘种植一层或几层乔木、灌木，阻隔噪声和尘土，有效增大住区绿化面积，也是改善环境、美化住区的重要措施之一。

6.3.5.6　户型设计

　　目前的户型需求日趋多样化，市场并无绝对的主导户型。而且户型需求是随时间、区域而异。

　　（1）确定户型大小和配置

　　户型首先要确定的是户型的大小，即房地产产品是大户型还是小户型。首先，开发商可以通过市场调研确定目标客户群对户型大小的需求，例如，中关村科技园区从事IT行业的收入较高的年轻人，来自全国各地，购买客户群年轻化，购房者年龄大都在25～45岁之间，年轻化使需求呈现复杂的个性化。购房者是理性谨慎的，他们结婚前会选择的小面积户型，而结婚后选择较大面积的户型，便于身在外地的父母前来探望。对于前者，开发商可以开发一些小户型酒店式公寓，而对于后者，开发商可以考虑一些大户型，双主卧的格局，甚至可以考虑适当放大居室扩充功能，使之成为SOHO（Small Office Home Office）。第二、采用弹性设计方案。户型内部中的弹性设计，留出一两室变成三室四室的可能。销售时甚至可以是无隔墙的大空间，可以提高使用率，到交楼时提供三种选择，根据客户的需求决定如何分隔。例如某公寓将三室二厅改成两个一室一厅的方案，使客户有很大的挑选余地，极大地扩大市场定位的范围，使大户型与小户型的矛盾不那么尖锐。第三、结合目标消费者定位确定项目是以立体户型为主还是以平面户型为主，是以三房二厅、二卫以上大户型为主还是以二房二厅一卫以下小户型为主、一房、二房、三房、四房、五房、复（跃层）式等分别应占多少比例等问题。

　　（2）户型分布

　　面积大、总价高的户型却被放在临近路边噪声相当大的地方、或景观较差的地方、或朝北的方向、或有西晒、或是底层……都是错误的。位置最好的地方设置总价最高的户型、位置最差的地方设置总价最低的户型，是决定各类户型在项目中位置分布的基本原则，背离这一点，收获的就可能是积压或低价低利润。

　　（3）功能分区

住宅的总的使用功能就是提供人们居住和生活的场所，但根据其为人们生活提供的不同用途，可以分为不同的功能分区。

① 公共活动区　供起居、交往使用，如客厅、餐厅、家庭厅、门厅等。
② 私人空间　供处理私人事务、睡眠休息用，如卧室、书房、保姆房等。
③ 辅助区　供生活辅助功能，如厨房、卫生间、储藏间、阳台等。

这些分区各有明确的职能，有动、静的区别，有小环境的要求。在户型设计中要注意以下几点。

① 动静分开　客厅、餐厅、厨房、音乐房、麻将室需要人来人往，活动频繁，如此一个家才有生气、有活力，而主要为休息睡觉之用的卧室显然需要最大程度的静谧，因此应将它们严格分开，确保休息的人能安心休息，要走动娱乐的人可以放心活动。

② 公私分开　家庭生活的私密性必须得到充分的尊重与保护，不能让访客在进门后将业主家庭生活的方方面面一览无余。这就要求不仅需要将卧室（主卧、父母房、儿童房）与客厅、餐厅、音乐房、麻将室（娱乐室）进行区位分离，而且应注意各房间门的方向。

③ 主次分开　买房通常是人们事业奋斗有成，生活质量迈上台阶的体现。为了彰显业主的成功，也为了家庭成员之间的起居互不干扰，主人房不仅应朝向好（向南或向景观）、宽敞、大气，而且应单独设立卫生间，应与父母房略有距离分隔。如设有工人（保姆）房，则又应与主要家庭成员的房间有所分离。

④ 干湿、洁污分开　即厨房、卫生间等带水、带脏的房间应与精心装修怕水怕脏的卧室分开。

（4）户型布局

在具体的户型布局上，客户评价的重要度从高到低次序排列为起居厅、主卧、餐厅、次卧。先前的住宅一般卧室较大、客厅较小，卧室兼顾了一部分书房和客厅的功能，而客厅常常只是饭厅的作用；随着住宅面积的扩大，人们对住宅内部功能区划分的要求增加，出现了各种功能区划分明确的大客厅、小厨房、小卫生间、小卧室的布局；随着住宅面积的进一步增加和人们对舒适、休闲生活的追求，厅的面积略有下降，主卧室面积增加，出现第二卧室，充分重视个人的隐私权，厨房、卫生间面积增加，单独设立餐厅、门廊和玄关。

（5）户型构成

如果住宅小区规模不大，所面对的购买客户群较小，特征明显、单一，那么户型构成较简单；如果住宅小区规模较大，购买客户群较大，需求层次多或难以确定，那么户型构成需要考虑的因素较多，主力户型数量可适当增加。

户型的构成比例受到目标客户群、需求层次、平面布局、规划设计等因素影响。市场需求虽然是其决定性的因素，但不是唯一的影响因素，有时候户型的构成比例还受到规划设计、容积率等因素限制。确定户型比例应遵循以下原则。

① 具体的户型构成比例，应根据细分的目标客户群来确定。每个楼盘必然有其预期的目标客户群，针对目标客户群的不同需求特点，细分出各个特征群体，然后再根据各个群体的购买力、购买目的、购买心理等因素进行研究分析及调查摸底，确定对应的具体户型比例。

② 户型不宜过杂过多。一般认为户型越多就越能兼容并满足各种需求，而实际上户型安排过多，会分散开发商的精力，使得其无法对于每一细分的客户群进行详细调查和分析，反而影响销售。另一个方面，户型过多过杂会造成购买者的分布面过大，难以体现楼宇的档次和形象定位，也给物业管理造成相当大的难度。

③ 运用产品的组合策略，确定户型的构成比例。

④ 户型的构成比例确定以后，并非固定不变，如果在早期设计上考虑日后结构的灵活间隔的话，可以依据市场变化作出变动。例如"南海中心"针对大户型需求不旺、楼盘自身销售期过长的情况，把一些高楼层的四房二厅间隔为两套二房一厅出售。

(6) 举例进行户型的评鉴

① 三房二厅二卫（建筑面积：115m²），如图 6.3 所示。

这是一个充满创意的三房设计，室内的间隔独特而大胆，然而无论是实用性还是舒适感都很强。入户门居中，使双厅自然分开。双向操作厨房配弧形角窗是一个大亮点，自然、通风、采光俱佳。南、北双阳台的通透设计也保证了略显狭长的大厅光线充足。弧形外飘窗是主卧的出彩之处，而独立的储物间设计也符合现代消费的习惯。不足之处是两个卫生间的通风问题，由于位置在整个套房的中间，如果没有专门的通风管道和设施，不利于卫生间的健康的环境。此外，主卧室正对客厅，主人的私密性将会受到影响；户门远离厨房，需要穿过整个餐厅，也带来不便。

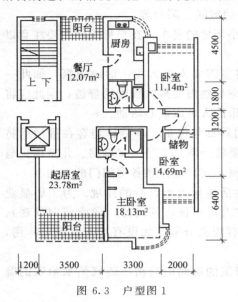

图 6.3 户型图 1

② 四房二厅三卫二厨＋工人房（建筑面积：184.37m²），如图 6.4 所示。

这是一个比较理想的四房户型。平面结构方正实用，入户设计有玄关，客厅、餐厅南北通透，可有效组织穿堂风。主卧房配有独立卫生间和衣帽间，并南向开窗（两个），采光通风条件良好，可以说是一个亮点。客人房也配有独立的卫生间，使用方便。工人房、厨房和小阳台组成辅助功能区，与其他功能区分区明确。不足之处在于主卧室与客厅的开间比例有些失衡，而且入口处的客人房位置不太理想，有游离于家庭之外的感觉。主人房的衣帽间可

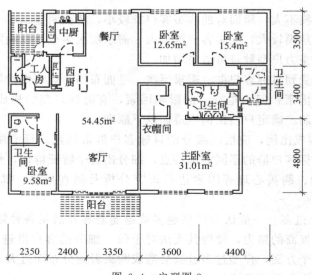

图 6.4 户型图 2

不设门，反而显得大气。

6.3.5.7 住宅小区会所的设计

随着人们生活水平的提高，人们对住宅要求不再是简单的居住空间和休息场所，而是更多着眼于创造一种温馨的家庭氛围和和谐的邻里关系。会所就是以所在物业业主为主要服务对象的综合性康体娱乐服务设施。会所是住宅小区配套内容的一部分，它把一些服务内容、设施相对集中到了一个固定的场所，从而为住户提供休闲娱乐。从20世纪80年代发展至今，随着房地产的蓬勃发展和人们对居住条件的不断提高，会所的内容和形式都发生了很大变化。早期的商品房只有一些简单地被称为"活动中心"的配套，而且由于管理水平的滞后和服务质量的低下，使得这些活动中心的应用效率很低，职能没有很好地发挥。而今小区一般都建有设施齐备、特色十足、服务内容丰富多彩的会所。由于大多会所只对社区业主开发和提供服务，不仅方便了业主的日常生活，也保证了业主活动的私密性，并为业主提供了良好的社交场所。会所的条件已经成为客户选择物业的重要考虑因素。

会所的功能一般包括：游泳池（最好是室内）、网球或羽毛球场、桌球馆、保龄球馆、健身房等娱乐健身场所；中西餐厅、酒吧、咖啡厅等餐饮与待客的社交场所；此外还应具有网吧、阅览室、儿童游乐场等其他服务设施，以为业主提供全面、细致的日常服务为主要宗旨。会所可以作为楼盘销售的一种卖点，会所设施质量的好坏、功能的齐全与否，在一定程度上也影响着楼盘的销售。从会所产生至今，无论从现实情况看，还是从发展商建会所的初衷与目的来看，其服务功能和促销功能都是显而易见的。

在一些住宅小区，会所一直面临着这样一个不能回避而又尴尬的处境：虽然会所在楼盘的销售过程中发挥了巨大的作用，但是在真正投入使用后其表现却不尽如人意。事实上，许多会所在楼盘真正入住以后出现了很大比例的空置。一方面是高额的维修、维护和运作费使得物业管理在会所的运作上入不敷出；另一方面，众多住户又没有运动、休闲娱乐的去处。因此，如何充分发挥会所的用处是当务之急。对于住宅小区而言，并不是所有的小区都适合建立高档会所，会所不能一味求大、求全，应当在真正解决大众需求的同时，更多地突出个性化服务。同时在经营收费上应当确保合理，由于会所是社区配套设施，服务对象是业主，因此社区会所一般只收略高于成本的费用。如果会所过大而不实用，则在服务与维护方面都面临压力。会所应该是朝着专业化、实用化、平民化、资源共享和会员制的方向发展。

6.3.5.8 住宅小区智能化的设计

住宅小区智能化系统是将建筑技术与现代计算机技术、信息与网络技术、自动控制技术相结合，将住宅小区的安全防卫、物业管理、多元信息服务与管理、家庭办公与智能化系统相集成，为住宅小区的服务与管理、居民生活提供高技术的智能化辅助管理手段，提高小区的物业管理和服务水平，以期实现快捷、高效的超值服务，为住户提供更加安全、方便、舒适的居家环境。

一般住宅小区智能系统应该具备安全防卫、物业服务与管理、信息网络，以及家庭智能化4个方面的基本功能要求。

（1）安全防卫

① 小区出入口管理与周界防卫；

② 电子巡更；

③ 闭路电视监控；

④ 对讲（可视）与门禁控制；

⑤ 住户报警与紧急求救；
⑥ 防盗报警；
⑦ 防灾报警（防火、防燃气泄漏、防溢水等）。
（2）物业服务与管理
① 物业管理综合信息服务（包括收费结算）；
② 远程抄收与管理（水、电、气、暖计量与收费）；
③ 车辆出入、停放管理；
④ 公用设备监控与管理（供水、供电、供暖、电梯、园林浇洒、垃圾储运、排污等）；
⑤ 区域与公共照明；
⑥ 电子公告与广告栏；
⑦ 背景音乐与广播。
（3）信息网络与布线
① 模拟计量数据传送；
② 开关控制量传递；
③ 程控数字交换（电话、传真通信）；
④ 视频（公共电视、有线电视、交互电视）；
⑤ 综合服务信息数据网（Internet、电子商务、远程医疗、远程教育、网上娱乐等）。
（4）家庭智能化
① 家庭办公；
② 室内人工环境调控（室内温度、湿度调节，室内外空气对流调节、室内空气净化等）；
③ 家电智能化控制。

6.3.5.9 生态住宅小区的设计

生态住宅设计，指的就是综合运用当代建筑学、人工环境学、生态学及其他科学技术的成果，把住宅建造成一个小的生态系统，为居住者提供舒适、健康、环保、高效、美观的居住环境的一种设计实践活动。这里所说的生态绝非一般意义的绿化，而是一种对环境无害的同时又有利于人们工作生活的标志。舒适、健康、高效和美观是生态住宅的核心思想。

① 舒适性　生态住宅的基础首先要满足的是人体的舒适性，例如适宜的温度、湿度。过去某些为了节能而降低热舒适标准的做法是不可取的，但舒适也并不意味着盲目享乐和浪费。

② 健康　首先，生态住宅应有益于人的身心健康，如有充足的日照以实现杀菌消毒，有良好的通风以获得高品质的新鲜空气，以及无辐射、无污染的室内装饰材料等。另一方面，生态住宅既要保证家庭生活所需要的安全性、私密性，又要满足邻里交往、人与自然交往等要求。其次，健康还有另外一层很重要的含义，是指住宅与大自然的和谐关系。住宅应尽可能减少对自然环境的负面影响，如减少有害气体、固体垃圾等污染物的排放，减少对生物圈的破坏。

③ 高效　高效是生态住宅的核心内容。所谓高效，是指尽可能最大限度地利用资源和能源，特别是不可再生的资源和能源。建筑业以及与建筑业相关的其他产业（如建材生产、运输等）消耗了大量的能源和资源。据统计，在西方国家，建筑及其相关产业的能耗占社会总能耗的40%～60%，包括建材生产和运输、建筑施工所消耗的能源，而其中所占份额最大的是建筑使用过程中所消耗的能源（建筑照明、采暖、空调等）。如此高能耗中的相当一

部分是由于人为的浪费造成的,如从主观上漠视气候及其他自然条件所产生的影响,过分地依赖人工照明、空调等高能耗的机械设备,低劣的建筑质量,粗放的施工工艺以及基于高能耗的奢侈的生活方式。而生态住宅正是要杜绝这种粗放、浪费的模式,以最低的能源、资源成本去获取最高的效益。

④ 美观　生态住宅是与大自然形成和谐的完美境界。生态住宅与大自然相和谐不仅体现在能量、物质方面,也同时体现在外观上,生态住宅与自然景观相融合,与社会文化相融合。

生态住宅的设计原则应本着生态化、以人为本、因地制宜、整体设计的原则进行设计。

(1) 生态化

生态住宅首先要遵循的是生态化原则,即节约能源、资源、无害化、无污染、可循环。例如要尽可能节约不可再生能源(煤、石油、天然气),并积极开发可再生的新能源,包括太阳能、风能、水能、生物能、地热等无污染型能源。建筑材料应尽可能利用可降解、可再生的资源,同时还要严格做到建材的无害化(无污染、无辐射)。在适当的范围内,特别是对于水资源匮乏的地区进行雨水收集、中水处理、水的循环利用和梯级利用。结合居住区的具体情况(规模密集、区位、周边热网状况)采取最有效的供暖、制冷方式。加强能源的梯级利用。

(2) 以人为本

树立"以人为本"的指导思想。人毕竟是我们这个社会的主体,追求高效节约不能以降低生活质量、牺牲人的健康和舒适性为代价。

(3) 因地制宜

生态住宅绝不能照搬盲从。例如,西方发达国家与我国的住宅模式不同,西方多是独立式小住宅,建筑密度小,分布范围广。而我国则以密集型多层或高层住宅小区为主。对于前者而言,充分利用太阳能进行发电、供热水、供暖都较为可行,而对于我国高层住宅小区来说,就是将住宅楼所有的外表面都装上太阳能集热板或光电板,也不足以提供该楼所需的能源。再比如,在我国,冬季城市集中供暖是效率最优的。但由于西方住宅多是分散式的,离城市较远,若采用城市集中供暖,接入费用就会很高,因此多采用分户式的独立采暖系统。而我们则不能照搬这种采暖方式。此外,气候的差异使得不同地区的生态设计大相径庭。住宅设计应充分结合当地的气候特点及其他地域条件,最大限度地利用自然采光、自然通风、被动式集热和制冷,从而减少因采光、通风、供暖、空调所导致的能耗和污染。例如,在日照充足的西北地区,太阳能的利用就显得非常高效、非常重要。而对于终日阴云密布或阴雨绵绵的地区则效果不明显。北方寒冷地区的住宅应该在建筑保温材料上多花钱、多投入,而南方炎热地区则更多的是要考虑遮阳板的方位和角度,即防止太阳辐射和眩光。

(4) 整体设计

住宅设计应强调"整体设计"思想,必须结合气候、文化、经济等诸多因素进行分析,综合运用各种设计手段,进行整体设计。例如,在寒冷地区,如果窗户的热工性能很差,即使使用再昂贵的墙体保温材料也不会达到节能的效果(热量通过窗户迅速散失)。而对于有些类型的建筑(如内部发热量大的商场或实验室),没有保温材料反而会更利于节能(利于降低空调能耗)。

6.3.6　产品定位方案评估

(1) 产品的整体定位方案评估

根据上述的房地产产品定位程序,可以制定出多个预选的房地产产品定位方案,各个预选方案皆各有其特色,各具优势,可以从规划设计、市场和财务三个层面评估各预选方案的优劣,根据权重,给予评分,最终选出最佳方案。采用这种方法进行方案评估是应注意权重的设置。

① 权重标准可由各投资兴建开发商按其公司目的、需要及各个层面的重视程度,而给予不同的权重。一般来讲,规划设计层面因为直接表现各预选方案的产品特色,也间接地影响其市场销售、财务报酬,所以权重最高,可占35%～55%;市场层面则显示各预选方案的市场接受程度,因其可通过价格调整影响其销售,所以权重可稍微降低,约在20%～30%之间;财务层面则表示各预选方案的成本收益情形,其权重可较规划层面稍低,约在25%～35%之间。

② 评估产品的权重以相对性来确定,具有一定的主观性,可以针对某个房地产产品,使用专家打分法或者Delphi法进行权重的确定。

③ 由于各个方案之间不是排他的,而是各具特色,因此,当最终选择出最佳方案时,还可以根据其他方案的优点,对于预选出的方案进行优化和调整,最后确定可实施的方案。

(2) 产品的规划设计评估

对产品规划设计进行评估时,主要从三个方面进行,一是土地利用情况;二是建筑规划设计;三是产品的服务。

① 土地利用情况 在土地利用中,容积率是很重要的因素。一般情况下,提高容积率可以增加销售总量,从而增加销售收入,但超过一定限度时,继续提高容积率虽然销售总量会增加,但项目成本也相应增加,而产品质量呈下降趋势,最终会导致利润率的下降。

② 建筑规划设计 主要根据居住的水平和标准,评估房地产产品的建筑规划设计方案的适用性。诸如空间布置是否合理、有利于通风和人们的交往;交通是否畅通、保证安全;建筑风格是否体现产品特色;景观设计是否创造了优美的环境、突出主题;户型设计是否合理,户型大小、配置、分布、功能分区是否都考虑周全;是否配备了会所或健身娱乐场所,规模和设施如何等。

品质是规划、制造出来的,而非检验出来的,因此,规划设计方案决定了房地产产品的品质,也决定了未来居住在其中的人们的生活品质和生活水准。

③ 产品的服务 产品的服务主要是指为了促进产品的销售,房地产开发商所进行的针对产品的各项售前和售后的工作。与产品规划设计方案密切相关的就是售后的物业管理。与产品的规划设计一样,物业管理的水平是居民居住品质和水准的重要保证。可以通过建筑规划设计方案是否有利于产品使用中的物业管理来对方案进行评估。如小区的出入口过多,会增加保安的人员数量,加大管理的费用和难度。又如,办公、住宅和商业混合的楼盘,由于用途不同,三个目标客户群的特点、需求不同,管理维护费的方法和费用也不同,如果规划设计不合理,就会造成各部分的冲突,造成物业管理的困难。再如,面积小、形状不规则的住宅,会造成户数多、管线复杂、平立面死角多,容易造成卫生、设备维护上的盲点,管理费用也较高。

(3) 产品的财务评估

在进行预选方案评估时,第二个层面应考虑的因素为财务可行性,财务因素在预选方案评估时是较具体且可以量化的评估指标。财务评估的因素主要有4个,分别为项目净现值、投资回收期、资金投入量和投资收益率,这4个因素的重要性,要视公司情况、产品形态、经济环境、金融政策等外界环境的特性而作不同调整。

如果公司实力雄厚,对资金的投入量没有限制,主要考虑的是投资收益率,则投资收益率就会成为重要评估因素;如果公司大量举债投资,希望资金尽快回收,则投资回收期限的长短,就成为各预选方案评估时一个很重要的指标。

对于较大规模的项目,则由于投入资金较大,所以投资收益率在方案评估时就应赋予较高的权重;而对于较小规模的项目,由于投资期限较短,周转快,所以投资报酬率的重要性可以排在净现值后面,因为稍低的投资收益率,可以通过快速周转,而使得长期的投资收益率维持在一定水准以上。

市场景气时,要注意投资收益率,低迷时则要注意自有资金投入量。经济景气时,由于价格敏感度较低,所以可适度调高售价以增加销售金额,提高投资收益率,而且此时资金供应充足,对投资回收也要求不高。而在经济不景气时期,因为强调脱手获利以及资金灵活调度,所以投资回收期限长短及自有资金投入量多少就变得较为重要。

国家金融政策也会影响财务方案的评估,在金融政策紧缩的时候,开发商由于外来资金有限,只得依赖自有资金及销售所得款项,因此能降低成本的方案应受到关注。投资回收期和自有资金投入量是评估预选方案时的主要因素。而在金融政策宽松的时候,由于资金来源充分,所以投资报酬率及净现值成为较为重要的评估因素。

(4) 产品的市场可行性分析

任何利润都以能否实现为最重要的前提,而利润实现的可能性在于所选定的方案是否具有充分的市场可行性,因此在进行方案评估时,市场可行性就成为一项不容忽视的因素。对其特性、适用场合及重要性,都应多加注意,以便其能发挥筛选过滤的效果。如前所述,房地产产品的定位是在对宏观和微观市场分析的基础上,通过市场调研和市场预测,寻找目标客户群,然后根据项目的自身特点和情况,确认细分后的目标客户群,然后根据这一群体的特点和需求来进行产品的定位。因此,进行产品定位方案的市场可行性分析,首先,需要分析本项目对于市场的判断是否真实、可靠。主要看各种依据是否真实存在;数据来源是否真实可信;调研和预测的方法是否选取适当等。其次,需要分析细分的目标客户群是否恰当。目标客户群是否存在;划分的依据是否正确;划分的方法是否科学;是否有数量的保证。第三、房地产产品方案对细分后的目标客户群需求的满足程度。可以分为完全满足、大部分满足、小部分满足和不满足。

案例 1　下面以南京奥体新城为例来看产品定位

(1) 项目背景

奥体新城位于南京河西新城中心地区,南京未来的中央商务区(CBD),南面紧邻南京奥体中心("第十届全国运动会"的奥林匹克主场馆),东侧为新城区主干道江东南路,西侧是滨江风光带,北侧是月安花园。另有紫鑫中华广场、金陵中学河西分校等即将建成,周边的文化教育、商业办公、金融服务、休闲娱乐等设施配套齐全,地理位置优越,具有明显的综合区位优势,是南京第一个真正意义上的城市中央居住区。奥体新城与其他新城区的标志性建筑一起,形成南京新城区一道靓丽的风景线。

奥体新城规划范围南起纬八路,北至石家庄路,东依河西新城主干道江东南路,西临上新河路,中部有规划的塞上路,经四西路、振兴路、华山路、嵩山路穿过,总用地面积 1500 亩(1 亩 = 666.67m^2)。规划建筑总量将达 115 万平方米。小区总体规划追求低容积率、高绿化率;建筑形态上追求前瞻性和时代感,建筑朝向均满足居住建筑在日照、通风上的生态要求,并在建筑外观上体现出了轻松明快、简洁精致的建筑特色。在景观设计上注重空间的人性化,体现奥运精神,以绿色为主,满足人们回归自然的要求,在设计上引入了大型水景,使静态的空间富有动感。小区在建筑、结构和智能化设计方面采用了一系列新设计、新材料、新技术和新工艺,从建筑本质上提高了住宅的品位。南京奥体新城的总体规划见图 6.5。

(2) 项目品牌

图 6.5 南京奥体新城总体规划

树立"奥体新城"的品牌形象,使之成为南京奥体板块的领袖项目,也成为新城区的标志项目。品牌蕴含南京新都市的运动、健康、时尚的生活方式和生活品质,打造南京城市新的居住标准。品牌的支撑:第一,在于项目独特的地理位置,新城区的中心地带,坐拥奥体中心,运动就在家门口;第二,在于项目的大规模、高品质;第三,以滨江风貌为特色的新城市休闲游览胜地。

(3) 项目规划主题

品牌需要通过具体的规划设计理念予以体现。在奥体新城的规划设计中,从自然景观、人文气息两个方面着手,将东方居住文化中城市情节与自然生态环境相结合,充分体现生态社区、健康社区、人文社区的理念。围绕"绿色"、"运动"、"阳光"三大主题。"绿色"是指绿化景观,这个小区的绿化覆盖率大于40%。两个绿核和一条绿带是整个绿化系统的重点。一个绿核是赛上路和经四西路的交叉点,利用4个街角建成"山水城林广场",反映古城南京的城市景观特色。另一个绿核是"四季街区"广场,用四季不同的颜色和植物,营造一种步行休闲环境。为了让这里的绿色更加灵动,还将引水入城:文化水墙、叠水树池、旱喷泉、儿童戏水池、风雨长廊等,再配以健身步道、雕塑等小品设施,把各小区串联成一条绿色的项链。"运动"是指新城中的体现不同运动主题的会所:乒乓球、网球、羽毛球、壁球、游泳和攀岩,以及社区周边的十运会新建的场馆。"阳光"是指大多数建筑的朝向都定为南京最理想的向南偏东10°左右,这里的多层住宅限高15m,即楼层只有四层左右,而楼与楼的间距却达20m,保证底层住户在冬季都能享受到充足的阳光。

(4) 建筑设计

采用内聚式建筑布局,由19栋多层和10栋小高层住宅构成;考虑到南京这一地区对居住建筑在日照通风等自然条件的要求,奥体新城将大多数建筑的朝向定为南京市最理想的朝向南偏东10°~15°之间,而建筑所限定的空间轴线正好降格街角的开放空间有机地联系起来形成一条条通达的道廊,满足了居住建筑在日照、通风上的生态要求,并形成了视觉通道,同时也在视觉上将各个小区有机组合在一起,完成景观上的互补。建筑外观及环境如图6.6所示。

(5) 景观设计

以"水+绿色"为景观主轴,保证基本生活的运动需求。经四路西部因多层居多,故各地块结合L形景观绿带和水系,以自然式布局为主;经四路东部因高层居多,都市气氛浓,故以抽象式、规划式布局为主。具体为将部分住宅底层架空,以增强环境景观的整体性和开辟住区风道,通过借景、透景等景观处理手法,实现了不同组群绿色空间与L形生态绿色带景观空间的相互渗透与联系,并结合各类休闲设施,形成了各种开敞、半开敞景观空间和多样化的人性场所。在不同的组群空间中,依旧突出了"水"的主体和大量的休闲、运动设施,庭院强化绿化设计,配以坐凳、小品、灯饰、雕塑小品等。伴随着"户户有景",力求为住户营造一个健康休闲的公共空间。

图 6.6 南京奥体新城多层建筑及环境

(6) 产品类型和组合

奥体新城内准别墅、中高档住宅、大众化精品分别规划在不同的组团中，满足不同层次客户的需求。采用入户花房、宽大露台、转角凸窗等现代建筑手法，讲求功能实用，尺度合理。80～220平方米二房、三房、四房及跃层户型的多种组合，多层、小高层、高层的多种形式，满足了客户个性化的需求，使奥体新城成为南京市不同层面广泛接受的居住区。

(7) 配套设施

奥体新城是南京第一个真正意义上的城市中央居住区（即围绕中央商务区的周边居住区），周边文化教育、商业办公、金融服务、休闲娱乐等设施配套齐全。地铁1号线、2号线分别各有一个出口位于奥体新城的东、西两侧。出租车停靠站、公交枢纽站、首末站及停车场与地铁有方便的联系，便于转乘。在建的月安小学和金陵中学分校今年9月就将迎来新生，3所幼儿园和中国科技大学附中以及一所民办名校也在规划之中。2个大型社区中心总面积达2万平方米，能为居民解决一系列生活需求。此外，新城的每个小区里都有一个长约150～200m的小型步行商业街，使生活更加惬意便利。

(8) 物业管理

奥体新城对物业管理相当重视，专程聘请了一家著名的物业公司做管理顾问。选择了曾用于南京江南青年城、南京万达江南明珠等知名楼盘之后的思源软件进行物业管理。除了进行房产管理、收费管理、租赁管理等一般业务流程处理外，还重点采用思源软件进行设备管理、车辆管理、社区文化、清洁绿化等新的领域的管理，改变了以往物业公司只重视房管、收费而对配套管理、客户服务管理的缺乏，全方位提高了整个奥体新城的物业管理水平。

(9) 智能化设施

主要包括红外线电子监控、电子巡更、周界报警、可视对讲、远程抄表系统等。

思考题

1. 房地产产品的含义是什么？有什么特点？可分为哪几类？
2. 什么是产品的差别化策略？可以从哪些方面创造房地产产品的差别化？
3. 什么是产品的品牌策略？创立房地产产品品牌的作用是什么？如何创立一个房地产产品的品牌？
4. 什么是产品的组合策略？什么是产品组合的深度和广度？
5. 什么是房地产产品的定位？房地产产品定位的程序是什么？
6. 什么是建筑策划？建筑策划在房地产产品定位中的作用是什么？
7. 如何对房地产产品定位方案进行评估？

7 房地产营销组织与控制策划

在房地产营销管理过程中，为了使所有营销能为实现目标而有效地工作，必须建立一个高效的营销组织，来制定和成功执行有效的营销计划，并对营销计划的执行进行必要的评估和控制。本章重点阐述房地产营销组织的建立、控制。

7.1 房地产营销组织

7.1.1 营销组织概述

（1）营销组织的概念和职能

"组织"一词有两种含义：一种含义是指"组织工作"，表示对某个工作过程的筹划、安排、协调、控制和反馈；另一种含义是指"结构性组织"，是基于某种目标、以某种规则形成的职务结构或职位结构。营销组织也有两种含义：一种是指营销活动的筹划、安排、控制和反馈；另一种含义是指一种结构性组织体系，即以营销工作为核心形成的职务结构和职位结构。本书中的对营销组织的论述特指后者。

营销组织是企业内部举足轻重的职能部门，主要负责企业营销工作的组织和实施。营销组织的具体职能有：制定营销计划；制定对计划实施起支持作用的政策和运作程序；建立营销活动的控制评估系统；采取必要的激励措施鼓励销售人员努力为实现公司的营销目标而奋斗；营造一种有利于计划实施和执行的公司文化和工作环境；建立公司的市场信息系统和信息情报交流反馈系统等。

（2）营销组织的发展

营销部门的发展经历了漫长的历程，随着营销观念的发展，营销部门从一个简单的仅具销售功能的组织演变成一个具有复杂功能的组织。著名的美国市场学专家菲利普·科特勒教授把这种演进过程划分成如下五个阶段。

① 单纯的推销部门 一般来说，每个企业几乎都是从财务、生产、推销和会计等四个基本职能部门发展起来的。财务部门管理资金筹措，生产部门管理产品制造，推销部门管理产品销售，会计部门管理来往账目、计算成本。推销部门通常有一位副总经理负责管理推销人员，兼管若干市场调研和广告促销工作。推销部门的任务是销售产品，产品的生产、库存管理等完全由生产部门决定，推销部门对产品的种类、规格、数量等问题几乎没有发言权。20 世纪 30 年代以前，西方国家企业的营销思想基本上是生产观念，市场营销组织大都属于这种形式。

② 具有营销功能的推销部门 随着 20 世纪 30 年代以后市场竞争日趋激烈，大多数企业开始以推销观念为指导思想，需要一些经常性的市场营销调研、广告和其他促销活动。这些工作逐渐演变成为推销部门的专门职能。当这些工作在量上达到一定程度时，许多企业开始设立营销主管的职位，全盘负责这些工作。

③ 独立的市场营销部门　随着企业规模和业务范围进一步扩大，作为辅助性职能的营销工作，诸如市场营销调研、新产品开发、促销和顾客服务等的重要性日益显现，营销逐渐成为一个相对独立的职能。作为市场营销主管的市场营销副总经理，同负责推销工作的副总经理一样，直接由总经理领导。这一时期，营销的主要职能独立于市场营销的其他职能之外，推销和营销成为平行的职能。

④ 现代营销部门　推销和营销两个职能机构需要互相协调和默契配合，但现实中却容易形成一种敌对和互不信任的关系。从专业性而言，营销经理的任务是确定市场机会，制定准备营销策略并规划组织新产品导入，确保销售活动达到预定目标；而销售人员则是负责实施新产品进入和销售活动。一般来说，推销副总经理经常是短期导向并致力于完成当前的工作任务，而营销经理则多考虑公司的长期行为和效果，并致力于制定正确的产品和营销策略以满足目标顾客的长期需要。为解决推销部门和营销部门之间的矛盾和冲突，营销组织逐渐转向统一由营销副总经理全面负责，其管辖所有营销职能机构和推销部门。

⑤ 现代营销企业　建立了现代营销部门的企业，并不能说它就是完全意义上的现代营销企业。这取决于公司中的其他主管人员怎样看待营销功能，如果只把营销看成是销售功能或把营销部门认为是市场运作部门，那么他们都没有抓住要害，只有当他们懂得——一切部门都是"为顾客而工作的"，营销不只是一个部门的名称，而是始终贯穿于公司运营始终的公司哲学时，才能真正称之为现代营销企业。

7.1.2　营销组织的设置

（1）营销组织的基本形式

由于营销组织必须与营销活动的各个具体职能、营销地域、产品和消费者市场相适应才能更好发挥其作用，因此，现代营销部门呈现出多种组织形式。

① 职能型组织　这是最常见的营销组织形式，如图7.1所示。它是在营销副总经理的领导下，集合各种营销专业人员，如广告和促销人员、推销人员、营销调研人员、新产品开发人员，以及顾客服务人员、营销策划人员、储运管理人员等。市场营销副总经理负责协调各个市场营销职能科室、人员之间的关系。

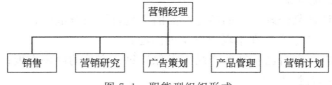

图7.1　职能型组织形式

职能型组织的主要优点是行政管理简单、方便。但是随着产品增多和市场扩大，这种组织形式会逐渐暴露其弱点：在这种组织形式中，产品的集中营销不利于产品贡献率的区分，不利于指导企业产品结构调整；各部门负责人长期从事某种专门的营销职能，不利于高级管理人才的培养。

② 地区型组织　业务涉及全国甚至更大范围的企业，可以按照地理区域组织管理销售人员，如图7.2所示。比如在推销部门设有中国市场经理，下有华东、华南、华北、西北、西南、东北等大区市场经理，每个大区市场经理下面按省、市、自治区设置区域市场经理，再往下还可以设置若干地区市场经理和销售代表。从全国市场经理依次到地区市场经理，所辖下属人员的数目即"管理幅度"逐级增加。当然，如果销售任务艰巨、复杂，销售人员的工资成本太高，他们的工作成效又对利润影响重大，管理幅度就可以适当缩小。

图 7.2 地区型组织形式

③ 产品型组织　生产多种产品或拥有多个品牌的企业，如果经营的各种产品差别很大，产品的数量又很多，超过了职能型组织所能控制的范围，往往按产品或品牌建立市场营销组织。产品型组织是以产品经理制度来协调职能型部门冲突的市场营销组织形式，如图 7.3 所示，由一名产品销售经理负责，下设若干个产品线经理，实施分类管理。这种组织形式的优点在于产品营销经理能有效地协调各种营销职能，并对市场变化做出积极的反应。但这种形式由于管理链不清楚，存在多头领导、权责不明的问题，易造成管理上的混乱。而且，产品经理由于权威性不够，在协调部门关系问题时，效果会受到一定影响。

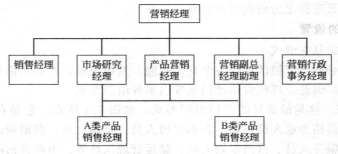

图 7.3 产品型组织形式

这种组织形式的优点是：
a. 便于统一协调产品经理负责的特定产品的市场营销组合战略；
b. 能够及时反映特定产品在市场上发生的问题；
c. 产品经理各自负责自己管辖的产品可以保证每一产品的协调发展；
d. 有助于培养综合性人才。

这种组织形式也有一些不足之处：
a. 造成了一些矛盾冲突。由于产品经理权力有限，不得不依赖于同广告、推销、制造部门之间的合作，这些部门又可能把他们视为"低层的协调者"不予以重视。
b. 产品经理容易成为自己负责的特定产品的专家，但是不一定熟悉其他方面如广告、促销等业务，因而可能在其他方面成为不了专家，影响其综合协调能力。
c. 建立和使用产品管理系统的成本，往往比预期的费用要高。产品管理人员的增加，导致人工成本增加；企业要继续增加促销、调研、信息系统和其他方面的专家，必然承担大量的间接管理费用。要解决这些问题，应对产品经理的职责、同职能管理人员之间的分工与合作，做出明确、适当的安排。

④ 产品/市场型组织　面向不同市场、生产多种产品的企业，在确定营销组织结构时经常面临两难抉择：是采用产品管理型，还是市场管理型。能否吸收两种形式的优点，扬弃它

们的不足之处。所以，有的企业建立一种既有产品经理、又有市场经理的矩阵组织，以求解决这个难题，如图7.4所示。但是矩阵组织的管理费用高，容易产生内部冲突，因此又产生了新的两难抉择：一是如何组织销售力量，究竟是按每种产品组织销售队伍，还是按各个市场组织销售队伍，或者销售力量不实行专业化；二是由谁负责定价，产品经理还是市场经理。

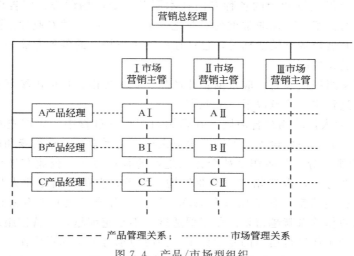

图 7.4　产品/市场型组织

绝大多数大企业认为，只有相当重要的产品和市场才需要同时设置产品经理和市场经理。也有的企业认为，管理费用高的潜在矛盾并不可怕，这种组织形式能够带来的效益，远远超过需要为它付出的代价。

（2）影响营销组织形式的因素

营销组织是由一系列要素所组成的，如企业的资源要素（人、财、物）和系列的规章制度等。人员按照一定的制度架构组织起来，并配备一定的设备资源就组成了组织。因此，影响营销组织形式的因素有企业性质与规模、产品、市场、管理体制和专业化分工等。

① 企业性质与规模　企业性质是指企业本身的经营特性。生产性企业特别关注营销系统与生产系统、技术系统、新产品开发系统间的关系，营销组织架构就要相对复杂一些；商业性企业营销组织在处理企业内部与其他部门间关系时就要相对简单得多。企业规模是指企业的生产规模和营业规模。一般而言，企业规模越大，营销组织规模也越大，部门增多、层次增加，管理幅度也相应扩大。

② 产品　这里的产品是指营销组织所生产的产品或提供的服务。无论是产品的类型、特性还是产品的数量规模，都直接关系到营销组织的形式。显然，服务性产品和实物产品会有完全不同的营销组织。营销的产品数量越大、品种越多，营销组织规模也相应增大。

③ 市场　市场规模、产品品种与分布以及市场战略是决定营销组织的基础因素。一般而言，市场规模越大，营销组织的规模也越大；产品品种越多、分布地域越广，营销组织分支及层次也越多、越复杂；市场战略地位越高，营销组织的层次也越高。

④ 管理体制　管理体制受制于企业性质、规模、经营理念。管理体制表现在集权与分权、控制幅度和激励机制。强调集权的企业营销决策来自于营销组织的最高决策层。这类组织将建立非常快速而灵活的信息反馈系统。强调分权的企业营销决策往往由下级主管部门制定，这类营销组织则更关注监控子系统的建立。控制幅度是指一名主管人员领导的下属人员

的数量。为了防止下属人员过多，难以协调工作，通常采用增加组织层次的办法。但层次的增加，往往又带来信息失真、控制失灵的问题。因而依据经营业务的特性，确定有效的控制幅度是必要的。激励机制是与组织制度并行的，是以调动组织内员工积极性为目的的策略性措施。

⑤ 专业化分工　专业化分工以提高管理效率为目的，是社会经济发展的必然过程。专业化的优点在于能获得市场营销的各种专门技术服务，如市场调查、广告设计、项目策划等。大规模的市场营销组织往往非常重视专业化分工，设置有各种专业性很强的部门。即使小规模的公司，在开展市场营销活动时，也往往求助于市场上的各种专业公司。

(3) 营销组织的设置原则

企业在进行营销组织设置时，应根据企业产品、企业规模、目标市场等方面的特点进行设置。在具体设置过程中应注意以下一般原则。

① 因事设职与因人设职相结合原则　在营销组织设计过程中，应首先考虑工作的特点和需要，要求因事设职、因职设人。但同时也应重视人的因素，注重培养和挖掘人才。

② 分工协作原则　分工与协作是社会化大生产的客观要求。企业在设计营销组织结构时，首先要实行专业分工，设置相应的专业机构，配备熟悉业务的专业人员来开展营销工作，这样做有利于提高营销工作的质量和效率。但是，有分工就要求有协作，而且分工越细，各部门之间的协作关系就越密切。分工要适度，不是越细越好。营销组织的设计要从实际需要出发，对营销工作进行适当的专业分工，同时力求有利于加强协作。

③ 权责对等原则　企业在进行营销组织结构设计时，既要明确规定各个职位的职责，又要明确规定各个职位的职权。有权无责或权利远大于责任将导致权力的滥用，有责无权或责任远大于权利将导致责任难以担当，也不利于调动人的积极性。因此要做到权责对等。

④ 统一指挥原则　统一指挥原则就是在营销管理工作中实行统一指挥、统一领导，形成统一的指挥中心，不允许有"越级指挥"和"多头指挥"的情况出现。统一指挥原则要求对营销组织的设计要做到各管理层形成一条等级链，每一级只能有一个最高行政主管，统一负责本部门工作，下级只接受一个上级的指挥和命令，上级不能越级指挥下级，下级不能越级请示上级。

⑤ 集权和分权相结合原则　集权是把权力集中于高层管理者，分权就是将权力分散于组织的各个层次。集权的优点是有利于对营销组织实行统一领导，加强对整个营销组织的控制；有利于协调营销组织的各项活动，提高工作效率；有利于发挥高层管理者的作用。缺点是基层管理者缺乏独立性和主动权，不利于调动他们的积极性；高层管理者负担重，不利于集中精力做大事。分权的利弊刚好相反。因此，过分集权和过分分权都不利于发挥营销组织的作用，应当适度将集权和分权相结合。

⑥ 合理的管理幅度与层级原则　管理幅度是指领导者能够有效地直接指挥的部门或员工的数量，这是一个横向的概念；管理层级又称管理梯度，指一个组织属下不同层级的数目，是一个纵向的概念。通常情况下，管理层级过多，容易造成信息失真与传递速度过慢，可能影响决策的及时性和正确性；如果管理幅度过大，超出领导者能够管辖的限度，又会造成整个机构内部的不协调、不平衡。因此，企业必须选择合适的管理幅度和管理层级，并善于根据内外部情况的变化及时调整营销部门的管理幅度和管理层级以适应发展的需要。

7.1.3　房地产营销组织的设置

房地产企业是资金与管理密集、产品生产周期长、生产环节多的高风险企业，因此，在组织结构设计，尤其是营销部门结构设计时，应重点考虑以下几点。

① 管理权要高度集中,特别是资金和人员应统一调度和管理;
② 按照营销过程的各项工作进行明确的专业化分工;
③ 在部门设置时,应偏重于对市场的研究、项目的策划和规划设计的职务设置。

(1) 房地产营销组织的基本形式

① 职能式组织结构 职能式组织结构就是按市场营销活动的职能分工进行部门设置而形成的组织形式（图 7.5）。

职能式组织结构是最常见的房地产市场营销组织结构。其最大优点是灵活机动、简便易行。它可随时视需要扩展或缩小机构规模。组织内岗位职责明确,便于指挥和管理。但这种组织形式下,不利于指导企业产品结构调整,各部门缺少一种统一的协调机制,加重了营销经理在协调工作上的压力。

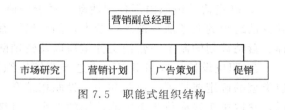

图 7.5 职能式组织结构

② 地区式组织结构 当一间房地产公司规模很大,项目涉及多个地区时,由于房地产的地域性非常明显,这些公司的营销大多采用按地区组织的结构形式。每个地区设一个主管营销的经理人员,全面负责该地区的市场调研、营销计划、促销活动等有关事务（图 7.6）。

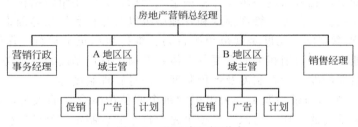

图 7.6 地区式组织形式

地区式组织结构形式特别适合规模大,涉及地域广的大型房地产企业,便于地区经理制定该地区的长远战略发展计划,其缺点在于一旦规模范围扩展的太大、太快,不利于总公司的控制和管理。

③ 项目式组织结构 项目式市场营销组织结构是一种临时性的,按项目及项目范围组织营销机构（图 7.7）。这种机构目的明确、责任具体、效率高、针对性强,但由于是临时性机构,不具备长远的目标,也不可能作长远的战略安排。

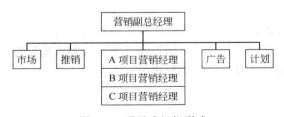

图 7.7 项目式组织形式

(2) 房地产营销组织设计过程

房地产营销组织设计的过程一般包括分析营销组织环境、确定营销组织内部各项活动、职位设计、设计营销组织结构、制定部门规章制度、人员配置以及对组织的检查和调整等七个方面。

① 分析营销组织环境 影响房地产市场营销的环境因素很多,这些环境因素都从不同角度影响着市场营销活动,从而影响到市场营销组织的建设。因此,进行房地产营销组织设计时首先要进行组织环境的调查与分析。

a. 市场竞争环境。竞争激烈的市场,需要进行大量的市场研究和分析,需要投入更多的宣传和广告费用。这时的房地产营销组织,就需要加强市场调研、广告和促销方面的力量。

  b. 企业规模及房地产项目分布情况。房地产企业规模越大、房地产项目分布越广，企业营销组织的规模也就越大，越有必要建设功能齐全、力量雄厚的市场营销组织。

  c. 企业自身的竞争地位。竞争地位是指企业相对于竞争对手的实力和地位。企业的竞争地位将直接影响到企业营销战略的定位与营销策略的选择，从而影响营销组织形式的选择与资源安排。

  ② 确定营销组织内部各项活动　对于房地产企业来说，市场营销占有重要地位，因此，其营销组织的业务活动范围也较大，如市场调查与研究、营销环境分析、营销战略与策略选择、营销计划的制定、营销文件编写以及营销队伍管理等。

  ③ 职位设计　营销组织职位是指营销组织机构中职位类型、职位层次和职位数量。职位类型的确定要把因事设职和因人设职相结合；职位层次是指岗位在整个管理链中层次的高低，它取决于该岗位决策影响范围的大小，直接指挥的下级数量的多少及该岗位在整个营销活动中地位的高低，一般而言，参谋型、协调型职位是为高层、决策层服务的，职位层次越高，辅助型职位数量就越多；职位数量是指各岗位人员安排的合理数量，它既取决于岗位性质，也取决于营销任务和期限要求。

  ④ 设计营销组织结构　在进行环境分析、营销组织内部各项活动的确定和营销组织内部职位设计的基础上，就可以进一步设计营销组织结构，并绘制组织结构系统图。在最终确定营销组织结构时还应综合考虑管理幅度和管理层级以及分权和授权等因素和设计原则。

  ⑤ 制定部门规章制度　制度是规范组织行为、维护组织正常运行、保障组织效率与效益的基础。与房地产市场营销相关的主要制度体系有岗位责任制度、绩效考核制度、薪金及奖励制度、人员培训制度、检查制度及评价制度、信息管理制度等。

  ⑥ 人员配置　招聘与录用职工、为组织的每个职位配备合格的人员，是房地产营销组织建设过程中非常重要的一环。为此，必须事先为每个职位制定详细的工作任务说明书，提出录用标准和考核办法。人员配备阶段的另一任务就是进行人员培训，包括礼仪、制度、相关技术知识和企业文化等的培训。

  ⑦ 对组织的检查和调整　房地产营销组织建设工作齐备后，便可进入组织的检查和调整阶段。这一阶段的目的在于检验机构的运行机制是否正常、各职位的人员素质是否称职、职位层级与职位数量是否满足要求以及组织整体工作效率等，发现问题后及时进行调整。

7.2　房地产营销的控制

  在现代管理理论和实践中，控制有着十分重要的地位。营销组织对营销过程进行管理的主要任务就是：计划、实施和控制营销活动全过程。其中，营销控制是指在计划实施阶段的纠正偏差和及时反馈过程，它与计划一起形成一个有机的营销管理过程。

7.2.1　控制理论概述

  （1）控制与控制过程

  控制是保证企业计划与实际活动适应的一项重要管理职能，控制的目的在于及时检查计划的偏离情况及其成因，采取正确的措施来纠正偏差，当计划实施过程中遇到与事先假设不一致的现实情况时，还需要对计划进行必要的调整，以确保计划目标的实现。

  尽管由于控制对象的差异，管理控制活动的基本方法与内容有很大的区别，但是作为一项基本管理职能，控制过程大致分为三个主要步骤。

① 计划与标准的制定　计划是控制的依据，计划拟订得越明确、越全面和越具体，控制工作就会越有效。但是，由于计划的详细程度和复杂程度不一样，不同管理层需要控制的内容及详尽程度也差别很大，就需要在计划的基础上针对不同的需要制定一些控制标准，这些标准就是评定工作的尺度，它是从整个计划方案中挑选出来或分解出来作为评价相应工作成效的指标。一般来说，企业制定标准的方法有三种：利用统计方法来确定预期结果；根据经验和判断来评估预期结果；在客观的定量分析基础上建立标准。

② 绩效的评定　依据计划和标准对工作绩效进行评定的目的在于发现偏差，揭示偏差的成因，因此，绩效的评定构成了控制活动的核心。管理者在进行绩效评定的过程中应注意以下几个问题：通过衡量绩效检验标准的客观性和有效性；确定适宜的衡量频度，控制过多或不足都会影响控制的有效性；建立信息反馈系统，及时将偏差信息传递给相应的管理人员，以便及时纠正。

③ 纠正偏差　纠正偏差的关键是在根据评定的结果发现偏差、查找原因的基础上制定纠偏措施，并执行这些措施。为了保证纠偏措施的针对性和有效性，必须在制定和实施纠偏措施过程中注意以下问题。

a. 找出偏差产生的主要原因。并非所有的偏差都可能影响企业的最终成果，有些偏差可能反映了计划制定和执行工作中的严重问题，而另一些偏差则可能是一些偶然的、暂时性因素引起的，不会对组织活动造成重要影响。因此，在采取任何纠正措施以前，必须首先对反映偏差的信息进行评估和分析。

b. 确定纠偏措施的实施对象。需要纠正的可能是企业的实际活动，也可能是组织这些活动的计划或衡量这些活动的标准。

c. 选择恰当的纠偏措施，主要是综合考虑不同方案的追加投入、成效、收益。

（2）控制技术

控制技术是指实施控制所采用的手段和方法，可分为传统控制技术和现代控制技术两类。传统控制技术是指管理人员长期以来就经常使用的控制方法，如预算控制法、统计控制法、审计控制法和检查控制法等。传统控制技术均属事后控制的反馈控制技术。为了提高控制效率，尽可能地减少偏差带来的损失，人们研究了利用应用数学方法和电子计算技术的现代控制技术，如管理信息系统、应用数学方法等。

① 预算控制法　预算控制是指用数字形式编制的未来一定时期、实现一定目标的计划。预算描述的是事物预期的成果，它把计划目标量化为数值，分解为与项目和组织相一致的各个组成部分。预算提供了控制的基础和条件。但是，由于预算过于详尽，而且预算往往是建立在历史数据基础上的计划，因此，过分地依赖预算实施控制，往往会使管理控制走入歧途。首先，太完整、太详尽的预算作为控制目标不仅没有必要，而且会使管理工作僵化，增加管理费用，带来新的矛盾。其次，依赖过去资料编制的预算，往往隐含着效益与效率的下降。在处理不当的环境条件下，预算有可能成为管理工作马虎草率和效率低下的保护伞。

② 统计控制法　统计控制是反馈控制的基础方法。企业或项目经营状况的统计资料，真实地反映了计划执行效果，无疑对控制是极为重要的。为了便于管理人员很好地理解统计数据所反映的规律，应尽可能地以图表形式描述，并尽可能使计划指标的表达形式和计量方法相一致。此外，为了便于管理人员把握统计资料所描述的变化趋势，还要对统计资料进行诸如回归分析、移动平均等数据处理。

③ 审计控制法 这里审计控制是指内部审计控制，内部审计是管理控制的有效办法。内部审计是指企业内部的审计人员对企业的经营活动所做的定期且相对独立的评价。审计人员在审计过程中，除了审核会计账目是否正确反映了企业的财务状况外，也要评价其他方面的经营管理问题。因而，内部审计可作为公司管理控制的有效工具之一。

④ 检查控制法 检查是常用的管理控制手段。无论是定期检查还是临时抽查，无论是专题检查还是全面检查，均能通过精心组织的检查活动，获取大量信息，了解计划执行情况，发现偏差及其原因，实现其控制职能。

⑤ 管理信息系统 管理信息系统是指由人、电子计算机、应用软件、数据库构成的信息处理系统。由于电子计算机的大规模数据贮存与处理能力、高速运算能力，许多过去靠人力无法完成的计算分析工作都可很方便地实现，管理控制的前馈系统才能成为现实。管理信息系统作为一种管理控制的工具，其功能及效率主要取决于系统软件，尤其是应用软件的开发和利用。从某种意义上来讲，其潜在的功能几乎是无限的。因而，可以设想，随着现代科技水平的不断发展和人的认识水平的不断提高，管理信息系统作为一种十分有效的管理控制技术，必将使管理控制的能力大大提高。

⑥ 应用数学方法 应用数学方法是指那些随着计算数学的发展和经济理论的进步而逐渐发展起来的现代数学方法。如相关与回归分析方法、线性规划法、模糊数学方法等。由于应用数学方法采用了数学模型，立足于严密的逻辑推理和数值运算，更深刻地反映了现象的内在规律，因此在管理控制中得到了广泛的应用。

7.2.2 房地产营销控制

房地产营销控制就是在营销计划的执行过程中，房地产营销管理者检查市场营销计划的执行情况，及时采取纠偏措施以保证营销目标实现的重要过程。

7.2.2.1 房地产营销控制的主要过程

① 设定目标、制定标准 进行房地产营销控制的第一步就是确定应对哪些市场营销活动进行控制。最常见的控制内容是销售收入、销售成本、销售利润、计划执行进度、营销人员工作效率等，此外，对市场调查、广告、新产品开发等营销活动也应通过控制加以评价。明确控制目标后，可针对控制目标建立可衡量标准。在大多数情况下，企业的营销目标就决定了它的控制衡量尺度，如目标销售收入、利润率、市场占有率、销售增长率等。对有些控制目标的建立可能比较复杂，如销售人员的工作效率、广告效果等。确立标准时可参考同类企业的标准，并尽可能吸收部门管理者和被管理者的意见，以使其更切合实际；确立标准还须考虑项目、地区、竞争情况的不同，如考察推销人员工作效率时需考虑所辖区域内的市场潜力、所辖区域内新房的竞争力、广告强度、商品房的具体情况等，不可能要求每人都创造同样的销售额或利润。

② 衡量绩效 考察房地产营销计划的执行情况以及控制目标的实现情况，找出偏差。

③ 偏差原因分析 产生偏差可能有两种情况：一是实施过程中的问题；二是计划本身的问题。有时也有可能是双重原因。找出偏差原因后应及时建立信息反馈系统。

④ 针对偏差原因，采取相应的改进措施 如果是实施过程中的问题，应及时补救，如果是计划本身的问题，应适当调整营销的部分计划。

7.2.2.2 房地产营销控制的主要内容

房地产市场营销控制是对房地产项目营销计划执行过程进行的控制，其目标在于保证营销目标的顺利实现。房地产营销控制的主要内容一般包括年度计划控制、盈利控制、效率控制、战略控制和营销审计等。

（1）年度计划控制

年度计划控制是房地产企业所采用的主要控制方法，主要检查房地产营销活动的结果是否达到了年度计划的要求，在必要时采取调整和纠正措施。年度计划控制包括对销售额分析、市场占有率分析、市场营销费用销售额之比分析和顾客态度跟踪分析等。

① 销售额分析 销售额反映了房地产企业市场营销的规模，销售额的变化在一定程度上说明了房地产企业市场营销整体状况的变化。销售额分析具体有两种方法。

a. 销售差距分析。这种方法主要用来衡量造成销售差距的不同因素的影响程度。

案例 1 某房地产企业在年度计划中规定，第一季度销售商品住宅 5000m²，均价 20000 元/m²，总销售额 10000 万元。但季度末的实际销售情况却是只以均价 18600 元/m² 销售了 4000m²，实际销售收入为 7440 万元，比目标销售额减少了 2560 万元，占预计销售额的 25.6%。那么，总销售额的降低有多少是由于价格下降？有多少是由于销售量的下降？

分析 价格下降造成的差距 = (20000 − 18600) × 4000 = 560 万元

因价格下降造成的影响占 560/2560 × 100% = 21.9%

销售面积下降造成的差距 = (5000 − 4000) × 20000 = 2000 万元

因销售面积下降造成的影响占 2000/2560 × 100% = 78.1%

由此可见，该房地产企业销售差额主要是由于销售面积下降所造成的。因此，企业应该认真调查销售面积下降的原因，切实采取有效的措施。

b. 个别销售分析。个别销售分析是分析个别房地产或地区销售额未能达到预期份额的原因。

案例 2 某企业分别在 A、B、C 三个地区销售普通商品住宅，期望的销售目标分别是 100 套、200 套和 250 套。实际销量分别达到 130 套、180 套和 150 套。

分析 三个地区房屋销售与计划销售目标的差距分别为 +30%、−10% 和 −40%。显然，引起差距的主要原因在于 C 地区的销售量大幅减少。那么，到底是营销投入不够，竞争太激烈，有效需求不足，还是原来的预期目标定得不妥？因此，有必要进一步查明原因，加强该地区的市场营销管理。

② 市场占有率分析 销售额分析只能判断企业自身的经营和营销状况，为了进一步分析企业在竞争中的地位，还要借助市场占有率的分析。例如，某房地产企业的销售总额有很大增长，其原因可能是它的市场营销绩效较竞争者高，也可能是因为整个宏观经济环境改善，使得市场上所有企业都从中受益。这时，企业除了进行销售额的分析，还应进一步关注市场占有率的变化情况。正常情况下，市场占有率上升表示市场营销绩效提高，竞争地位加强；反之说明地位降低。

衡量房地产企业市场占有率的主要指标有以下几个。

a. 总体市场占有率。总体市场占有率是指在一定时期内（通常为一年），某房地产企业的销售额（量）占房地产行业总销售额（量）的百分比。

其计算公式为

$$总体市场占有率 = \frac{某房地产企业销售额（量）}{房地产行业总销售额（量）} \times 100\%$$

b. 目标市场占有率。目标市场占有率是指在一定时期内（通常为一年），某房地产企业的销售额（量）占其目标市场总销售额（量）的百分比。

其计算公式为

$$目标市场占有率 = \frac{某房地产企业销售额(量)}{房地产目标市场总销售额(量)} \times 100\%$$

这一指标对仅在局部地区市场上从事经营活动的房地产企业十分有用，也是衡量房地产企业进入新的目标市场是否获得成功的重要尺度。因此，房地产企业往往更重视目标市场占有率。大多数房地产企业，总是首先努力取得目标市场上的最大市场占有率，然后再进入新的地区市场。房地产目标市场占有率总是大于总体市场占有率。

c. 相对市场占有率。相对市场占有率是指某房地产企业的市场占有率与主要竞争者市场占有率之间的比值。

其计算公式为

$$相对市场占有率 = \frac{某房地产企业销售额(量)}{主要竞争者市场总销售额(量)} \times 100\%$$

根据美国波士顿咨询公司的研究，一般来说，企业相对市场占有率大于1，可以认为企业的市场占有率较高；企业相对市场占有率小于1，企业的市场占有率较低。相对市场占有率可以表明企业在行业中的相对竞争地位。

d. 动态市场占有率。动态市场占有率反映了房地产企业市场占有率的变动情况。

其计算公式为

$$动态市场占有率 = 顾客渗透率 \times 顾客选择性 \times 价格选择性$$

其中，顾客渗透率是指从本企业购买某种房地产的顾客占该产品所有顾客的百分比；顾客选择性是指本企业顾客的购买量相对于其他房地产企业顾客购买量的百分比；价格选择性是指本企业平均价格同其他所有房地产企业平均价格的百分比。三个因素中的任何一个因素的变化都会导致市场占有率的变动。也就是说，房地产市场占有率的变动可以从上述三方面原因进行分析。

③ 市场营销费用与销售额之比分析　营销费用与销售额之比包括销售队伍与销售额之比、广告与销售额之比、促销与销售额之比、市场调研与销售额之比和销售管理费用与销售额之比等五部分。市场营销费用与销售额之比分析就是保证公司在实现其销售目标时，没有过多支出。

如图7.8，利用费用与销售额费用比的偏差分析图可以用来评价不同人员或地区达到销售额目标与费用目标的比较。图中横坐标表示销售额完成情况，纵坐标表示费用目标实施情况，45°斜线是一等比例线。第Ⅰ、Ⅱ、Ⅲ、Ⅳ象限中的点既可以表示不同销售地区，又可以代表不同的销售人

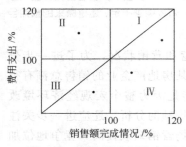

图7.8　费用/销售额偏离图

员。在该图中，第Ⅰ象限表示销售定额完成较好，但费用支出水平也高。如果点靠近或落在等比例斜线上，费用支出与超计划完成的销售额比例尚属正常。第Ⅱ象限表明销售额未完成计划，费用却超出标准，存在严重问题。对于落在这一区域的销售地区或销售人员，要分析原因，采取措施加以调整。第Ⅲ象限表明销售额计划完成得不好，费用支出水平低，可能是必要的促销费太少。第Ⅳ象限是理想区域，销售额计划完成得好，支出又低，对这一类销售地区或人员应予以奖励并总结推广他们的成功经验。

房地产企业的营销费用与销售额之比分析应该放在总体财务系统中进行，以便确定公司

如何赚钱、在什么地方赚钱。企业可以利用财务分析来判定影响企业资本净值报酬率的各种要素。要提高资本净值报酬率，企业就必须提高净利润与总资产之比，或提高其总资产与资本净值的比率，并注意是否能改善其资产管理。

④ 顾客态度跟踪分析　前面的分析方法主要是定量分析，而顾客态度跟踪分析则是一种非常有效的定性分析方法。这个方法主要包括用户投诉与建议制度、典型户调查和用户定期随机调查三部分。一般而言，房地产企业的用户数量并不会很多，建立用户定期随机调查系统不仅是必要的，而且是可能的。房地产企业应该鼓励客户提出意见和建议，以全面了解顾客对其产品和服务的真实反应，改进企业自身工作，并借此提高企业在用户心目中的形象，以促进企业新房的销售，并为企业开发新项目提供有益的建议。

(2) 盈利控制

盈利控制是房地产企业在营销控制过程中非常重要的内容，主要是通过盈利能力，衡量不同的产品或服务、区域、客户群、分销渠道和订货量的盈利水平，帮助公司管理高层决定哪些产品或营销活动应该扩大、收缩或取消，以便及时检查和调整营销组合。

盈利能力分析主要是对销售利润率、资产收益率、净资产收益率和资产周转率等进行分析。其中，销售利润率是指一定时期内房地产企业所创造的净利润与产品销售收入之间的比率；资产收益率是指一定时期内，房地产企业所创造的净利润与企业全部资产的比率；净资产收益率是指一定时期内，房地产企业所创造的净利润与企业净资产的比率，企业净资产是企业总资产减去负债后的余额；资产周转率是指一定时期内，房地产企业产品销售收入与全部资产的比率。

营销策划管理者必须依据产品、地区、顾客、渠道等方面的特点和类别，利用财务部门提供的报表和数据重新编制出各种营销损益表，然后再对各表进行分析，衡量每个因素对企业最终盈利的贡献大小、获利水平如何，在此基础上及时调整市场营销组合。

例如，表 7.1 为某房地产公司的产品损益表。

表 7.1　某房地产公司的产品损益表

项　　目	高档商品住宅	高档写字楼	普通商品住宅	总额
销售收入/万元	3000	1000	2000	6000
销售成本/万元	1900	650	1300	3900
毛利/万元	1100	350	700	2100
费用：				
促销/万元	155	62	93	310
广告/万元	400	130	20	550
销售现场布置/万元	300	126	54	480
其他/万元	150	63	27	240
费用总额/万元	1005	381	194	1580
净利(损)/万元	45	−31	506	520

由表 7.1 可见，尽管普通商品住宅不如高档商品住宅的销售额高，但其净利却远远高于高档商品住宅；而高档写字楼则亏损 31 万元。通过上述产品损益分析，此后选择销售产品时，便有了决策的依据。

(3) 效率控制

效率控制的任务是提高诸如人员推销、广告、促销等工作的效率。

① 销售队伍的效率　在房地产营销组织中，各级销售经理都应该掌握自己所管辖区域

的销售人员效率的一些关键指标：
    a. 每个销售人员平均每天进行的拜访次数；
    b. 每次销售人员拜访平均所需的时间；
    c. 每次销售人员拜访的平均收入；
    d. 每次销售人员拜访的平均成本；
    e. 每次销售人员拜访的招待费用；
    f. 每 100 次销售拜访的订单百分比；
    g. 每一周期新的客户数目；
    h. 每一周期丧失的客户数目；
    i. 销售人员成本占总成本的百分比。
通过对这些指标的评测，可以发现一系列可以改进的地方。

② 广告效率　对广告效率的控制可以通过掌握下述统计资料进行：每一种类型媒体、每一个具体的媒介工具触及每千人的广告成本；广告的接收者在其受众中所占的百分比；顾客对广告的内容和有效性的意见；广告前后顾客对产品态度的变化；由广告所引至的询问次数；每次调查的成本。

③ 促销效率　促销效率包括各种激发顾客兴趣的方式、方法及其效果，为了有效地提高促销效率，必须纪录每一次促销活动及其成本对销售的影响。通过观察评估不同促销活动的结果，最后选出最有效的促销措施。

（4）战略控制

在市场和环境变化都很大的情况下，房地产营销策划组织在营销战略层次上实施控制是特别重要的。控制过程为未来的计划过程提供反馈信息。营销经理必须注意那些可能形成最大威胁的来源，特别是新技术的出现以及伴随而来的新进入者。公司要不断地对自己的总体战略进行检讨，像产品的生命周期一直在缩短一样，公司战略的周期也在缩短。

战略的控制需要注意以下几个方面：
① 以市场为导向、以客户为中心的营销观念的有效性；
② 公司营销战略和营销目标的实施；
③ 营销组织的适宜性；
④ 市场营销情报的质量；
⑤ 工作效率。

（5）营销审计

营销审计是对公司或战略业务单位的营销环境、营销目标、营销战略和营销活动诸方面进行的独立的、系统的、综合的定期审查，以发现营销机会，找出问题所在，提出改善销售工作的行动计划和建议，供公司领导者决策时参考。营销审计不是只审查几个出问题的地方，而是覆盖整个营销环境、内部营销系统以至具体营销活动的所有方面。营销审计通常是由公司某个相对独立的、富有经验的营销审计机构客观地进行的。营销审计是定期进行的，而不是出现问题时才采取的行动。营销审计不仅能为那些陷入困难的公司带来效益，而且同样能为那些经营卓有成效的公司增加效益。

营销审计的主要内容有以下几个方面。

① 营销效率审计　这是营销审计的重点，主要包括销售收入绩效审计和销售费用绩效审计。其中，销售收入绩效审计的内容有：销售绩效评析、利润评析、销售收入成长率评析、市场形势分析、客户分析。销售费用绩效审计主要包括：销售费用率增减比率、销售费

用组成比率、销售费用的增减比率的评析。

a. 销售绩效评析。重点在于了解公司销售收入扩大的程度。具体内容包括：与上年度比较增减额，了解过去到现在的趋势；在同业中所处位置；售价涨跌和销售量增减对销售收入增减的影响程度等。

b. 利润评析。利润评析一般包括：销售总利益率、销售利益率等。销售总利益率为销售收入减去销售成本后的销售总利益对销售成本的比率；销售利益率则为销售总利益率减去销售费用率之差。

c. 销售收入成长率评析。销售收入成长率评析即了解本年度销售收入比上年度增减的百分比，以此了解企业成长情况。由于销售收入为售价与销售量的乘积，所以，销售收入成长率也可用售价变动率和销售量增减率的积加以表示

$$销售收入成长率 = \frac{当年销售收入}{上年销售收入} \times 100\%$$

$$= \frac{当年售价 \times 当年销售量}{上年售价 \times 上年销售量} \times 100\%$$

$$= 售价变动率 \times 销售量增减率$$

如果房地产企业销售收入成长率在100%以上，是因售价提高所致，则销售量增减一定在100%以下，这表明市场占有率已走下坡路。所以，对销售收入成长率的审查，不能仅仅看表面数字，而应该确实了解其构成内容，以求出实质成长率。此外，成长率除了同上年比较，还应同上年同月比较，这对于季节性产品尤为必要。通过当年销售动态同上年市场动向对应比较，可以了解市场营销状况。

d. 市场形势分析。它包括市场占有率的期间比较，以及同竞争厂商比较，其中同上年比较市场占有率状况，也可作为分析市场扩大率的参考。市场占有率通常以年度计算求得，然而，最好以月计算求得。此外，如能确保并提高市场占有率，必须努力确保和提高销售收入较高月份的市场占有率，并使市场扩大率达100%以上。

e. 客户分析。销售收入可分为新客户销售收入和既有客户销售收入两项。通过既有客户的销售收入同上年度比较，可得知既有客户订货状况。对这两种客户销售收入的评析，可用下述公式

$$新客户销售收入比率 = \frac{新客户销售收入}{销售收入} \times 100\%$$

$$既有客户销售收入比率 = \frac{既有客户销售收入}{销售收入} \times 100\%$$

为提高市场占有率和竞争能力，往往需要扩大新客户销售收入比率，并同时确保当年度既有客户的销售收入。对既有客户销售收入的确保程度，可以运用下列公式进行检查

$$既有客户销售收入确保率 = \frac{当年度既有客户销售收入}{上年度既有客户销售收入} \times 100\%$$

如果既有客户销售收入有设定的成长率，那么，上述公式应加上成长率后计算。此项比率以在100%以上为好，表明公司产品定购率高，市场占有率相应有所提高。同样，新客户销售收入比率增加，也表示销售攻势很强，从而扩大了市场份额。

f. 销售费用率增减分析。销售费用率增减分析就是在确认销售费用增减状况之后，将本年度销售费用的各个项目，分别同上年度进行比较，并进行销售费用率增减分析。

g. 销售费用组成比率分析。销售费用组成比率分析就是了解各费用项目金额占整个销售费用的比重后，针对重点费用项目进行分析检查。

h. 销售费用的增减比率分析。销售费用的增减比率分析，通常有以下内容。

各费用项目增减率与合计增减率的比较。如果各费用项目增减率大于销售费用增减率，说明当期的组成比率较前期为高；如果各费用项目增减率小于销售费用增减率，说明当期的组成比率较前期为低。

各费用项目增减率与销售收入增减的比较。如果各费用项目增减率大于销售收入增减率，说明当期的销售费用率较前期为高；如果各费用项目增减率小于销售收入增减率，说明当期的销售费用率较前期为低。销售费用包括固定销售费用和变动销售费用。固定销售费用，包括人事费用、交际费用和坏账损失等；变动销售费用则包括佣金、运费、销售促进费用等。对固定销售费用，应分析其增减率的变化。因为固定销售费用在某一期间内金额相对稳定，但比率会随销售收入的增减而升降。

变动销售费用的比较。变动销售费用重点审查销售条件费用的变动状况，所谓销售条件费用，是为达成客户订货的销售条件而发生的费用。例如，折扣损失、折让损失、样品与备品的无偿赠送、佣金等费用。销售条件费用的多少，取决于营销策略和营销业务的熟悉程度。这是营销绩效审计所不可忽视的项目。

② 营销环境审计　它主要是对政治法律、经济、技术、自然、人口、社会文化等宏观环境的审查，以及对直接影响房地产企业营销的微观环境，如市场、顾客、竞争者、经销商等所进行的检查分析。

③ 营销战略审计　它主要考察房地产企业的营销目标、营销战略对当前以及未来的营销环境的适合程度。

④ 营销组织审计　它主要审查营销组织保证营销目标、营销战略和营销计划的实现程度以及市场营销环境的应变能力。

⑤ 营销系统审计　它包括对房地产企业的营销系统、计划系统、控制系统和新产品开发的审计。

思考题

1. 房地产营销组织形式有哪些？每种组织形式的优缺点及适用条件是什么？
2. 影响房地产营销策划组织结构的因素有哪些？
3. 房地产营销策划控制的方法有哪些？
4. 房地产企业如何对销售进行有效控制？
5. 营销审计的内容有哪些？审计的重点是什么？

8 房地产营销价格策划

房地产营销中的价格策划,就是房地产开发商为了实现一定的营销目标而协调处理各种价格关系的活动。价格策略是整个房地产营销活动中的极重要的一环,它不仅包括价格的制定、定价技巧的运用,同时包括在一定的营销条件下,为实现房地产开发商预期的营销目标而协调配合营销组合的其他有关方面,并在实施过程中不断修正价格策略的全过程。

8.1 房地产价格的种类

产品销售的过程中,价格的制定是非常重要的因素。消费者在购买产品时,要考虑产品的内在功能和价格两个因素。产品的内在功能对于消费者来说要做出客观判断很难,消费者只有对价格有着非常敏感的判断。所以,定价策略对产品销售非常重要。

房地产产品由于其信息的非对称性且又是大宗消费品,与其他产品相比,消费者对于房地产价格的关注度更高。因此,随着短缺经济结束、集团购买力消失和房地产市场的逐渐成熟,理性的价格策略在房地产市场竞争中的地位日益凸显。价格策略的正确与否直接影响开发企业的销量与利润,也是房地产营销组合最为敏感的因素。难怪房地产行业中有这样一句"名言":"只有卖不出去的价格、没有卖不出去的房子"。

房地产价格是营销中的重要因素,但是它与一般商品的价格有许多不同,它们虽然都是价格,用货币表示;都有波动,受供求等因素影响;都是按质论价,优质优价;但是房地产价格受区位的影响很大,是在长期的市场作用下形成的,同时房地产价格通常是个别形成的,容易受交易者的个别因素的影响,一般随交易的需要而个别形成,并容易受买卖双方的个别因素(如偏好、讨价还价能力、感情冲动)的影响。这就说明房地产价格本身是个丰富的概念,其种类包括单价和总价、买卖价格和租赁价格、实际价格和名义价格、现房价格和期房价格等。

8.1.1 单价和总价

(1) 单价

单价是指单位建筑面积的市场价格,但对一个拥有几十套甚至上百套的楼盘来说,一个单价并不能说明问题,下面的几个特殊单价从不同侧面让我们加深了对房地产价格的理解。

① 起售单价 因为楼盘存在层数、朝向等因素的差异,同一楼盘的每套单元的单价并不统一,习惯上,我们通常将底层某单元的单价确定为计算基准,并设定不同的层次系数和朝向系数,各个单元的单价由此计算,这个计算基准我们称为起售单价。

② 最低单价 最低单价往往是层次、朝向等条件最差的单元所标定的单价。有时,为了促销,有些条件好的单元也以最低单价出现,此时,最低单价便演变为促销价格。

③ 最高价格 最高价格往往是层次、朝向等条件最好的单元所标定的单价。

④ 平均单价 平均单价是指总销售金额除以总销售面积得出的销售单价,即通常所说

的"均价"。

⑤ 主力单价　主力单价是指所占建筑面积比例最高的单元所标定的销售单价,是确定楼盘客户定位的关键单价。

(2) 总价

总价是指一个销售单元总的价格。销售总价＝销售单价×单元建筑面积。

① 最低总价　最低总价一般是面积最小、朝向等条件最差的单元所标定的总价。

② 最高总价　最高总价一般是面积最大、朝向等条件最好的单元所标定的总价。

③ 总价范围　总价范围是指最低销售总价和最高销售总价之间的摆幅范围。

④ 主力总价　主力总价是指所占建筑面积比例最高的单元的销售总价。

⑤ 车位总价　车位总价是指单个车位的销售总价。每个车位所占有的面积一般为 $15\sim50m^2$。

⑥ 总价配比　总价配比是指依总价范围的不同,各个范围的总价及其所对应的单元数量在总销售额中所占的比例。

8.1.2 买卖价格和租赁价格

(1) 买卖价格

是房地产权利人通过买卖方式将其房地产转移给他人,由房地产权利人(卖方)收取或他人(买方)支付的货币额、商品或其他有价物。

(2) 租赁价格

地租和房租,是房地产权利人作为出租人将其房地产出租给承租人使用,由出租人收取或承租人支付的货币额、商品或其他有价物。中国目前的房租有如下几种。

① 市场租金　由市场供求状况决定的租金;

② 商品租金　以房地价值为基础确定的租金,包括折旧费、维修费、管理费、贷款利息、房产税、保险费、地租和利润 8 项;

③ 成本租金　按出租房屋的经营成本确定的租金,包括折旧费、维修费、管理费、贷款利息和房产税 5 项;

④ 准成本租金;

⑤ 福利租金。

8.1.3 实际价格和名义价格

(1) 实际价格

是指在成交日期时一次付清的价格,或者将不是在成交日期时一次付清的价格折现到成交日期时的价格。在房地产营销过程中应按照折扣比例、交款时间、优惠条件等明确计算房地产的实际价格。

(2) 名义价格

是指在成交日期时讲明,但不是在成交日期一次付清的价格。

8.1.4 现房价格和期房价格

(1) 现房价格

是指以现状房地产为交易标的的价格。该房地产的现状可能是一块准备建造、但尚未建造建筑物的土地,可能是一项在建工程,也可能是建筑物已建成的房地产。当为建筑物已建成的房地产时,即为现房价格。

(2) 期房价格

是指以未来状况的房地产为交易标的的价格。期房价格是指以目前尚未建成而在将来建成的房屋（含土地）为交易标的的价格。

期房价格＝现房价格－预计从期房达到现房期间现房出租的净收益的折现值－风险补偿

8.2 房地产价格构成

2000年9月建设部发布了"关于发布《房地产开发项目经济评价方法》的通知"，并自发布之日起试行《房地产开发项目经济评价方法》。根据《评价办法》可以认为，房地产的价格由以下几个部分构成。

(1) 土地取得成本

根据房地产开发用地取得的途径分为下列3种。

① 通过征用农地取得　土地取得成本包括农地中发生的费用和土地使用权出让金等。

② 通过在城市中进行房屋拆迁取得　土地取得成本包括城市房屋拆迁中发生的费用和土地使用权出让金等。

③ 通过在市场上"购买"取得　土地取得成本包括购买土地的价款和在购买时应由买方缴纳的税费等。

(2) 开发成本

① 勘察设计和前期工程费；

② 基础设施建设费；

③ 房屋建筑安装工程费；

④ 公共配套设施建设费；

⑤ 开发建设过程中的税费。

(3) 管理费用

管理费用包括开发商的人员工资及福利费、办公费、差旅费等，可总结为土地取得成本与开发成本之和的一定比率。在估价时管理费用通常可按土地取得成本与开发成本之和乘以这一比率来测算。

(4) 投资利息

投资利息包括土地取得成本、开发成本和管理费用的利息，无论是借贷还是自有资金，都应计算利息。开发商自有资金应得的利息也要与其应获得的利润分开，不能算作利润。

(5) 销售费用

销售费用，包括广告宣传费、销售代理费等。销售费用通常是按售价乘以一定比率来测算。

(6) 销售税费

① 销售税金及附加，包括营业税、城市维护建设税、教育费附加；

② 其他销售税费，包括应当由卖方负担的交易手续费等。

销售税费通常是售价的一定比例，在确定价格时通常按售价乘以这一比率来测算。

(7) 开发利润

估算开发利润应掌握以下几点。

① 开发利润是所得税前的，即开发利润＝开发完成后的房地产价值－土地取得成本－开发成本－管理费用－投资利息－销售费用－销售税费。

② 开发利润是在正常条件下开发商所能获得的平均利润，而不是个别开发商最终获得

的实际利润,也不是个别开发商所期望获得的利润。

③ 开发利润是按一定基数乘以同一市场上类似房地产开发项目所要求的相应平均利润率来计算,利润率有:

 a. 直接成本利润率＝开发利润/(土地取得成本＋开发成本)
 b. 投资利润率＝开发利润/(土地取得成本＋开发成本＋管理费用)
 c. 成本利润率＝开发利润/(土地取得成本＋开发成本＋管理费用＋销售费用)
 d. 销售利润率＝开发利润/开发完成后的房地产价值

8.3 房地产价格的影响因素

8.3.1 房地产产品因素

房地产产品对房地产价格的影响主要体现在以下几个方面。

(1) 自身投入的因素

房地产商品的生产和销售是以取得经济效益为前提。经济效益是投入与产出的比较,在产出大于投入的情况下,才产生好的效益。自身成本是投入的体现,而房地产价格是产出的体现。如果自身投入小于房地产价格,房地产企业就可以获得利润,也就可以取得经济效益。反之,自身投入大于房地产价格,房地产企业就要亏本,就谈不上经济效益。因此,自身投入与房地产价格关系非常密切,一般来说,自身投入大的房地产价格高,自身投入小的房地产价格低。

(2) 品牌、信誉、物业管理等方面的因素

实物方面的因素包括土地和建筑物两个方面。对于土地来说,主要包括:面积大小、形状、基础设施完备程度、土地平整程度、地势、地质水文状况等影响房地产价格的因素;对于建筑物来说,主要包括新旧程度、建筑规模、建筑结构、装修、设施设备、平面布置、工程质量等影响房地产价格的因素。

品牌、信誉方面的因素主要反映房地产企业的市场竞争能力、社会影响和在消费者心目中的地位。

物业管理因素反映物业管理企业对物业的维修、管理、服务的质量高低。

房地产自身的实物和品牌、信誉、物业管理等方面的因素反映了房地产的品质,显然房地产品质优的房地产价格高,房地产品质差的房地产价格低。

(3) 权益方面的因素

权益方面的因素主要包括权利性质(所有权、使用权、完全产权、不完全产权等)、他项权利限制(设定抵押)、土地使用年限、城市规划限制条件(用途、容积率、建筑高度、覆盖率、绿化率等)等影响房地产价格的因素。

一般来说,权益受到限制的房地产比不受限制的房地产价格低,使用权房地产比所有权房地产价格低,不完全产权房地产比完全产权房地产价格低。

(4) 区位方面的因素

区位方面的因素主要包括地理位置、繁华程度、交通条件、工作及生活方便程度、环境景观等。区位的形成,一是先天的自然条件,二是后天的人工影响。一般情况下,凡是接近人们经济活动的中心,交通流量较大,房地产价格一般较高;反之价格较低。不同用途的房地产对区位的要求不同,对价格的影响也不同。

8.3.2 供求关系

供求关系对房地产价格的影响主要体现在以下几个方面。

（1）房地产市场供给

房地产供给是指房地产开发商和拥有者（卖者）在某一特定时间内，在每一价格水平下，对某种房地产所愿意而且能够提供出售的数量。形成供给有两个条件：一是房地产开发商和拥有者愿意供给，二是房地产开发商和拥有者有能力供给。

现实中，某种房地产在未来某一时间的供给量为：

供给量＝存量－拆毁量－转换为其他种类房地产量＋其他种类房地产转换为该种房地产量＋新开发量

某种房地产的供给量是由许多因素决定的，除了随机因素，经常起作用的因素有如下几种。

① 房地产的价格水平　一般来说，某种房地产的价格越高，开发该种房地产越有利可图，开发数量越多；相反，开发数量越少。

② 房地产的开发成本　在价格不变情况下，开发成本上升会减少开发利润，供给就会减少；相反，供给就会增加。

③ 房地产的开发技术水平　开发技术水平提高可以降低开发成本，增加开发利润，就会增加开发量。

④ 开发商对未来的预期　开发商预期某种房地产的价格会上涨，就会使未来的供给增加，同时会减少该种房地产的现期供给，以便待价而沽；如果开发商对未来的预期是悲观的，其结果会相反。

总的来说，房地产市场供给与房地产价格关系十分密切，呈负相关关系。在房地产需求一定的情况下，房地产供给增加，就会增加房地产的积压和滞销，则房地产价格呈现下降的趋势。反之，在房地产需求一定的情况下，房地产供给减少，就不能满足房地产的需求，则房地产价格呈现上涨的趋势。

（2）房地产市场需求

房地产需求是指消费者在某一特定时间内，在每一价格水平下，对某种房地产所愿意而且能够购买的数量。形成需求有两个条件：一是消费者愿意购买，二是消费者有能力购买。

某种房地产的需求量是由许多因素决定的，除了随机因素，经常起作用的因素还有以下几点。

① 该种房地产的价格水平　一般来说，某种房地产的价格上升，需求减少；价格下降，需求增加。其他商品一般也如此，炫耀性物品（用以显示人们的身份和社会地位的物品）和吉芬物品（某种生活必需品）除外。

② 消费者的收入水平　收入水平提高，需求增加；收入水平降低，需求减少。

③ 消费者的偏好　当消费者对某种房地产的偏好程度增强时，该种房地产的需求就会增加；相反，需求就会减少。

④ 相关房地产的价格水平　当一种房地产自身的价格保持不变，而与它相关的替代品（能满足类似需要、可替代它的其他房地产）或互补品（能与它相互配合的其他房地产）的价格发生变化时，该种房地产的需求也会发生变化。替代品之间，一种房地产的价格上升，对另一种房地产的需求就增加；互补品之间，对一种房地产的消费增加，对另一种房地产的消费也增加。

⑤ 消费者对未来的预期　当预期未来收入增加，就会增加现期需求；相反，就会减少

现期需求。当预期某种房地产的价格会在下一时期上升时，就会增加对该种房地产的现期需求；相反，就会减少对该种房地产的现期需求。

房地产市场需求与房地产价格关系十分密切，呈正相关关系。在房地产供给一定的情况下，房地产需求增加，就会导致争抢购买房地产的现象，则房地产价格呈现上涨的趋势。反之，在房地产供给一定的情况下，房地产需求减少，就会增加房地产的积压和滞销，则房地产价格呈现下降的趋势。

8.3.3 经济因素

经济因素对房地产价格的影响主要体现在以下几个方面。

① 经济发展　经济发展，预示着投资、生产活动活跃，对厂房、办公楼、商场、住宅和各种文娱设施等的需求增加，由此会引起房地产价格上涨，尤其是引起地价上涨。

② 居民收入　居民收入水平提高，生活水平随之提高，改善居住条件的欲望和能力增加，从而会增加对房地产的需求，导致房地产价格上涨。

③ 房地产投资和投机　一般来说，投入房地产的投资和投机资金的增加，会增加对房地产的需求，从而引起房地产价格上涨。但当房地产的投资和投机资金大量退出时，会引起房地产价格下跌。

④ 物价　物价对房地产价格的影响有两种：一种是物价水平的总体变动，会带动房地产价格随之变动；另一种是不论一般物价总水平是否变动，其中某些物价的变动也可能引起房地产价格的变动，如建筑材料价格、建筑人工费的上涨，会增加房地产的开发成本，从而推动房地产价格上涨。

⑤ 通货膨胀　一般来说，当物价上升、货币贬值时，因房地产具有保值增值功能，对房地产的需求增加，房地产价格上涨。

⑥ 利率　一般来说，当利率提高时，会增加房地产开发成本，而引起房地产价格上涨。当利率降低时，会减少房地产开发成本，而引起房地产价格下降。

8.3.4 人口因素

人口因素对房地产价格的影响主要体现在以下几个方面。

① 人口数量　城市人口（包括外来人口、流动人口）的增加，对房地产的需求必然增加，从而引起房地产价格上涨。

在一定的城市范围内人口的增加，导致人口密度提高。人口密度从两方面影响房地产价格：一方面，人口高密度地区，对房地产的需求较大，一般来说房地产供不应求，因此房地产价格有上涨的趋势；另一方面，人口密度过高会导致生活环境恶化，社会问题增多，从而有可能降低房地产价格。

② 人口素质　如果一个地区中居民的素质低、构成复杂、秩序欠佳，人们多不愿意在此居住，因而导致此地的房地产需求减少，使房地产价格下降。

③ 家庭人口规模　一般来说，随着家庭人口规模小型化，即家庭平均人口数的下降，对房地产的需求相应增加，房地产价格有上涨的趋势。

8.3.5 政策因素

政策因素对房地产价格的影响主要体现在以下几个方面。

① 房地产的法律法规制度　房地产法律法规制度和政策体现国家对房地产市场和房地产价格的调控。法律法规制度和政策对房地产价格的影响是巨大的。由于房地产在国民经济中的重要地位和使用，所以房地产是政府的重点调控对象。当房地产市场低迷，房地产价格

过低，政府就要出台一些法规政策，启动房地产市场，促进房地产价格的上涨；当房地产市场过热，房地产价格过高，政府就要出台一些法规政策，抑制市场过热，促使房地产价格的下降。城市房地产管理法规定"以出让方式取得土地使用权进行房地产开发的，必须按照土地使用权出让合同约定的土地用途、动工开发期限开发土地。超过出让合同约定的动工开发日期满一年未动工开发的，可以征收相当于土地使用权出让金百分之二十以下的土地闲置费；满二年未动工开发的，可以无偿收回土地使用权。"此项规定的严格执行，将有效控制因恶炒地皮而带来的地价的大幅上升。再比如，政府增加经济适用房的供应，并限制经济适用房的价格，也会影响整个房地产市场的价格。

② 地方特殊政策　在一些地方建立经济特区，实行特殊的政策，往往会提高该地区的房地产价格。城市发展战略、城市规划、土地利用规划对房地产价格也有较大的影响，比如城市规划对某个地块的用途、建筑高度、容积率等的规定，会直接影响该地块房地产价格的高低。

③ 税收政策　直接或间接地对持有房地产课税，实际上是减少了利用房地产的收益，因而会造成房地产价格低落；相反，降低甚至取消对持有房地产课税，会导致房地产价格上升。

④ 金融政策　金融机构为控制房地产信贷风险，会根据房地产市场的变化及时调整信贷政策、利率政策或改变首付款比例以调整金融风险。常用的降低风险的方法有：提高利率、降低贷款成数、提高第二套以上住房贷款的利率或取消利率优惠政策、提高首付款比例、控制房地产信贷规模等。金融政策的变化对消费者预期有很大影响，会直接导致买房者负担加重从而抑制房地产需求，使房地产价格下降。

8.3.6　其他因素

其他因素对房地产价格的影响包括如下几方面。

① 心理因素　心理因素影响也会影响房地产的成交价格，比如急于购买或急于出售，个人对某宗房地产情有独钟、特别偏好，接近名人住宅，追求流行时尚，讲究风水或吉祥名称号码等。

② 社会因素　社会因素包括城市化、社会政治稳定和社会治安状况等对房地产价格产生一定的影响。一般来说，城市化进程加快，人口向城市地区集中，造成对城市房地产的需求不断增加，从而会带动城市房地产价格上涨。社会政治稳定和社会治安状况良好，会增强人们的投资置业信心，从而增加对房地产的需求，引起房地产价格的上涨。政治不稳定，社会治安差，会减弱人们投资置业信心，从而减少对房地产的需求，造成房地产价格的低落。

③ 国际因素　世界政治状况、外交关系、军事冲突、世界经济状况、国际竞争状况等也会对房地产价格产生一定的影响。

8.4　房地产定价目标

在进行房地产定价时，首先要确定定价目标。房地产定价目标是指房地产销售者确定其房地产销售价格的指导思想和价格水平的判断和调整的依据。

8.4.1　房地产定价的含义

作为商品的房地产进入流通领域，必须要有交换价格。作为房地产销售者，对其出售的房地产要确定一定的销售价格；作为购买者，要付出一定的代价获得他人的房地产。没有价格，就无法实现房地产的销售和交换。所以必须制定房地产价格。

房地产定价，是指房地产销售者为销售其房地产而确定的销售价格。

房地产销售价格不同于房地产成交价格。房地产销售价格是由销售者作出，主要体现销售者的意志和愿望。而房地产成交价格是由销售者和购买者双方经过讨价还价而达成。由于房地产价值量大，而且通常是一宗房地产一宗价格，所以房地产在最终成交时，往往需要较长时间的协商。因此，房地产成交价是由销售者和购买者双方作出，体现双方的意志和愿望。

房地产销售价格与房地产成交价格之间有着非常密切的联系，两者的差距一般不会太大。其原因一是销售价格是成交价格的基础，买卖双方的价格谈判是围绕着销售价而展开的。如果购买者认为销售价与自己的期望值相距甚远，他往往就会选择放弃，而不会去参与价格谈判；二是销售者在制定销售价时，已考虑了成交的可能。虽然销售价是销售者单方作出，但也并不是销售者随心所欲、一厢情愿的事。销售者要经过较长时间的考虑并综合各方面的因素才最后作出，所以一般不会与成交价有太大的差距。特殊情况也有例外，比如房地产拍卖，起拍价可以看成是销售价，如购买者很多，竞争激烈，最后的成交价可能与起拍价相差很大。

8.4.2 利润最大化目标

利润最大化目标是指房地产销售者以获取最大限度的利润为定价目标。实现利润最大化的途径主要有两条：一是通过追求高价位而使利润最大化。当某宗房地产品质优越、独特性较强，不易被其他房地产所替代时，按较高价格销售可为销售者带来丰厚利润，但高价位要有市场的认同，如果市场不认同，价高无人购买，高价位也不可能带来高利润；二是通过扩大房地产销售量而使利润最大化。销售者根据房地产市场状况制定一个合适的价格，通过促销激发需求，同时增加供给，也可以获得更多的利润。利润是个综合性很强的指标，尤其对房地产项目而言，从预售开始到销售结束往往需要很长时间。所以，以利润最大化为定价目标，要考虑各种因素对房地产价格的影响，动态地分析企业的内部条件和外部环境，将市场相关因素和公司经营战略有机地结合起来，在可行的基础上追求和实现利润最大化。

8.4.3 市场占有率目标

市场占有率是指在一定的时期内，房地产企业的房地产产品的市场销售量占当地同一类房地产产品市场销售总量的比例。市场占有率是房地产企业经营状况和产品竞争力状况的综合反映，市场占有率的高低关系到房地产企业在市场中的地位和兴衰。市场占有率高意味着企业的销售数量大，竞争能力强；市场占有率低意味着企业的销售数量小，竞争能力差。

房地产定价以提高市场占有率为目标，是通过市场分析，制定出具有竞争力的价格，从而扩大其房地产的销售量，提高市场占有率。市场分析主要包括三个方面的分析：一是对市场环境的分析，分析市场供求关系、市场总体价格水平、市场经济政策等；二是对竞争对手的分析，分析竞争对手的竞争能力，竞争对手的房地产产品的品质及价格水平等；三是分析自身条件，分析自身目前的竞争能力，自身房地产的品质和特点等。通过充分的市场调查和市场分析，制定出合理的价格。

提高市场占有率的定价目标并不意味着价格一定要比别人的低，而是要体现价格具有较强的竞争力，能够较快地实现房地产销售。这种具有竞争力的价格，要与房地产产品的品牌、品质、信誉、服务等相联系。同时，提高市场占有率的关键还在于扩大房地产的产量和市场促销等。

8.4.4 稳定价格目标

稳定价格目标是指房地产销售者在定价时以稳定市场价格为目标。稳定的价格给人以产品信誉高、企业形象好的印象。良好的企业形象是企业赢得市场、赢得消费者的重要条件。

稳定价格并不等于价格绝对不动，始终按一种价格销售。由于房地产的不可移动性和独一无二性，以及影响房地产价格的因素在不断发生变化，特别是房地产自身价值（生产成本）和市场供求关系的变化，房地产销售不可能实施和推行同一种价格。所以稳定价格是相对稳定，而不是绝对稳定。就同一种房地产产品（同一楼盘）而言，稳定价格是要求前后销售的价格相对保持一致，不要有太大的波动。

8.4.5 品牌目标

市场竞争已转化为品牌的竞争，如何在市场竞争中确立自己的品牌优势，塑造、巩固、发展自己的品牌形象，为日后的发展打下基础也是价格策略的一个重要目标。

8.5 房地产开发项目定价策略

房地产开发商能否顺利地将所代理的楼盘销售出去，使得房地产产品能够在市场上站得住脚，迅速进入成长期、成熟期，并给企业带来预期效益，价格因素起着十分重要的作用。定价策略应该着重根据房地产市场的具体情况，从实际目标出发，应用价格手段，确定出产品的基础价格，实现企业的营销目标。此外，房地产开发商还应该根据产品类型的不同，采取不同的定价策略。

8.5.1 新产品定价策略

（1）撇脂价格策略

这是一种高价格策略，是指房地产企业推出的产品上市之初，产品价格定得较高，以便在短期内获得高额利润。这种定价策略，如同在牛奶中撇取奶油一样，取其精华而由此得名。这种策略的应用基础在于：从消费需求看，房地产产品的独特性和优越性能够满足潜在的需求，高价格能为部分消费者所接受；从消费心理看，又能满足消费者求新、求异的心理，高价能够满足自己的需求；从供应平衡看，新产品供应数量少，高价格有利于生产能力与市场上需求相适应。

（2）渗透定价策略

这是一种低价格策略，即房地产企业新产品上市之初将价格定得较低，以吸引大量的消费者，迅速打开市场。渗透价格策略由于定价较低，一方面能够扩大销售量，获得较大利润；另一方面能阻止竞争对手的介入，有利于控制市场，提高市场占有率。不足之处是上市初期定价较低，投资回收期较长，企业在市场竞争中价格回旋余地不大。因此作为一种长期价格策略，适用于能够尽快大批量生产、产品优势突出、技术简单的房地产产品。

（3）温和定价策略

房地产产品上市之初，采用买卖双方都有利的温和策略，其价格介于撇脂定价和渗透定价之间，即可以避免撇脂定价策略因价高而具有的市场风险，又可以避免渗透定价策略应价低而带来资金回收的困难，因而既有利于房地产企业自身，又有利于消费者的利益，令双方都较为满意。

8.5.2 心理定价策略

这是运用心理学原理，根据不同类型顾客购买房地产开发商品的心理因素来制定商品价格，引导消费者购买以扩大市场销售的策略。

（1）产品组合定价策略

房地产开发商在市场销售过程中，通常是开发产品大类，每类中又包含几种相关产品。由于每种产品的成本、用途、市场供求和竞争状况的差异，在制定价格时企业不仅要以成本费用为基础制定出每种产品的价格，还要合理安排好相关产品的价格差额，以求得整体营销，获取最大利润。如建造住宅小区时，对不同房地产产品实施不同的定价原则，对政府规定的解困房、小学、托儿所等可以实行保本或微利定价；对住宅商品房实行成本加成定价；而用于商业、娱乐业的经营用房可实行高价策略。虽然微利房不能给企业创造多少利润，但是可以从住宅商品房和经营用房的销售中获取足够的利润，而且学校、托儿所作为住宅小区的必要配套设施可以促进其他商品房的销售，既取得较好的经济效益，又取得较好的社会效益。这种策略把产品定价看作是一个完整的系统，不求每个因素获取高额利润，而是求得总体效益的最优化。

（2）习惯定价策略

是指按消费者长期接受和承认的习惯进行定价。这类房地产开发商品在市场上已经形成习惯价格，而且消费者对此类商品价格变动的反应极为敏感，企业应针对消费者的心理需求，不能轻易变动价格，以免引起消费者的不满，如向低收入家庭提供的解困房、微利房等，采用习惯定价的方法比较容易为消费者所接受，有利于形成良好的企业形象。

（3）声望定价策略

它是针对消费者求名、显富的心理，对在消费者心目中有信誉的产品制定较高价格。由于高档价格能够显示出消费者较强的经济实力和较高的消费水准，满足消费者炫耀的心理。这样的高价会增加产品的吸引力，扩大销售的积极效果。这种策略，一般适用于装修豪华、外观别致的高档别墅或者高档名牌房地产开发商品。

8.5.3 差别定价策略

差别定价策略是指对同一种房地产产品采用不同的销售价格，这种价格差异并不是因为产品成本费用的不同，而是由于供需方面的原因造成的，主要有以下几种形式。

① 对不同的顾客规定不同的价格　房地产开发企业在销售商品房时，对普通消费者全价出售，对教师、军属、特困户给予优惠，有助于提高企业的知名度和信誉。

② 不同的部位规定不同的价格　在同一栋商品房中，虽然设计方案、施工质量以及配套设备都一样，但由于房屋的楼层不同、朝向不同，价格也有所变化。这有利于满足不同层次、不同需求的消费群。

③ 不同时间规定不同的价格　房地产开发商品投资大、建设周期长，企业可以根据开发项目的进度和竣工时间制定分批销售，逐步推高的价格策略。第一期售价低一些，以吸引顾客踊跃购买，造出声势，以后价格逐步调高，使第一期购房者产生获利的感觉，以刺激后来的买房者踊跃购买，促进销售。

8.6　房地产开发项目定价方法与流程

定价方法是根据定价目标确定产品基本价格范围的技术思路。房地产的定价方法有成本导向、竞争导向、需求导向、市场比较导向 4 种。

8.6.1　成本导向法

成本导向定价指按开发成本和人为订立的利润比率确定价格。依据不同的财务模型，又分为固定成本加成法、变动成本法、盈亏平衡法和目标利润率法。固定成本加成主要从静态出发，立足于房地产销售前与销售中发生的一切成本费用，再加上预期盈利作为销售价格。

成本加成定价带有明显的卖方市场色彩；变动成本定价法是把单位变动成本与单位产品贡献额之和定为售价，其理论依据是只要达到销售量盈亏分界点，贡献额不仅可弥补固定成本，而且会带来利润。当物业面临着严峻的竞争形势时，短期内用此种方法可排挤竞争对手，攫取市场份额；盈亏平衡法和目标利润法分别从保本不亏和获得预期利润两个层面计算企业所能承受的价格底线。由于它们是以预测的销售量为参数，而销售量又是价格的函数，互动的两种变量很难把握，以此制定的价格也难以与顾客的要求相适应。

8.6.2 竞争导向法

竞争导向定价是以企业所处的行业地位和竞争定位而制定价格的一种方法。其具体的定价策略有以下三种。

(1) 领导者姿态定价

在区域性市场上处于行业领导者地位的开发商，可借助其品牌形象好，市场动员能力强的优势，使产品价格超过同类物业的价格水平。高价不仅符合其精品定位市场目标，也与以稳定价格维护市场形象的定价目标相一致。采取该定价策略的条件是：需求弹性较小，受求新心理的驱使，购房者求购心切，愿出高价，因此可以取得最大利润，并把握今后降价的主动权，但该策略易诱发竞争，在潜在竞争者纷纷参与竞争时，这种类型产品的优势已逐渐消失，房地产开发商这时可适当降低价格保持竞争力。

(2) 挑战者姿态定价

对于具有向领导者挑战的实力但缺乏品牌认知度的企业，适宜以更好的性能、更低的价格将看得见的优惠让利于买方。这样可以促进销售，扩大市场占有率，提高企业在行业中的声望。运用此方法一般要对可比性强的领导者物业进行周密分析，在促销中借其声威，并突出宣传自身优势。该定价策略的前提是：市场容量大、需求弹性大、潜在竞争威胁大。采用这种策略可以薄利多销，先发制人，有助于阻止竞争者的进入，迅速打开市场，取得最大的市场占有率，通常又称为"别进来"策略。在市场已被他方抢先占领的情况下，也是挤入市场的较好办法，待销路打开后，也可适当提高价格。

(3) 追随者姿态定价

当物业推出时，也可选择当时市场同类物业的平均价格。一般认为平均市价是供求均衡的结果。以随行就市方法定价，既会带来合理的平均利润，又不破坏行业秩序。因而为市场追随者普遍采用。虽其定价目标缺乏特色，但对于竞争激烈、信息充分、需求弹性较低的房地产市场，不失是一种稳妥方法，尤其适用于产品特色性不强、开发者行业地位一般的物业。

8.6.3 需求导向法

需求导向定价是以消费者的认知价值、需求强度及对价格的承受能力为依据，以市场占有率、品牌形象和最终利润为目标，真正按照有效需求来策划房地产价格。在实际运用中又有认知价值和差异需求两种不同的形式。

所谓认知价值定价是指在买方市场条件下，根据购买者对房地产的认知价值定价。认知价值的形成一般基于购买者对有形产品、无形服务及公司商誉的综合评价，它包括实际情况与期望情况的比较、待定物业与参照物业的比较等一系列过程。品牌形象好的物业往往能获得很高的评价。只要实际定价低于购买者的认知价值，即物超所值，购买行为就很容易发生。这种"以消费者为中心"营销理念运用的关键在于与潜在购买者充分沟通、掌握调查数据并对其进行整理分析。网上竞价是一种新兴的定价方式。潜在买家按自己所掌握的有关信息、对物业的综合评价及需求的迫切程度等因素在网上给出对目标物业的报价。开发商将诸多报价与相应产品相匹配,综合比较寻求"可售点",并按由高而低的顺序择优达成交易。网络的互动性使消费者足不出户就可以参加竞买,也为房地产开发商获得认知价格提供了可能。这正是认知价值导向法在网络经济下的应用形式。

所谓差异需求定价是以不同目标客源的需求强度、总体资金承受能力为参考对象,分别求得各消费层次的有效需求数来确定房地产价格。该方法可为制定项目全盘价格策略和多层次供房价格体系提供决策参考。

8.6.4 市场比较导向法

市场比较导向法从操作上看有点类似于房地产估价中的市场比较法,反映了房地产开发项目的市场供求关系和市场接受程度,因此这种定价方法是实践中常用的一种方法。其参照主要是同区域、同质、同客户群、同户型、同规模、同价位的其他房地产项目;比较的因素有地理位置、楼宇本体质素、物业管理、工程形象进度、营销等方面。

市场比较导向法定价是一个完全经过市场验证的定价方法,价格的制定和房地产开发项目本身的成本没有太大关系。

其主要操作步骤如下。

① 确定市场调查的范围和重点 以项目为核心,半径2km的范围是重中之重。若范围内不够,可再扩大;凡是竞争对手都应纳入视线范围;重点市场比较应不少于6个;二手楼价格也应适当考虑。

② 对影响价格的各因素以及权重进行修正 不同类型房地产的价格,影响因素不同;不同阶段、同一类型房地产的各个价格影响因素权重不同,最好是与销售人员,尤其是在同一区域卖楼的销售人员座谈、分析。

③ 对每个重点市场比较进行调整 最好是有经验的专业人士,5人左右一起打分,再综合,绝不能一个人决定;讨论时,市场比较的资料要确实,不确实的马上补,不能应付;小组打分由专人记录,经理要开放,鼓励大家谈经验,需要一个市场感觉好的人归纳。

④ 交易情况修正 以本盘预计发售的形象进度为基础,对市场比较形象进度的工期进行修正。为此,要了解市场比较发售时的形象进度;以本盘的目标销售速度为基础,对市场比较的不同销售速度进行修正。为此,必须了解市场比较发售的时间和销售率;必要时对广告投入进行修正;各发售的形象进度、发售时间、广告投放,最好有记录。

⑤ 形成市场比较结果表 每个市场比较进行的调整包括:最低价、最高价、平均价、特别楼层价(例如高、中、低价各一个);形成表格,便于比较。

8.6.5 定价流程

房地产项目的定价在确定好基本方法后,就应当以定价结果表得到的楼盘均价为基础,按照既定的流程去完成整个项目可售楼盘的价格制定,最终形成整个项目的价目表。

8.6.5.1 决定分期均价

算出各期面积及占总面积比例,根据销售阶段的价格策略的总体安排,找出项目在开盘期、旺销期、持续期、尾盘期等不同阶段最合适的均价。

8.6.5.2 决定分幢均价

① 决定分幢均价之前,先将各幢面积及占总面积比例算出,以方便找到平衡。
② 决定分幢均价:根据各自的相对位置、条件等进一步细化,找准均价。

8.6.5.3 水平价差的确定

(1) 水平价差的含义

所谓水平价差是指在同一楼层不同户别的每平方米的价格差异。在同一水平层面，已经排除了楼高的差异。在订定水平价差时，首先须确定同一水平层面的户数或单元数。例如只有单栋建筑，则以同一楼层的不同户别制定水平价差；如果有多栋建筑，比较系统化的方式是先制定各栋之间的水平价差，再分别就各栋同一楼层的户别制定价差。

如果建筑物各个楼层的户数都相同，而且相对位置也相同（一般俗称这类楼层为标准层），则必须制定一个楼层的水平价差，其余楼层均可参照；但如果楼层之间的户数不同，或者户数虽然相同，但相对位置却不同，则须各自制定不同楼层之水平价差；还有一种情况是户数及相对位置均相同，但楼层之间的邻近环境却不同，例如：某住宅4楼以下均有邻栋建筑，5～7楼则无遮挡，则会影响相互间的水平价差。对于制定水平价差而言最关键的程序是对平面规划及同一水平其他相关环境（例如与邻栋的栋距、朝向等）进行深入分析，找出影响水平价差的主要因素，并评定这些因素对于水平价格的影响程度，才能最终确定水平价差的正、负相对价差金额。

（2）影响水平价差的因素

一般而言，影响水平价差的因素包括下列几项。

① 朝向　朝向通常是指客厅的朝向，简易的判断方式以客厅邻接主阳台所朝的方向为座向。至于应采用何种调整幅度则视产品种类、单价、日照等不同情况而作上下调整，调整原则如下：

  a. 大户型住宅，调整幅度大；中小户型住宅，调整幅度小；
  b. 单价高时，为达到价差效果，调整幅度应较大；单价低时，调整幅度小；
  c. 朝向朝南，日照适中时，调整幅度大；而朝向朝西或朝东日照过多、朝北日照明显不足时，其调整幅度宜较小；
  d. 风向与朝向不同时，调整幅度大；风向与朝向相同时，调整幅度小。

② 采光　采光通常是指房屋所邻接采光面的多寡或采光面积的大小。

若以单面采光者为零，再以同楼层作比较，二面采光者的单位可比单面采光增加2%～3%，三面采光再增加2%～4%。

③ 景观　景观对于住宅而言，常具有决定性的影响力。在制定景观价差时，最好事先观察该区域的现况图及城市规划图，以判别是否有遮挡、正对某景观，以及潜在景观条件等因素。目前景观的有无已明显决定了楼盘是否具有竞争性，通常有景观房屋的售价可比无景观者每平方米多10%～25%，有的甚至更高，若景观面不止一面，则每多一个景观面，每平方米可再增加2%～3%。至于价差调整幅度可参考下列原则：

  a. 面临学校、公园或自然景观、永久绿地的单位，调整幅度大，反之则小；
  b. 附近没有景观或较差及环境污染较重的设施调整幅度大，反之则小；
  c. 面临主要交通干道，噪声污染严重的单位，调整幅度大，反之则小。

④ 户型　在同一楼层中，平面户型最好与最坏的单位应有适当价格差距，价差调整幅度可参考下列原则：

  a. 格局方正、形状完整，调整幅度大；反之，则调整幅度小；
  b. 室内动线规划简明流畅的，调整幅度大；动线冗长而浪费的，调整幅度小；
  c. 产品单价高，调整幅度大；产品单价低，调整幅度小；
  d. 室内空气流通，调整幅度大；室内开窗位置不良，空气无法对流者，调整幅度小。

水平价差制定的目的，在于适当反映同一水平层面各户之间相对优劣的程度。一般而言，在预售楼盘的过程中，水平价差制定得越成功，各户销售的速度和可能性越一致。

(3) 制定水平价差的程序
　　① 确定影响水平价差的因素。
　　② 评定（调整）各因素对价格的影响程度。
　　③ 调整各户或各栋别就各个因素的价差以计算出个别价差。
　　④ 统计各户或各栋别的正负价差总数是否为零。

8.6.5.4 垂直价差的确定

　　(1) 垂直价差的含义

　　所谓垂直价差，是指同一幢建筑物中不同楼层之间的价格差异，通常以每平方米的单价差额来表示。在各楼层之间价格高低排好顺序之后，需选定垂直价格的基准层，即垂直价差为 0 的楼层，其他楼层即可根据基准层做正负价差的制定。有关基准层的确定一般须视住宅楼层的数量而定，且以取价格顺序居中的楼层最为常见。例如楼高为 7 层的多层为例，可选择 4 楼为基准层；18 层的小高层可选择 8 楼或 9 楼作为基准层等，至于各楼层与基准层的价差也因产品而异。例如多层住宅高度较低，各楼层的采光、通风等条件基本相同，因此楼层的价格差距一般在 0.1%～0.3%之间。而高层住宅或高层写字楼，楼层与基准层的价格差距 0.1%～0.5%甚至更大。

　　(2) 影响垂直价差的因素

　　制定垂直价差，最高与最低单价之价差，可反映各楼层之间可能存在的价差空间。楼层数越多，则最高与最低单价楼层的价差也越大。除了楼层数之外，市场状况以及目标客户购房习性也会影响价差幅度的大小：

　　① 当市场状况较好时，价差幅度大，当市场状况不佳时，价差幅度小。
　　② 当产品单价水平高时，价差幅度大。但产品单价水平低时，价差幅度小。
　　③ 目标客户的购房习性比较保守时（通常为区域性较强的楼盘），大多无法接受差异大的价格，因此价差的幅度不宜过大；反之，若客户多来自本区域之外，或客户的背景多元化，则价差的幅度可较大。

8.6.5.5 形成价目表

　　通过以上步骤，通过电脑试算选定 2～3 个方案后，进行如下调整：
　　① 划分总价/单价区段，最好用色彩标注。例如：总价<350 万元，单价<25000 元/m²的，检查与销售阶段目标的配合程度。
　　② 根据目标客户感受，选择总价/单价表示，甚至是月供或每平方米月供表示。
　　③ 一次性印刷价目表会给客户以清晰、可以把握的好感觉。

8.6.5.6 特别调整

　　例如住宅中可针对顶层复式单位或双拼单位供应量小而依据以上方法再另行上调价格。

8.6.5.7 付款方式

　　① 根据目标客户设计相适应的付款方式，并确定主打的付款方式。
　　② 设计折扣率时注意：一般在 8.5～9.8 折之间，超过两头的情况除非有意引导，一般情况下慎用。
　　③ 根据各付款方式的估算比例和折扣率，计算出综合折扣。
　　④ 在综合折扣基础上考虑如下因素，形成最终折扣率。
　　a. 关系购房的面积比例和再折扣范围，如可以考虑客户情面，先预留 1%的折扣率；
　　b. 销售过程中的促销用再折扣比例和范围，如举办促销活动，给予适当的折扣；

c. 尾盘的再折扣比例和范围；
d. 分阶段上调折扣比例和范围。

8.7 房地产开发项目调价策略

房地产开发项目的价格在确定价目表后并不是一成不变的，在一定的营销条件下，开发商为了实现销售目标或者配合营销组合的其他策略，在整个项目销售的过程中可以多次利用价格这个杠杆来促进销售，在销售过程中根据消费者心理的变化，不断利用调价策略进行提价或降价。

消费者对价格变动的反应是检验调价是否成功的重要标准，因此，必须对此进行认真分析和研究消费者对调价的反应，研究消费者是如何理解这次调价的，从而采取有效的措施。

消费者对房地产商品降价的反应不外乎以下几种：
① 房地产产品的质量可能有问题，销售不佳；
② 房地产开发企业财务周转可能有困难；
③ 对剩余的、销售不出去的房地产商品作促销；
④ 价格可能还会再降，不妨等一等；
⑤ 在房地产产品开发建设过程中有可能发生了偷工减料的情况。

消费者对房地产商品价格调高的反应有以下几种：
① 该房地产商品质量优越，应赶快购买以免失去机会；
② 销售情况与市场反应都很好；
③ 房地产开发企业想多赚钱。

因此不难看出，由于房地产产品的特殊性，调价策略的运用、调价方式的确定、调整幅度的大小、调整时机的掌握等都需要十分慎重。

8.7.1 低开高走调价策略

低开高走调价策略就是随工程形象进度或根据销售进度情况，每到一个调价时点，按预先确定的幅度调高一次售价的策略，也就是价格有计划定期提高的定价策略。低开高走是开发商常用的价格调整策略，多用于期房销售。因为期房销售价与其施工进度关系密切，由于开发商投入的资金不同，楼盘的市场价在不断地变动之中。这种价格的动态特征与市场价格的合理变换相一致。

8.7.1.1 低开高走调价的主要方式

（1）根据工程形象进度调整

根据工程形象进度来实施低开高走的价格调整策略，可以按照以下几个阶段来确定调价时机。

① 项目开工　此时项目尚未正式开盘、项目的形象尚无法充分展示，价格也最低。若采取预先认购的方式，主要目的是试探市场、检验项目定位是否正确。

② 项目开盘　此时项目形象包装、卖场包装准备就绪，主力客户即将到来，为确保利润，价格自然要比认购期高出一等；至实景样板间开放（或其他工程进展中标志性时间），工程形象日臻完善，销售高潮已经形成，调整价格，客户抗拒心理一般不大。

③ 项目主体结构封顶　标志着项目主体完工，购买风险大大降低，项目的大部分优势、卖点大多都能充分展示，至项目完全竣工，项目好坏优劣一览无遗，客户资金垫付时间短，

适当调高价格,消费者也能理解。对于分多期开发的大盘或超大盘来说,随着工程不断展开,商业配套设施的日益完善,一期比一期价高更是常见策略。

(2) 根据销售进度调整

根据销售进度机动灵活地调整价格,一般来说,是指在项目销售进度完成情况较好,并且聚集了十足的人气后,为进一步制造销售热潮,以调高价格的方式来对犹豫中的客户形成压迫性氛围,通过公告调价信息或调价方案来向客户表明该项目极为畅销,如不尽快行动,将不得不高价购买甚至错失良机。南京河西的某著名楼盘的销售过程中,开发商就利用"每月铁定上调1%"的方式来吸引客户,达到快速成交的意图,最终的销售均价比开盘价格提高了28%以上。

(3) 根据销售周期灵活调整

开发项目的销售周期会随着开发产品的不同而存在差异,一般来说,对于总销售周期为一年左右的项目,销售期达两个月左右时即有调价的必要,同时调价的时机也可结合销售率来确定,当销售率达到20%时即可调价。若销售期仅三四周时间即达到30%的销售率,此时就有了调价的必要;若三成的销售率经过很长的时间才达到,此时调价危险性较高。以上这两种情况还有一种处理方式就是及时"封盘",即暂时停止销售,以避免机会损失或者长期销售不利而带来的负面宣传效应。在南京某楼盘的销售过程中,由于新城市总体规划中的大学城位于楼盘周围,因此受到了大量客户的热力追捧,开发商及时"封盘",待规划明确后,开发商再度开盘继续销售时,价格已由最初的开盘价上升了近85%。根据销售周期灵活调整价格,其表现形式也可以有多种(见图8.1),以适应不同项目的需要。

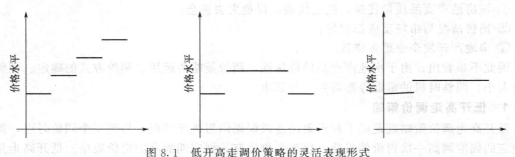

图8.1 低开高走调价策略的灵活表现形式

8.7.1.2 低开高走调价策略的主要优点

① 快速成交,促进良性循环。价廉物美是每一个消费者的愿望,以低于行情的价格开盘,肯定能吸引相当一部分客户的注意。但客户在对产品进行了解,确认事实后,便很容易成交,不但意味着企业创利的开始,而且还能鼓舞士气,以良好的精神状况开展日后的工作。此外大量的客户上门,即使没有成交,也会营造出现场热烈的气氛,创造楼盘良好的形象。

② 调价能造成房地产增值的印象,给前期购房者以信心,并通过其口碑传播,进一步形成人气,刺激有购房动机者的购买欲,促使其产生立即购房的想法。

③ 价格控制较容易。由于低价开盘,价格的主动权在开发商手里,当市场反应热烈时,可以逐步提高销售价格,形成热销的良好局面;当市场反应平平时,则可以维持低价优势,在保持一定成交量的情况下,静观市场的反应或放缓提价步伐。

④ 加速资金周转。有成交便有资金流入,公司的运转才能形成良性循环,特别是在市场不景气时。

8.7.1.3 低开高走调价策略的主要缺点

① 首期利润不高　低于市场行情的售价往往首期利润不高,有的甚至没有利润,开发商因此将主要利润的获取寄希望于后续调价。

② 楼盘形象难以提升　高价位不一定代表高品质,但高品质是需要高价位来支撑的。低价开盘,作为局部的促销活动问题不大,但若作为公司的一项长久的策略,则必然会影响楼盘的档次定位和实际运作。

8.7.1.4 适用范围

若一个楼盘面对以下一种或多种情况时,低价面市将是一个比较明智的选择。

① 产品的均好性不强　产品的开价虽然有许多外部因素,但自身的条件仍是最根本的。一定的价格在绝大部分情况下总是对应着一定的产品品质。如果一个楼盘的地点、规划、户型、服务等综合性能和其他产品比较,不但没有优势,而且还有或多或少的劣势,价格的定位不与之匹配,则其定价的基础就不稳固,降价的趋势是理所当然的。

② 楼盘的开发量相对较大　地产是一个区域性产品,而区域性客源不但是有限的,而且,是"喜新厌旧的"。开发量相对较大、吸纳量的相对过少,会造成销售时间拉长,低价入市、低开高走将是一个比较明智的选择。

③ 市场竞争激烈,类似产品过多　在项目附近地区如果类似产品过多,产品定价则应该以增强产品竞争力为主。否则大量的广告只是替他人做嫁衣裳。虽然吸引了不少客户,但客户在决定购买之前,必然会与周边楼盘做一比较,如果你的产品没什么特色,价格也不吸引人,客户就会流失。

8.7.2 高开低走调价策略

(1) 高开低走调价策略的含义

高开低走这种调价策略是开发商在新开发的楼盘上市初期,以高价开盘销售,迅速从市场上获取丰厚的营销利润,然后降价销售,力求尽快将投资全部收回。

(2) 优点与缺点

与低价开盘、不断调高的价格策略相对应,高价开盘的利弊正好相反,其优点主要表现在:

① 在项目初期便于获取最大的利润;

② 开盘价格水平定位较高,便于展示楼盘的品质和口碑,与领导者形象相呼应,创造企业无形资产;

③ 由于高开低走,价格是先高后低,或者定价高折头大,消费者也会感到一定的实惠。

其缺点主要表现在:

① 日后的价格直接调控余地少;

② 但若价位偏离当地主流价位,则资金周转相对缓慢;

③ 由于价格较贵,难以聚集人气,难以形成"抢购风",楼盘营销有一定的风险。

(3) 适用范围

这种策略一般适用于以下两种情况:第一是一些高档商品房,市场竞争趋于平缓,开发商在以高价开盘取得成功,基本完成了预期的营销目标后,希望通过降价将剩余部分迅速售出,以回笼资金;第二是楼盘或小区销售处于宏观经济周期的衰退阶段,或者由于竞争过度,高价开盘并未达到预期效果,开发商不得不调低售价,以推动市场吸纳物业,尽早收回投资。

8.7.3 调价技巧

在调价过程中,为了适应房地产市场的特殊性,必须采用一些恰当的方式、方法来放大调价产生的积极效果,尽量减少消极影响,这就是调价技巧的运用,主要包括调价顺序、调价方式、方法、调价的幅度等。

(1) 调价顺序

如果打算提高价格,在已售套数较多的情况下可先调高已售户型的价格,借此拉大与未售户型的价差,以促销未售的户型;若已售的套数较少,即可全面调高价格,造成全面涨价的印象,或提高某些产品条件特别好的户型,以促进剩余户型的销售。如果打算降价,应尽量以调整剩余户型为原则,避免引发已购房客户的不适心理。

(2) 调价方式

调价时降价可以采取"明升暗降"的原则,降低价格,应尽量不变动表面上的价格,以调低底价为主,加大议价的空间。除非因为价目表定得过高,影响消费者的购房意愿。这样,一方面可以避免已购房客户看到价格调低而引发的抵抗心理,另一方面也避免一些客户受"买涨不买跌"心理的影响。降价从本质上来讲分三种:一种是为抢占市场份额而降价;一种是为吸引买家注意,刺激消费而降价;另一种是为加快资金回笼,提高资金周转速度而降价。实质不同,手法也就各异。

对于提价,则市场的风险比降价更大,最主要的是一旦自己提价,而周边的竞争楼盘没有变动,在产品差异不大的情况下,竞争者将享受到比较价格优势,将客户吸引过去。此时除非自己的销售手法、推广手段有较大的改进,否则提价的后果比较严重。因此在提价时最重要的是依据工程进度和销售状况。

(3) 调价方法

① 均价调整 均价调整就是对一栋楼的计算价格进行上调或下降。因为均价是制定所有单元价格的计算基础,均价的调整便意味着所有单元的价格都一起参与调整。这样的调整,每套单元的调整方向和调整幅度都是一致的,是产品对市场总体趋势的统一应对。

② 差价系数的调整 楼盘定价时每套单元因为产品的差异而制定不同的差价系数,每套单元的价格则是由房屋均价加权所制定的水平、垂直差价系数而计算来的,但实际销售中每套单元因为产品的差异性而为市场接纳程度的不同未必与开发商预估的一致。差价系数的调整就要求我们根据实际销售的具体情况,对原先所设定的差价体系进行修正,将畅销单元的差价系数再调高一点,相对滞销单元的差价系数再调低一点,以均匀各种类型单元的销售比例。差价系数的调整包括:楼盘水平差价系数、单元的垂直差价系数的调整。位置、座向、临街状况,与其他楼宇的间距,与小区花园、公共建筑等配套服务设施的距离,每个梯间的户数等以及朝向、通风、采光、视野、景观、平面布局都会作为考虑因素。

③ 付款方式的调整 付款方式本来就是房价在时间上的一种折让,它对价格的调整是较为隐蔽的。付款时段的确定和划分,每个付款时段的款项比例的分配,各种期限的贷款利息高低的斟酌,是付款方式的三大要件。付款方式对价格的调整就是通过这三大要件的调整来实现的。

a. 付款时间的调整 指总的付款期限的减少或拉长,各个阶段付款时间的设定是向前移或向后靠。

b. 付款比例的调整 指各个阶段的付款比例是前期高或后期低,还是付款比例的各个阶段均衡分布。

c. 付款利息的调整　指付款利息高于、等于或者低于银行的贷款利息，或者干脆取消贷款利息，纯粹是建筑付款在交房后的继续延续。

我们经常见到的"建筑进度付款""开发商提供三年30％免息付款""首期零付款""以租代售""先租后售""先试住、后买房"等的促销方案都是付款方式调整的最为典型的例子。

④ 优惠折扣调整　优惠折扣是指在限定的时间范围内，配合整体促销活动计划，通过赠送、折让等方式对客户的购买行为进行直接刺激的一种方法。优惠折扣通常会活跃销售气氛，进行销售调剂，但更多的时候是抛开价格体系的直接让利行为。其在形式上的缤纷多彩也给企业标新立异提供了可能。

必须指出的是：优惠折扣要做得好，首先要让客户确实感受到是在让利，而不是一种花哨的促销手段而已；其次，优惠折扣所让的利应该切合客户的实际需求，是他们所能希望的方式，只有这样才便于促进销售。如买了房屋要装修，提供免费装修或送家具是最为合适的。最后，不要与其他竞争楼盘的优惠折扣相类似也是一条基本准则。

⑤ 客户报价法调整　开发商向客户提供订定楼价的参考资料（包括附近楼盘的楼价、该楼盘以前的定价和目前市场上行情价），然后由客户定价登记，开发商三天后答复是否按客户的定价出售。开发商出售的标准是价高者得，客户在多次看楼之后，对该项目已有一定的认识，定出的价格都比较接近开发商的承受价，但会比开发商承受价略低，一般只要客户的定价与开发商的承受价相差不大，都会成交。可以看出，这实际上是一种变相的降价。

⑥ 团购降价法调整　即客户只要在买楼时，凑够5个人同时购房，开发商便为这5个团购客户一个更大的价格折扣，其目的是吸引更多人购房，实质上又是暗中降了价。

⑦ 随楼赠送法调整　即买家在买楼时，除了享受当时一定的折扣之外，还可以得到开发商另外赠送的价值。比如若干年的物业管理费、某名牌家具家电、甚至汽车等，让客户花同样的钱享受到更大的优惠。

（4）调价的幅度

调价的主要功能：一是调整原先定价未能充分反映的价差或价格水平；二是借价格的调整来强化产品之间的差别，以引导消费者进行比较。所以在调价时必须掌握"相对价差"的原则，配合调价的目的，使调整后的价格无论在本身楼盘内的不同户型之间，而且在竞争者的楼盘的价格水平之间，都能反映出市场接受力强的"相对价差"。

案　例　市场比较导向法在东方名城价格确定中的运用

本项目地处××市的东南片，是城市东进南扩的重点发展区域，区域整体的规划和交通配套处于目前最好的地段。高级中学、党校、实验小学、实验幼儿园都在项目周边，强大的教育配套和教育氛围是其他区域所不可比拟的。近年来城市中心花园、市民中心的开发完成提升了区域的整体居住档次形象。周边几个小区的早期开发，使得区域已基本具备了完善的生活配套。本项目规模较大，"以需定产、以销定价"是本项目最合适的进入市场的方法，以消费者的可接受力和承受力为定价依据，反映到市场上即以市场上已成交的价格为依据，采用市场比较导向法对拟建的东方名城价格进行确定。

（1）物业分析与比较

采用市场比较导向法，从定价对象房地产的用途、建筑结构、区位、价格类型、定价日期且选取的实例为正常交易等因素来选择可比性较强的5个实例：荣昌花园、中心花园、明都苑、宏泰花园、涌鑫花园。

物业分析比较表如表 8.1～表 8.4。

表 8.1 区域因素

比较项目	比较标的	比较物业名称				
	东方名城	荣昌花园	中心花园	明都苑	宏泰花园	涌鑫花园
交通便利度	40	40	42	45	40	45
外围景观	20	20	22	22	18	20
公共设施	20	20	18	18	18	18
繁华程度	10	10	10	10	8	9
合计	100	100	104	109	94	104

表 8.2 个别因素

比较项目	比较标的	比较物业名称				
	东方名城	荣昌花园	中心花园	明都苑	宏泰花园	涌鑫花园
小区规划	20	18	18	18	18	18
小区配套	20	19	19	18	18	18
园林设计	20	18	16	16	16	16
建筑结构	20	20	20	20	20	20
市场接受能力	20	20	22	24	22	22
合计	100	95	95	96	94	94

表 8.3 比较权重

	东方名城	荣昌花园	中心花园	明都苑	宏泰花园	涌鑫花园
比较权重	1	0.3	0.3	0.2	0.1	0.1

表 8.4 各因素修正

比较物业	交易均价	交易时点修正	交易情况修正	区域因素修正	个别因素修正	修正价格
荣昌花园	10600	1	1	1	1.0526	1116
中心花园	11000	1	1	0.9615	1.0526	1113
明都苑	10800	1	1	0.9174	1.0417	1032
宏泰花园	10000	1	1	1.0638	1.0638	1131
涌鑫花园	11000	1	1	0.9615	1.0638	1125

注：区域因素修正值＝比较标的物/比较物。

例如：中心花园的区域因素修正值＝100/104＝0.9615

个别因素修正值＝比较标的物/比较物，例如：中心花园的个别因素修正值＝100/95＝1.0526

修正价格＝交易均价×交易时点修正值×交易情况修正值×区域因素修正值×个别因素修正值，例如：中心花园修正价格＝11100×1×1×0.9615×1.0526＝11132 元/m²

比较标的物评估价格＝（各比较物业修正价格×比较权重）＝11160×0.3+11130×0.3+10320×0.2+11310×0.1+11250×0.1＝11107 元/m²

（2）价格确定

基价：10500 元/m²；均价：12000 元/m²。

（3）差价系数确定

主要考虑以下几个因素。

① 水平差价

a. 朝向差价：朝南的单元较贵，东南向、西南向的次之，朝北的则最便宜。若所有的厅和卧室都朝南，则最贵；若所有的厅和卧室都朝北，则最便宜，其他的以此类推。

  b. 景观差价：视野开阔，景观上佳的单元，都较贵；视野狭窄，有许多建筑物遮挡，景观隐晦、杂乱的单元则较便宜。

  c. 面积差价：根据市场的需求，拉开总价落差，以锁定不同客户的总价要求。

  d. 口彩差价：双数的楼层门牌号贵一点，单数的楼层门牌号便宜一点；含有13、14号码的便宜一点，还有6、8、9号码的贵一点。此因素影响较小，可暂不考虑。

  e. 边间差价：对公寓而言，三面临空并且三面采光的房屋最贵，两面临空两面采光的房屋次之。

  ② 垂直差价：对五层的多层而言，三、四楼层最贵，二层次之，一、五层最便宜（顶层有跃层的除外）；对此小高层而言，由低向高层逐渐趋贵，但最顶层的则要比他下面两三个层面要便宜。

  具体差价调整系数见表 8.5。

表 8.5 差价调整系数与价目表

栋号	A01									
门号	02					01				
楼层	朝向系数	楼层系数	调整系数	调整值	单价/(元/m²)	朝向系数	楼层系数	调整系数	调整值	单价/(元/m²)
5	4%	-4%	0	0	11000	5%	-4%	1%	11	11110
4	4%	9%	13%	143	12430	5%	9%	13%	143	12430
3	4%	12%	16%	176	12760	5%	12%	17%	187	12870
2	4%	0	4%	44	11440	5%	0	5%	55	11550
1	4%	-4%	0	0	11000	5%	-4%	1%	11	11110

思考题

1. 房地产价格有哪些种类？
2. 租赁价格分为哪些类型？
3. 房地产的价格由哪几个部分构成？
4. 房地产价格的影响因素有哪些？
5. 在进行房地产定价时可能会存在哪些定价目标？
6. 房地产的定价方法有哪些？
7. 试述市场比较导向法的操作步骤。
8. 制定水平价差的程序有哪些？
9. 在开发商调价的时候，均价调整和差价系数调整有什么不同？

房地产市场营销渠道策划

随着房地产市场的进一步发展,房地产开发商以往自产自销的单一营销渠道模式已难再适应市场发展的需要。根据发达国家房地产市场发展的规律,结合国内近些年来市场发展的趋势,可以说房地产行业的开发与销售部分分离是市场发展的必然趋势。

9.1 营销渠道概述

营销渠道又称分销渠道,在市场营销理论中,分销渠道指产品从制造者手中转至消费者所经过的各中间商连接起来形成的通道。分销渠道的起点是生产者,终点是消费者或用户,中间环节包括各个参与了商品交易活动的批发商、零售商、代理商和经纪人。分销渠道的基本功能是实现产品从生产者向消费者用户的转移。主要功能是搜集与传播有关现实与潜在顾客的信息;促进销售;洽谈生意,实现商品所有权的转移;商品的储存运输、编配分类、包装;资金融通;风险承担等。

根据营销渠道长度的不同,可将其分为以下几种基本类型:
① 直接渠道,即由制造商直接将产品销给最终消费者或用户,即直销;
② 一层渠道,即只包含一层销售中间机构,如零售商;
③ 二层渠道,包含两层中间环节,如消费者市场一般是批发商和零售商;
④ 三层渠道,包含三个中间层次。

渠道结构还有个"宽度"问题,即渠道的每个层次中使用同种类型中间商数目的多少。如果某种产品的制造企业通过许多批发商和零售商将其产品推销到广大地区,送到众多消费者手中,这种产品的营销渠道较宽;反之,这种产品的营销渠道就较窄或很窄。

在当今的经济生活中,绝大多数的产品制造商并不是将其产品直接销售给最终用户,在制造商和最终用户之间有大量的市场营销中介机构,它们各有各的名称,实行不同的功能,这些中介机构如经纪人、代理商和销售代理商,他们寻找顾客,有时代表生产者与顾客谈判,但不取得商品所有权。开发商要和上述市场营销中介机构一起合作,将产品提供给市场,就必须把市场营销中介机构作为重要的市场营销渠道。选择市场营销渠道是高层管理面临的最重要的决策之一,同样,一个房地产开发商所选择的渠道将直接影响其产品的销售。

9.2 房地产营销渠道多样性的形成原因

房地产营销渠道日趋多样性,其原因可以归纳为房地产市场发展的结果,也可以说是开发商理性选择的结果。

9.2.1 房地产市场发展的结果

房地产是高价值、耐久性的特殊商品,其价值和使用价值的构成要素比较复杂,不仅包括建筑结构、层次、朝向、设备等物业要素，而且包括地段、交通、生活服务设施等环境要素，另外还包括邻里关系、社区风气等人文要素。因此，人们对房地产商品价值、使用价值的认识不可能像对一般商品那样，可以通过若干次交换过程的总结来积累经验，人们一般很少重复购买。这样，交易双方往往需要借助于他人来获取有关信息和经验。由此，房地产专业代理作为专业性的服务活动存在于房地产市场中则势在必行，对于开发商而言，接受房地产中介组织的房地产代理服务就意味着由自产自销的单一营销渠道向代理商营销渠道的转变。

（1）房地产商品的非流动性决定了房地产专业代理的必要性

房地产市场与一般商品市场的重要区别之一，就是房地产商品本身的非流动性。房地产商品的非物流性，决定了人流和信息流在房地产市场上的特殊地位和极其重要的作用，形成了以人流和信息流代替物流的现象，使买卖双方都受到了地理、交通、时间、信息传递等因素的制约，从而增加了房地产交易的难度。为了克服房地产市场上因缺乏物流而引起的困难，就需要有专门的房地产中介机构和人员，为房地产交易双方提供房地产市场信息和行情，提供房地产交易中的各种服务。

（2）房地产市场的多样性和专业性决定了房地产专业代理的必要性

房地产市场是一种极其复杂的涉及面很广、专业性很强的市场。它不仅包括单纯的地产市场、单纯的房产市场以及房地产市场，而且还包括房地产金融市场、房地产开发建筑市场、房地产维修服务市场等。而且每一种市场结构都很复杂，流通方式多种多样。以房地产交易市场来说，它的流通方式不仅包括房地产的买卖，而且还包括房地产的租赁。在房地产的买卖中也有各种各样的交易方式。如全价商品房买卖、优惠商品房买卖、旧公房的买卖、私房买卖、现房买卖、期房买卖等；房地产租赁则有公房租赁、私房租赁等；另外还有房屋的拍卖、抵押、典当；以及房屋互换、以房屋进行联营和入股等。房地产交易不仅形式繁多，而且专业性和个案的特殊性也很强，它不仅涉及房地产本身的业务，而且涉及信贷融资、估价测算、合同签订、产权转移、公证办理、税费收缴等知识和业务，一般人很难具备这么多的政策法规、房地产市场供求、房地产市场行情和价格以及有关的经济技术等的知识和技能，要取得这些经济技术知识也需要花费很多的时间和精力。为了完成房地产市场的交易，就需要有专业的房地产市场代理的介入。

（3）房地产商品使用价值和价值构成的复杂性决定了房地产专业代理的必要性

房地产商品作为商品也有使用价值和价值，但是，房地产商品的使用价值和价值决定和构成要素是极其复杂的。一宗房地产可以有多种使用方式或使用价值。决定房地产的价值或价格的要素则更加复杂，不仅有建筑成本而且还有建筑结构、设备安装、朝向、楼层等，此外还有地理位置、交通条件、城市基础设施、生活服务设施等环境因素，甚至还包括邻里关系、社会风气等人文因素。房地产商品使用价值和价值本身就很复杂，再加上房地产商品与其他商品的不同，即由于它使用的耐久性，重复购置的可能性小，不像其他商品在反复的购买中可以获得充分的商品知识，因此需要有具备各种专业知识的中介组织在房地产的交易中，为双方提供服务，才能促成房地产商品的成交。

（4）房地产价值大，权属关系复杂，在生产和交换中需要有专业代理

房地产投资大，投资时间长，价值大，存在的时间长，是一种不动产，因此涉及的范围广、形成的权属关系也很复杂，房地产开发建设、经营管理、所有权和使用权的买卖、租赁、抵押、出让、转让以及过户和发证等项工作，都涉及各种权属关系的处理和协调。在处理和协调这些关系时，极易发生信息不对称的情况导致市场交易效率的下降、联系次数的增

加（如图9.1所示）。必须具有专门的或专业的法律和房地产的知识，这只有通过房地产的中介组织提供服务才能较好地得到实现。

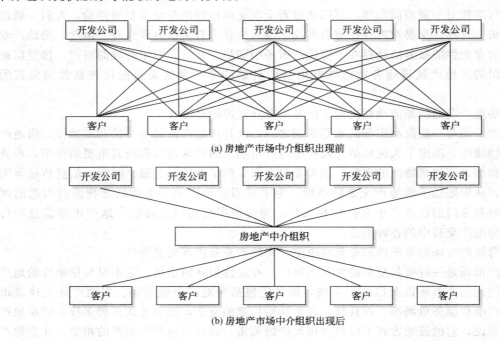

图9.1 房地产市场中介组织出现前后联系次数变化

开发商与客户之间发生的联系数量＝开发商数量×客户数量
$$=5×5=25 个联系$$

有市场中介组织时，开发商与客户之间发生的联系数量＝5＋5＝10个联系

由于一个房地产中介组织的存在而节省的联系数量为15个。

（5）房地产市场的不充分竞争性决定了必须要有房地产专业代理

房地产商品市场与其他商品市场不同，房地产商品市场不具备充分竞争的条件。市场经济理论认为，某类市场能够成为竞争性的市场的必要条件是：信息是充分的；商品是同质的；买卖者可以自由出入市场；交易双方数量是众多的。房地产商品的异质性，房地产信息的封闭性或不易获得性，增加了房地产交易的难度。因为一项物业不仅涉及其类型、位置、规格、使用年限、结构样式、平面布置、结构装修等内部信息，而且还涉及城市规划、建筑设计、设备安装、工程概预算、环境景观、能源使用、交通运输等外部信息。由于房地产市场是典型的竞争不完全市场，房地产信息传递缓慢，再加上房地产市场的投机行为，必然使房地产市场受到扭曲。房地产信息是房地产实现公平交易的重要保证，也是国家对房地产市场进行宏观调控的重要依据，要获得房地产可靠的信息，就必须依靠房地产市场的专业代理。

综上所述，房地产专业代理是房地产市场发展的必然产物，也是房地产市场发育和成熟的重要标志。

9.2.2 房地产开发商的理性选择

从我国今后的房地产市场发展来看，房地产市场将面临更大的竞争，开发企业将首当其冲地面对外来的竞争对手；从市场分工精细化的原则来看，分工越细，专业化程度越高，其市场竞争力也就越强。过去国企的大而全、小而全已经使我们付出了沉重的代价;从发达国家房地产演进的过程来看,房地产开发与销售的分离,已经成为检验房地产市场是否成熟的标志。

房地产开发自产自销有利的方面是:销售这一块的利润归自己;容易控制,售价弹性的空间较大;可以安置一部分多余的员工。弊的方面包括:销售的专业性、操作的熟练度不够;销售的门店、网点较少;销售的速度同比较缓慢;对销售的各个阶段预测性较差;在房屋开发、设计,房型的定位、定价上,没有销售商的参与,容易与市场脱节,缺乏前瞻性;为了销售,自行设立售楼处,刊登广告,雇用人员,致使有效性较差;到销售后期,扫尾工作难度较高;二次楼盘开发、销售间隙,人员安排难,管理成本高。

在当今的经济生活中,绝大多数的产品制造商并不是将其产品直接销售给最终用户,在制造商和最终用户之间有大量的市场营销中介机构,它们各有各的名称,实行不同的功能,这些中介机构如经纪人、代理商和销售代理商,他们寻找顾客,有时代表生产者与顾客谈判,但不取得商品所有权。开发商要和上述市场营销中介机构一起合作,将产品提供给市场,就必须把市场营销中介机构作为重要的市场营销渠道。选择市场营销渠道是高层管理面临的最重要的决策之一,一个开发商所选择的渠道将直接影响其产品的销售。

对于房地产开发商而言,房地产市场营销是通过交易过程满足顾客房屋需求的一种综合性营销活动,是把房屋转化为现金的整个过程。它对于房地产企业迅速收回投资,增强竞争能力,提高经济效益具有重要作用。房地产市场营销的渠道设计是整个房地产市场营销的重要环节。通常,房地产开发商所选择的营销渠道有以下两类。

(1) 自己销售

自己销售其中又分为自身销售队伍销售和临时雇用人员销售。

(2) 利用物业代理商销售

这两类三种销售渠道各有利弊,具体如表 9.1 中所示。这三种渠道方案都有其特定的成本和销售额与之关联,开发商在作出决策之前,必须考虑经济性标准,如图 9.2 所示,开始雇用物业代理的销售成本较高,开发商使用自己的队伍进行销售在经济上比较合算;随着销售工作量的上升,当超过盈亏平衡点 S_b 时,由于此时开发商投资额较大,期望值较高,而物业代理商不仅熟悉售楼业务,经验丰富,而且除正常的经纪业务以外,有些中介机构还为房地产开发商承担营销策划、广告媒体的选择和市场调查等一系列活动,同时,佣金也随着销售额的增加而提高,刺激了代理商的积极性,所有这些都进一步促进了销售成本占销售额的比重下降,开发商选择物业代理作为营销渠道的经济效益逐渐凸现出来,此时开发商自身

表 9.1 三种销售渠道的利弊

类型	自己销售	临时雇人销售	物业代理销售
优点	√容易控制 √熟悉楼盘特点 √可培养人才、积累经验 √费用较低	√选择性大 √可弥补自身能力的不足 √较节约开支 √速度较快	√专业代理 √全方位服务 √便捷、省事 √售楼有保证
缺点	· 缺乏销售的专门知识和技能 · 视野有限 · 需一定的固定投资 · 速度慢、易出错	· 控制和协调困难 · 销售队伍不稳定 · 成本有所增加	· 费用较高 · 对本公司楼盘不熟悉 · 同时为多个客户服务

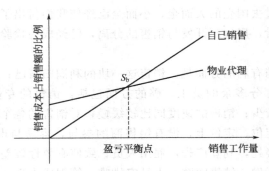

图 9.2　开发商的利弊销售工作量与销售成本的关系

的销售队伍由于不具备广泛的社会关系和多年的营销经验，许多工作必须从头开始，其销售成本随销售工作量的提高而显著增加，产生不了物业代理商由于自身实力而带来的边际效益。

由此可见开发商在设计房地产商品的市场营销渠道时，客观上要求市场上的物业代理商帮助其完成销售工作，这样的要求具有经济合理性。除此以外，开发商选择物业代理商和其他类型的中介机构是因为这些市场营销渠道的成员参与并执行了一系列重要功能，如信息、谈判、订购、融资、风险承担、付款、所有权转移等，这些功能由于房地产代理机构的专业化而更有效率。将这些功能由开发商转移给代理机构，则降低了房地产商品的成本和价格，使其更具竞争力。因此，房地产代理的出现是开发商设计营销渠道的客观要求。

因此，对于房地产发展商而言，房地产代理业所提供的专业化的市场调研、营销策划、销售代理等不仅可以加快房地产商品的周转时间、缩短销售周期、降低交易费用，而且一些从事房屋置换和买断代理的大型代理机构，带资本运营性质的操作方法将为房地产开发商提供新的发展空间。另一方面，房地产代理组织所从事的代办交易手续、收集和发布房地产信息、提供政策咨询及金融代理等服务也为房地产市场的需求方面发挥着不可替代的作用。

房地产代理是指房地产经纪人在受委托权限内，以委托人名义与第三方进行交易，并由委托人直接承担相应法律责任的商业行为。房地产代理业务是近年来房地产经纪业中迅速发展起来的一个重要的分支，与传统的房地产居间业务不同，房地产代理业务一方面使房地产经纪业务从房地产销售领域逐渐向房地产全程策划加代理销售的模式上转移，另一方面也使得房地产经纪人从单纯的销售人员向策划、咨询、销售一体化的方向发展起来。可以这样说，房地产代理的出现使得房地产经纪服务进一步向深度和广度延伸。

我国的房地产代理公司，最早是在1993～1994年的北京出现的，其代表为一些外来的代理机构，如香港利达行、梁振英测量师行、富邦行及台资九鼎轩及德盛公司、德茂公司等，他们在北京设立代表处，开展代理业务，逐步拉开了房地产代理业辉煌的帷幕。早期的中介代理行都曾有过繁荣兴旺的历史，他们不仅使得刚刚步入市场经济的人们知道了这个古老而年轻的行业的存在，同时也领略了这种仅靠头脑和勤劳也可在市场上纵横的行业的风采。进入21世纪以后，房地产代理行业更是大放异彩，例如世联行在2009年在深圳证券交易所成功挂牌上市，成为首家登陆A股的房地产综合服务提供商，2015年代理销售额顺利迈过4000亿。2004年易居（中国）控股有限公司正式成立，2007年成功登陆美国纽约证券交易所。易居围绕房地产产品端和消费端的需求，依托现代信息技术，其业务已经渗透到围绕置业、居住服务的主要环节，已构建起房地产营销、房地产互联网及电商、房地产信息咨询、房地产金融、社区增值服务、文化产业多维度纵深发展，并覆盖房地产全产业链的现代服务体系。

9.3 房地产代理模式的分类

随着房地产代理业的飞速发展，目前代理市场上常见的代理模式有以下几类。

9.3.1 独家代理

房地产代理公司受开发商的委托，全权负责房地产销售，双方在明确销售价格、销售进度之后签订委托销售协议，代理商按实际的销售额提取一定比例的代理费。按合同规定的销售期内，如果房地产开发商自行售出房屋，则无需支付佣金给代理商。代理商有独家代理销售该标的物的权利。开发商只能与一家代理商签订委托契约，不可同时与一家以上的经纪人或代理商签约。

在实践中，独家代理又可分为如下几种。

（1）现场代理

现场代理是对一些代理商在销售现场进行物业的现场代理销售。对于要求实行现场独家代理的项目，代理商一般要进行严格的筛选。首先以项目的销售市场前景为依据，对代理项目所处的地域、地段、结构与平面布局、开发商的报价等进行市场可行性论证，把握市场的购买动向和特点，然后再对图纸设计、施工队伍的信誉和质量以及基础工程技术处理等进行可行性研究。在完善和明确代理商与开发商各自的权利与义务之后，签订独家现场代理合约，着手为开发商制订促销计划、设计促销广告、售楼书、模型，确定房屋的总体价格、层次价格、朝向价格等。同时布置现场售楼处、培训销售人员等，进行现场代理销售。

（2）风险包销代理

所谓风险包销代理就是代理商向开发商支付一笔保证金，保证在一定时期，销售一定数量的物业。这种代理方式的风险很大，但开发商积极性很高。在实际运作中，应该掌握项目体量就小不就大，项目区域就好不就差的原则。首先对项目的市场前景进行充分论证，参与修改该项目设计，使其更符合市场需求；其次合理参与定价，加大广告促销力度；最后对销售资金的周转进行精密的预测。开发商与代理商可以约定，在一定时期内销售的数量和底价，如果在规定的时间内没有完成规定的数量，则风险包销就转为购买或委托方少付、不付代理费（有的还要有经纪人赔偿），这种代理方式可以适当提高佣金取费率，以调动委托人和经纪人双方的积极性。

（3）全程代理

由于代理商成为房屋买卖双方的中间桥梁，它既了解买家的消费心理，同时也知道开发商的客观条件，因此有一些具备一定实力的代理商不再停留于后期促销服务，而是利用自身的市场操作经验和专业技术水平的优势为开发商的项目提供专业意见和全程策划服务。所谓全程代理就是代理商在房地产项目前期便介入开发的全过程，从项目的可行性研究开始，提供市场调查、项目定位、提出建筑规划及设计要求、物业管理及经营规划、营销策划、项目推广、执行策划和全面推广销售的一条龙服务。全程代理的出现是房地产市场走向成熟的标志，在欧美的房地产市场中，代理商早在 20 世纪 70 年代就开始进入了全程代理阶段。一些房地产代理机构不仅同时承担了开发咨询、投资咨询的业务，还在投资组合、开发组合方面起着组织者的作用，并进而对代理项目进行部分投资，承担起委托开发、信托开发等新型投资营销方式，在改善和维护房地产市场秩序方面起到了举足轻重的作用。

(4) 买断代理

买断代理是指代理商在市场调研、市场前景的预测及风险度测算的基础上向开发商一次性买断房地产,然后再向社会销售,获得销售差价的代理方式。严格说来,这种方式已不属于代理销售的范畴,因为在买断开发商手中的项目后发生了产权转移。因此,这种代理方式在一些国家和地区是严格禁止的。这种代理方式的风险非常大,但对于前景看好的在建项目以及由于资金短缺而形成的半截子工程则收益较高。代理公司可采取向开发商按工程进度付款的方式买断房地产,在此之前必须核算好已建部分的工程造价,同时按比例摊付项目前期费用等。

9.3.2 独家销售权代理

独家销售权代理与独家代理只有一个重要区别:代理商有独家销售该标的物的权利,在契约有效期中不论是代理商还是开发商将房地产出售,开发商都必须向代理商支付佣金。经开发商同意,代理商也可以委托分代理,完成部分物业的销售代理工作。

9.3.3 公开销售代理

公开销售代理,是指房地产开发商给众多的代理商一个平等销售房地产的机会,通知所有代理公司以一个固定的价格出售房地产,如果有代理公司找到了买主,他就有权取得佣金。在契约有效期内,开发商若自行售出房屋,则无须支付佣金给代理商。

9.3.4 联合销售代理

联合销售代理是指有多个销售代理商提供服务的代理模式,在大多数情况下,为了使开发商或私有房主能在较短时间内将房屋出售,一个代理人取得了独家经销权后,通知一个代理服务中心,这样可以通过联合销售服务网将所签合同转给所有会员,若由其他分代理人出售其代理协议中的房地产,则分代理人可以取得一部分佣金。这在房地产经纪人采用信息技术开展销售代理的过程中运用得十分普遍。

9.3.5 净值销售代理

这种方式已经具有房地产行纪的特点,即开发商对其标的物设有固定价格(最低价),不管代理商或经纪人实际售价为多少,只需将固定价格交给开发商即可。代理商获取的佣金为售价与原底价之间的差价,但代理商必须把差额告知开发商。也有采取佣金按固定价格的一定百分率加上售价与原底价之间的差价分成计算的。

9.4 房地产代理价格确定

9.4.1 房地产代理价格的类型

目前在市场上常见的代理收费类型主要有以下几种。

(1) 固定费率

这种收费方式是确定一个固定的收费比例,无论最后房地产的成交价格是多少,都以成交总额的固定比率来收费。取费比率根据房地产类型及数量的大小不同,一般为1%~4%不等。目前,还没有统一规定的房地产代理服务佣金收取标准,只有各地根据自己的情况制定的标准。

(2) 固定费率,超价部分双方共享

这种方式目前在市场上也是常见的。具体方法是固定取费比率,并固定房地产售价。如果代理公司所卖出的售价高于房地产开发商所定的价格,则高出部分由代理公司与开发商分

成。采用这种方法，取费比率一般为 2%～3%。差价部分的分配由代理公司与开发商协商后确定分成比例。

(3) 不付佣金，完全赚取超价

由于服务费的概念并未被所有的委托人所接受，因此部分房地产开发商委托代理公司销售房地产却不愿付费，而是同意代理公司以高价出售其房地产，并使代理公司获得超出所定售价的部分。这样，使得代理人员为追求更大利润而采取各种手段，以提高售价，从而造成消费者的巨大损失。

9.4.2 代理模式与代理价格类型的关系

从理论上说，各种代理模式的选择和代理价格是由委托方和代理公司经过协商后确定的。它们之间的相互关系如表 9.2 所示。

表 9.2 代理模式与代理价格类型

价格类型	独家代理				独家销售权代理	公开销售代理	联合销售代理	净值销售代理
	现场代理	风险包销	全程代理	买断代理				
固定费率	√		√		√	√	√	√
固定费率+超价分成	√	√	√		√			
完全超价	√			√	√			

9.4.3 代理价格的确定

房地产代理商在确定向开发商收取代理佣金的取费率时，应该考虑以下几方面的影响因素。

(1) 代理商的费用、成本

代理商以费用成本为中心，在单位产品成本费用的基础上加上一定比例的预期利润和税金，作为确定取费率的标准。耗费在单位产品上的代理商的成本主要包括：代理商从事代理活动所消耗的各种服务费用和活动费用；代理商服务人员的工资支出；代理商从事代理活动所需的固定资本支出，如办公房屋、办公家具、通信设备等。

(2) 中介代理市场的竞争

代理商在确定代理取费率的时候，还应该考虑中介代理市场的竞争影响，必须从代理服务的竞争实力出发，将服务质量、成本费用、专业水平、服务效率与竞争企业进行比较，将竞争者的价格与本企业估算价格进行比较，及时跟踪竞争者代理价格的变化并分析原因，相应调整本企业的代理价格。这种方法所定的价格不仅以代理商的成本费用的变动而变动，而且随竞争者的价格变动而变动。

(3) 各地区的有关政策和法规

由于各地区关于代理取费标准有不同的规定，因而代理商在确定代理价格时，必须考虑本地区的政策和法规，例如，实行独家代理的，收费标准由委托方与房地产代理机构协商，取费率可以在市场的居间代理基础上适当提高，但最高不得超过成交价格的 3%。

9.5 房地产代理商的工作流程

房地产代理业务的来源有房地产开发商和个人委托两类，在目前我国房地产市场上房源充裕、房源信息易得的环境下，房产购买者委托经纪人处理代购房屋事宜的情况并不多见，更常见是房产出售者、开发商委托经纪人或代理商处理其房产出售的有关事宜。房地产代理工作的基本流程可以分为以下几个步骤。

9.5.1 寻求代理委托

① 房地产代理商为寻找代理业务，应首先制订计划，充分利用各种信息资源，利用各种关系收集有关代理业务的线索，积极开拓服务领域，使自己的业务来源更加宽广。例如：通过土地出让市场获取有关开发项目的信息、通过客户介绍联系、向服务过的客户寻求继续合作的机会、从市场上一些销售困难的楼盘中获得机会等。

② 从中筛选出可能需要代理服务的开发商的名单。这些开发商的项目可能市场前景看好，但是否能够形成委托关系，还有赖于诸多因素的影响，例如代理商自身的能力和代理经验、自身专长、代理项目的代理条件是否苛刻、开发商对代理服务的态度等。

③ 深入了解开发商的项目情况、目前销售情况；开发商有无寻求代理服务的意向或打算采取何种方式寻求代理服务；开发项目的市场前景预测、竞争项目的情况；开发商的开发经验、资金状况、专业水平等。

9.5.2 洽谈委托

与选中的目标客户（开发商）进行意向性的接触，洽谈有关委托代理事项，并同时注意如下方面。

（1）审查委托人

审查委托人即房地产开发商时，可以通过查验开发商的营业执照来确定委托者是否具有法人资格，只有具有法人资格的企业，才可以承担签约责任，才是合法的委托人。

（2）审查委托人的经济能力和经营范围

对委托人经营能力和经营范围的审查包括以下5个方面：

① 自有资金流动的数量及注册资金的数量；

② 有职称的各类专业人员的数量；

③ 从事房地产开发的年限；

④ 累计竣工的房屋建筑面积和房地产开发投资数额；

⑤ 工程质量的合格率和优良率。

除此之外，经纪人还应该从其他的渠道了解开发商的业绩、信誉，并最好获得有关能证明开发商财务状况的文件。在审查开发商的经营范围时应当注意，商品房销售有内销和外销两种，如果开发商委托代理的是外销商品房，则开发商除了应具备房地产开发经营资格，持有营业执照以外，还应该出具经批准的外销批文。

对于实力差、信誉低、经营状况不良的开发商，经纪人在接受其委托前应该慎重考虑。在代理商品房的预售时，这一问题显得尤为重要，因为一个开发商若不讲求信誉，或实力规模有限，或管理不善，或资金周转不灵，都极容易出现在收取预付房款之后，工程搁浅或暂缓，以致房屋不能按期交货的现象，这就会使代理商连带蒙受不利的影响和损失。

（3）审查委托的标的物

该项审查包括两个方面：一是审查委托出售的房屋是否符合交易或转让的条件；二是了解委托出售房屋的基本情况。

① 城镇私房　城镇私房是指房产所有权属于私人且房屋坐落的地块为城镇房地产管理部门管辖范围之内的房屋，作为代理商或经纪人应该注意以下情况之一的私房不能进行交易：产权未确认和产权有争议的房屋；仍有他项权利未清的服务。他项权利是指房地产抵

押、担保、典当关系发生后，为债权人在房屋所有权、土地使用权上设定有条件的处分或收益、占有、使用权利，包括典当、抵押权；与他人共有，未经其他共有人书面同意转让的房屋；违章建筑或作临时使用的房屋；经房产管理部门公告征用拆迁的房屋；尚欠国家建房贷款和修缮费、房地产税的房屋；司法机关和行政机关依法裁定、决定查封或者以其他形式限制房屋权利的房屋等。

② 新建商品房　新建商品房是特指由房地产开发公司综合开发，建成后出售的住宅、商业用房和其他建筑物。已建成的商品房第一次进入交易市场的主要条件是：该商品房已取得有效的权属证明文件，经纪人和代理公司在认真审查了商品房的权属证明书后才可以受理商品房的销售委托业务，这样可以在更大的程度上减少风险，避免应承接某些土地来源不正当和产权权属未清和质量不合格的房屋的销售代理业务而蒙受不必要的损失。

③ 预售商品房　大多数的代理业务都与预售商品房有关。预售商品房，是指开发商已投入了一定资金进行开发建设，但尚未建成而预先出售的住宅、商业用房和其他建筑物。根据我国的有关规定，商品房预售实行许可制度，开发商必须向房地产管理部门办理预售登记，取得商品房预售许可证之后，方可进行商品房的预售。经纪人和代理公司应该从以下几个方面审核开发商是否符合商品房预售的条件：

是否已支付全部土地使用权出让金，取得土地使用权证书。

是否已办妥建设项目的投资立项、规划和施工的审批工作，取得《建筑工程规划许可证》和《施工开工许可证》。

除付清地价款以外，投入开发建设的资金是否已达到工程预算投资总额的25%（有的地区为20%）。

是否已在当地注册银行开立代售房屋预售款的账户，并与金融机构签订预收款监管协议。

土地使用权是否为作抵押或已解除抵押关系。

是否已制定商品房预售方案，该方案应当包括：商品房的位置、建筑面积、交付使用的日期、交付使用后的物业管理等内容，并应该附有建设用地平面图。

代理公司在代理商品房预售的委托事项时，应查验开发商的《商品房预售许可证》，以确认其所代理的预售楼盘的土地使用权来源合法，各项施工报建手续是否完备，工程是否已投入一定资金，预收款项是否能得到监管、专款专用。使自己代理销售的楼花，在确保买下将来能按时收楼、顺利办妥产权登记手续等方面，有一定程度的保障，以减少日后与开发商或买家造成的不必要的纷争。

对于房屋基本情况的审查，其目的在于通过对房屋基本情况的了解，使代理商对于房屋销售的难易程度、销售价格、完成销售的大致时间、应选择的营销方案以及大约的费用做到心中有数，使他们在与委托人签订委托合同，议定有关委托期限、委托价格以及佣金等条款时，不致处于被动状态。该项审查的内容主要包括：了解房屋的一般情况，如坐落地点、朝向、面积、建造年限；了解房屋的质量情况，如房屋结构、质量等级、内部设施、装修标准等；了解房屋的地理环境情况，如交通情况、配套设施、居民情况、发展规模等。

9.5.3　签订委托合同

房地产开发商与代理商在明确了各自的权利和义务的基础上，签订经纪代理委托合同。代理商应根据代理模式的不同而将风险通过合同在开发商与自身之间进行合理的分摊。

在签订委托合同时，往往要根据代理模式的要求，就代理楼盘的销售价格达成一致意见，不过制定销售价格对开发商和代理商而言往往都是十分敏感的，代理商必须保持清醒的头脑，不能被开发商的乐观情绪所左右而忽略市场风险。如果定价过高，势必增加代理商的推广难度，也会使开发商的资金周转不灵；定价过低，会被开发商认为其利益受到了损失；价差幅度不合理，条件好的户型卖得快，较差的户型留下甚多，开发商的利润无法实现，一般所剩下15%的尾盘往往就是利润所在。因此对代理项目合理的定价是代理合同需要解决的首要的核心问题。

其次，便是代理商与开发商的权限划分，例如价格让利权、合同内容变更权、合同内容解释权等，这些问题必须在代理合同中尽可能约定明确，以免日后产生不必要的纠纷。关于这些问题可以参见本章中的案例。

9.5.4 制订代理计划

房地产代理商根据委托代理合同的内容，按照不同的代理模式制订代理计划，将代理的房地产项目看作一个项目管理对象，首先将代理的各项目标进行系统分析，研究总目标实现的可能性，总目标中的销售额、销售进度、销售费用投入、销售人员投入、销售方式、楼盘价格、销售风险及各阶段回报是否平衡，如果发现不平衡或不能实现，则必须修正目标。

总目标在确定、修正后，应通过计划将各项目标分解，落实责任。计划是整个代理项目的工作指南，必须在项目实施中贯彻执行。这时应注意以下几点：

① 代理计划受代理总目标的控制。

② 代理计划必须符合实际。实际上，大多数代理项目失败的重要原因就是计划往往脱离实际，因此必须考虑代理商自身的能力、销售队伍的经验、项目内外环境的影响、项目本身的客观规律、项目其他合作方（如广告公司、策划单位等）的能力大小、沟通的难易程度等，并据此制订出一份客观的计划。

③ 计划必须考虑代理商的成本控制。计划既要保证一定的效率，同时也必须兼顾代理商的总体成本，即掌握费用少、收益高的原则。

④ 代理计划要保持一定的弹性，以适应市场的不断变化或者其他方面的干扰。

9.5.5 实施控制

通过具体、周密地安排代理工作，把计划实施过程中的各项指标，如销售进度、销售增长率、电话询问量、成交率、平均成交价格等与实际状况相互对照，找出差距、问题及其产生的根源，及时加以控制和调整。

9.6 房地产代理的市场选择程序

每个房地产开发商都希望找到一个优秀的、可以信赖的物业代理商为自己服务。物业代理商也希望被更多的房地产开发公司委托从事物业代理工作。对于房地产代理商而言，必须深入了解开发商对代理业务的想法，如何选择代理商、选择的标准是什么。

9.6.1 开发商选择代理的基本程序

选择代理商的程序一般可以分为5步。

（1）计划

由开发商组建一个由3~5人组成的选择小组，在开发商销售经理的指导下进行选择。其第一阶段的主要任务是：

① 收集市场上代理商的有关资料；
② 设计一个评审模式，制定选择代理商的标准；
③ 如果目前已有代理商，应对其各项工作进行评估；
④ 初选一批代理商作为重点，也可以根据需要随时增减；
⑤ 制定一个详细的选择计划，对各项活动及所需的时间作出具体安排。

(2) 访问候选的代理商

选择小组要访问各候选的代理商，收集决策所需的各种资料，明确各代理商的优势和劣势，必要时也可以访问代理商的主要客户。需要了解的主要内容有：

① 考察代理商的实力，其代理楼盘的规模及主要客户；
② 考察代理商的主要服务领域和服务范围，如能否包销，价格是否合理，能否为客户提供全方位的营销策划服务等；
③ 考察代理商的素质、经验和能力；
④ 考察代理商的管理水平和财务状况；
⑤ 考察代理商的业绩，成功的代理项目占所有代理项目的比例如何；
⑥ 考察代理商与客户的关系状况。

(3) 邀请候选代理商访问开发公司

在第二步完成之后，可以对候选的代理商做适当删减，将一些不合格的代理商去掉，并逐一就代理项目和余下的代理商进行交谈，其内容包括：

① 介绍开发商的发展历史、组织结构；
② 开发项目的计划及其特点；
③ 主要竞争对手的基本情况；
④ 楼盘推出和销售计划，包括楼盘竣工时间、楼盘位置、价格、规模和费用支付标准等。

这一阶段的主要任务是：先让各代理商了解本公司推出的楼盘，然后让各代理商在规定的时间内拿出各自的营销方案，然后逐一进行评估、打分、汇总，以供评审选择之用。这类似于投标竞争的方式，较为公正合理。

(4) 评审各代理商的方案计划

首先要准备好一个设计方案评审表，列出评审项目和评分标准。

(5) 决策

选择小组按原定评审标准，写出综合评审报告，交由决策者作出最后的选择。由开发商与中选的代理商签订代理合同。

9.6.2 房地产代理商的市场选择标准

在开发商的综合评审报告中，通常会对代理商的自身能力、经验、对代理项目提交的营销计划等各方面进行综合评估，具体说来，以下几方面通常是开发商考虑的重点。

(1) 代理商的实力

规模较大的楼盘倾向于委托给大型物业代理商，规模较小的楼盘倾向于委托小型物业代理商。对于小规模的楼盘，大型物业代理商会觉得利润太少而不愿意承担，或者虽然承担但并不给予足够重视，而对于大规模的楼盘发售，小型物业代理商可能由于人力有限而难以承担。

(2) 代理商的主要业绩

选择代理商的目的无非是想取得更好的销售效果，这与代理商以前的业绩关系十分密切。因此，代理商应注意积累代理过的物业资料、销售效果评价资料等，以增强市场业绩的说服力。这中间必须注意考察代理商的擅长面是否与代理项目有关，因为各代理商的背景不同、成长经历不同，所以他的擅长面便有所不同，有的擅长企划，有的擅长广告宣传，有的擅长销售，有的擅长商场招商，有的擅长销售写字楼，有的擅长推广住宅等。另外，各代理商的客户群也不一样，有的代理商的客户群仅限于本地，有的代理商能拓展本省客户，更有的代理商有海外的客户源，对此，要仔细评估考察。

(3) 代理商对本项目物业的熟悉情况

销售代理物业的精髓在于说服客户购买楼盘。一个代理成功的前提条件是代理商对其代理的物业非常熟悉。不仅要熟悉物业的位置、环境和本身的特点，还要熟悉代理物业的市场状况、顾客偏好、国家有关政策以及主要竞争对手的情况。

(4) 与其他开发商的物业冲突

开发商一般不会选择正在为竞争对手销售物业的代理商。这一方面是为了保护开发商本身的商业秘密，另一方面也是为了避免有关各方造成利益上的冲突，对建立长期的合作关系不利。

(5) 是否容易沟通

一个合适的物业代理商不仅要业绩优秀，而且要容易彼此沟通。这需要考虑两点：一是其人员要容易合作共事，能同业主保持融洽的关系，可以长期信赖；二是其地理位置要适当，通常选择大城市交通便利的物业代理商比较有利。

(6) 国际化物业代理

对于国际物业代理来说，熟悉目标市场的文化习俗、市场状况和法律规定等是极为重要的。对于一些外销的楼盘，应该选择在国外市场有代理点的物业代理商比较好。

(7) 代理商的管理能力

代理业不是资金密集型行业，是智力密集型的行业。代理商的代理队伍的整体素质往往取决于代理商的管理能力。管理能力的强与弱体现在：

① 员工的基本工作状态及精神面貌；
② 基本职业素质；
③ 工作场所设计与氛围塑造；
④ 员工之间的配合度；
⑤ 销售策略的正确性等。

(8) 代理商的营销代理计划

对代理计划的评审项目一般包括：

① 销售前的各项准备措施；
② 销售方案的创造性和实用性；
③ 能否达到预期的销售目标；
④ 整个销售过程的协调性；
⑤ 销售方式的可行性；
⑥ 营销战略的体现和发展等。

综合以上评审指标，可以按照权重值进行打分，最终确定代理商。

例如，某项目的代理商选择经由部门经理、外聘专家、高级顾问等组成的评审委员会综合考察后，对如下评估要素分别做出评分结果（见表9.3）。

表 9.3 评审委员会综合评分表

评估要素	权重	代理商 A		代理商 B		代理商 C	
		分数	×加权	分数	×加权	分数	×加权
实力	0.15	80	12	60	9	90	13.5
业绩	0.20	60	12	70	14	70	14
易沟通	0.15	85	12.75	90	13.5	65	9.75
管理能力	0.20	80	16	80	16	75	15
营销代理计划	0.30	75	22.5	65	19.5	80	24
合计			75.25		72		76.25

最终开发商根据评审委员会的结果得出结论，代理商 C 中标，获得该项目的代理资格。

9.7 房地产代理销售合同

房地产代理合同根据代理模式、代理期限、代理内容、代理范围的不同，有许多不同的种类，这里只将其中最常见的独家代理合同列出，以供参考。

房地产独家代理销售合同样本

甲方：
　地址：　　　　　　　　　邮编：　　　　　　　　电话：
　法定代表人：　　　　　　职务：

乙方：××房地产经纪代理有限公司
　地址：　　　　　　　　　邮编：　　　　　　　　电话：
　法定代表人：　　　　　　职务：

甲乙双方经过友好协商，根据《中华人民共和国民法通则》和《中华人民共和国合同法》的有关规定，就甲方委托乙方（独家）代理销售甲方开发经营或拥有的：＿＿＿＿＿＿＿＿＿＿＿＿＿＿＿＿＿＿＿＿＿＿＿＿＿＿＿＿＿＿事宜，在互惠互利的基础上达成以下协议，并承诺共同遵守。

第一条　合作方式和范围

甲方指定乙方为在＿＿＿＿＿＿（地区）的独家销售代理，销售甲方指定的，由甲方兴建的＿＿＿＿＿＿项目，该项目为（别墅、写字楼、公寓、住宅），销售面积共计＿＿＿＿＿平方米，销售许可证号：＿＿＿＿＿＿。

第二条　合作期限

1. 本合同代理期限为＿＿个月，自＿＿＿＿年＿＿月＿＿日至＿＿＿＿年＿＿月＿＿日。在本合同到期前的＿＿＿天内，如甲乙双方均未提出反对意见，本合同代理期自动延长＿＿＿个月。合同到期后，如甲方或乙方提出终止本合同，则按本合同中合同终止条款处理。

2. 在本合同有效代理期内，除非甲方或乙方违约，双方不得单方面终止本合同。

3. 在本合同有效代理期内，甲方不得在＿＿＿＿＿＿地区指定其他代理商。

第三条　费用负担

本项目的推广费用（包括但不仅包括报纸电视广告、印制宣传材料、售楼书、制作沙盘等）由甲方负责支付。该费用应在费用发生前一次性到位。

具体销售工作人员的开支及日常支出由乙方负责支付。

第四条　销售价格

销售基价（本代理项目各层楼面的平均价）由甲乙双方确定为＿＿＿＿＿元/平方米，乙方可视市场销售情况征得甲方认可后，有权灵活浮动。甲方所提供并确认的销售价目表为本合同的附件。

第五条　代理佣金及支付

1. 乙方的代理佣金为所售的＿＿＿＿＿＿＿项目价目表成交额的＿＿＿％，乙方实际销售价格超出销售基价部分，甲乙双方按_____比例分成。代理佣金由甲方以人民币形式支付。

2. 甲方同意按下列方式支付代理佣金：

（1）甲方在正式销售合同签订并获得首期房款后，乙方对该销售合同中指定房地产的代销即告完成，即可获得本合同所规定的全部代理佣金。甲方在收到首期房款后应不迟于3天将代理佣金全部支付乙方，乙方在收到甲方转来的代理佣金后应开具收据。

（2）乙方代甲方收取房价款，并在扣除乙方应得佣金后，将其余款项返还甲方。

3. 乙方若代甲方收取房款，属一次性付款的，在合同签订并收齐房款后，应不迟于5天将房款汇入甲方指定银行账户；属分期付款的，每两个月一次将所收房款汇给甲方。乙方不得擅自挪用代收的房款。

4. 因客户对临时买卖合约违约而没收的定金，由甲乙双方五五分成。

第六条　甲方的责任

1. 甲方应向乙方提供以下文件和资料：

（1）甲方营业执照副本复印件和银行账户；

（2）新开发建设项目，甲方应提供政府有关部门对开发建设_____项目批准的有关证照（包括：国有土地使用权证书、建设用地批准证书和规划许可证、建设工程规划许可证和开工证）和销售_____项目的商品房销售证书、外销商品房预售许可证、外销商品房销售许可证；旧有房地产，甲方应提供房屋所有权证书、国有土地使用权证书。

（3）关于代售的项目所需的有关资料，包括：外形图、平面图、地理位置图、室内设备、建设标准、电器配备、楼层高度、面积、规格、价格、其他费用的估算等；

（4）乙方代理销售该项目所需的收据、销售合同，以实际使用的数量为准，余数全部退给甲方；

（5）甲方正式委托乙方为_____项目销售（的独家）代理的委托书；

以上文件和资料，甲方应于本合同签订后2天内向乙方交付齐全。

甲方保证若客户购买的_____的实际情况与其提供的材料不符合或产权不清，所发生的任何纠纷均由甲方负责。

2. 甲方应积极配合乙方的销售，负责提供看房车，并保证乙方客户所订的房号不发生误订。

3. 甲方应按时按本合同的规定向乙方支付有关费用。

第七条　乙方的责任

1. 在合同期内，乙方应做以下工作：

（1）制定推广计划书（包括市场定位、销售对象、销售计划、广告宣传等）；

（2）根据市场推广计划，制订销售计划，安排时间表；

（3）按照甲乙双方议定的条件，在委托期内，进行广告宣传、策划；

（4）派送宣传资料、售楼书；

（5）在甲方的协助下，安排客户实地考察并介绍项目、环境及情况；

（6）利用各种形式开展多渠道销售活动；

（7）在甲方与客户正式签署楼宇合同之前，乙方以代理人身份签署房产临时买卖合约，并收取定金；

（8）乙方不得超越甲方授权向客户作出任何承诺。

2. 乙方在销售过程中，应根据甲方提供的_____项目的特性和状况向客户作如实介绍，尽力促销，不得夸大、隐瞒或过度承诺。

3. 乙方应信守甲方所规定的销售价格，非经甲方的授权，不得擅自给客户任何形式的折扣。在客户同意购买时，乙方应按甲乙双方确定的付款方式向客户收款。若遇特殊情况（如客户一次性购买多个单位），乙方应告知甲方，作个案协商处理。

4. 乙方收取客户所付款项后不得挪作他用，不得以甲方的名义从事本合同规定的代售房地产以外的任何其他活动。

第八条　合同的终止和变更

1. 在本合同到期时，双方若同意终止本合同，双方应通力协作妥善处理终止合同后的有关事宜，结清与本合同有关的法律经济等事宜。本合同一旦终止，双方的合同关系即告结束，甲乙双方不再互相承担任何经济及法律责任，但甲方未按本合同的规定向乙方支付应付费用的除外。

2. 经双方同意可签订变更或补充合同，其条款与本合同具有同等法律效力。

第九条 其他事项

1. 本合同一式两份，甲乙双方各执一份，经双方代表签字盖章后生效。
2. 在履约过程中发生的争议，双方可通过协商、诉讼方式解决。

甲方：   乙方：
代表人：   代表人：
签章：   签章：

年　月　日

案例　某开发商××实验公寓项目的销售代理计划

某房地产开发商开发的××实验公寓，地处城区中心地段，占地面积 11400m²，共有六栋多层公寓楼，总建筑面积 23863m²，总销售额为 34000 万元，该实验公寓是一个独立的居住组团，公寓规划力图体现"以人为本"的设计思想。公寓大院除建筑四周绿化外，还设计有 800m² 的中心花园、林荫步道、休闲庭廊；公寓楼绕园错节布局、斜坡屋面、曲线檐口、大面白墙嵌红格窗条，公寓科技含量高，配置进口中央空调、电梯、变频恒压供水系统，配置家用燃油锅炉，24h 供应热水、变压式排气道；水电气三表计量出户微机管理系统、周界防盗报警和入口处监控可视对讲系统，公寓底层配有 24 个小汽车库和 20 多个泊车位。公寓户型共有 8 种，分为平面式和错层式两类，面积 73.54～150.43m² 不等。该项目由开发商委托某房地产经纪公司做独家代理，由代理商派驻销售人员进入开发公司的现场售楼处进行销售。

开发商之所以选择独家代理方式进行该项目的销售，主要是出于以下几方面考虑。

1. 开发商自身的销售力量较为薄弱，销售人员不足，缺乏销售经验，无法保证在销售期内完成销售额并收回成本。
2. 代理商是该地区实行独家代理方式进行物业销售的中介公司中实力较为雄厚的一家，销售经验丰富，销售网络和信息网络健全，信誉较好，专业化程度和专业人员素质较高，且过去有很不错的销售业绩。
3. 开发商与代理商在物业的前期策划阶段已经开始合作，虽然合作是松散型的，但由于代理商对于市场状况、顾客品位、宏观政策等方面非常熟悉，因此在项目定位、配套设施、平面布局、市场推出时机等方面给予了开发商许多有益的建议，为代理商成功地拿下该项目的代理权打下良好的基础。

该实验公寓的基准价格由开发商确定，具体如下：

　　　　03、04 幢：　　　　　　　　　　　16800 元/m²
　　　　08 幢：　　　　　　　　　　　　　20000 元/m²
　　　　02、05、06 幢：　　　　　　　　　19200 元/m²

代理商根据开发商制定的基准价格，经协商后制定出楼层差价系数：

楼层	楼层差价系数				
	02 幢	03 幢	04 幢	05、06 幢	08 幢
八					−2%
七		0%①	0%①		+3%
六	0%①	−2%	−2%(+1%)		+7%
五	+4%	+3%	+3%	+4%	+7%
四	+7%	+7%	+7%	+7%	+7%
三	+7%	+7%	+7%	+7%	+7%
二	0%	0%	0%	0%	0%
一	+2%	+2%	+2%	0%	0%
备注	一梯一户	普通型	普通型	错层式	框架结构

① 表示以该层数为基准，别的百分数都是在此基础上加减的。

同时确定购房款计算方法：

购房款 = 基准价×(1+楼层价系数)×面积×优惠后百分点

合同中规定，代理商与开发商共同成立销售价格领导小组，协调销售折扣，确定集团购买的最大让利幅度，规定了代理商的浮动权限，具体如下表所示：

销售阶段	浮动权限	销售阶段	浮动权限
房屋交付使用前	最低至销售价格的 95%	销售至总量的 50%	最低至销售价格的 97%
房屋交付使用后	最低至销售价格的 96%	销售至总量的 80%	最低至销售价格的 98%

同时规定，一次性购买整个单元者，房屋价格优惠 2%，如在签约后七天内能支付房款总额的 50% 以上者，再优惠 2%。

合同中规定佣金取费率占销售总额 34000 万元的 1.2%。之所以在合同中降低取费费率，主要原因是该项目的广告费用支出由委托方全部承担。此外作为代理商确定出这样的取费标准主要还考虑以下三方面的因素：

（1）此价格是计算了代理商进行独家代理所需的成本加上利润和税金后得出的；

（2）虽然代理价格与进行普通居间介绍的佣金取费费率比相差不多，但是实行独家代理以后，在销售期内代理商的佣金收入得到了保证；

（3）这个价格是开发商能够承受的价格。

制定出物业销售价格和项目代理价格以后，开发商又将销售任务按照季度划分出来，并且确定的佣金的支付办法和支付时间，以控制和激励代理商完成代理任务。

开发商把将销售总额 34000 万元分解为几部分：第一季度 6000 万元，第二季度 4000 万元，其余第三、第四季度均为 12000 万元，代理商得到的佣金按销售额所占比例在每季度末由开发商支付，即第一季度支付佣金总额的 17.6%，第二季度支付佣金总额的 11.8%，第三、第四季度为 35%。第一季度由于跨越年末，开发商希望能够尽可能多地回笼资金，同时，在正式发售楼盘以前，已经做了大量的广告宣传工作，所以开发商安排的第一季度销售任务比较重，并且还规定，如果代理商能在第一季度内完成销售总额的 20%，开发商便将第一季度的佣金比例提高一倍予以奖励；第二季度由于跨越春节，因此任务分摊较少；第三、第四季度进入销售旺盛期，任务分摊也相应较多。开发商同时也规定了代理商违约时的控制办法：当代理商没有完成本季度的销售任务时，由开发商在代理佣金费用中进行扣减，扣减比例与代理商未完成合同额的比例相同，即：

佣金额 = 佣金总额×本季度佣金比例×(1- 未完成合同额/本季度合同额)

如果代理商连续两次未完成合同中规定的销售任务，则开发商有权取消代理商的独家代理权，并且终止合作关系。

代理商在签署委托代理合同之后，根据开发商的实际情况，从代理公司派出人员组建该物业的现场售楼部，以扩大销售范围，全面代理开发商的销售工作。并采取以下几种营销策略。

（1）广告宣传　代理商着手制作广告并通过报纸、电台加以宣传，由于销售期的第一个阶段跨越年底，所代理的房屋未正式交付使用，因此，代理商在这一阶段的广告宣传主要侧重于介绍该实用公寓的总体定位，以激发购买者的兴趣，没有标注出房屋的实际售价。房屋正式交付使用后，代理商自元旦起，多次通过报纸电台发布房地产广告，由于此时是现房，因此广告宣传取得了非常好的效果，代理商超额完成了第一季度的销售任务。

（2）参加展示会　由于恰逢该市举办金秋恳谈会，代理商利用这次机会，投入力量制作现场广告展板及现场摊位，并制作售楼书现场发放，吸引了一部分目标客户购买房屋。

（3）通过销售网络进行营销　代理商利用其专业的销售人员，固定的销售网络，不断地收集有关买房者的信息，进行上门服务，向有购买意愿的社会集团和个人定向发放资料，由于信息来源准确，定向发放资料取得了比较好的销售效果。

（4）与其他代理商进行合作　代理商把销售物业的情况包括销售价格、平面布局、套型设计、物业管理、水电暖设施等基本情况介绍给其他的代理商，其他的代理商利用其销售渠道对该物业进行销售，然后按其销售额的比例提取相应佣金。

经过代理商的种种促销活动，不但第一季度超额完成了销售指标，而且截止到第三季度，代理商已完成销售任务的 85.4%，回收资金 29036 万元，得到了开发商的好评，并获得了超额奖金，也为开发商与该代理商的长期合作打下了坚实基础。

思考题

1. 营销渠道的类型有哪些?
2. 试述房地产专业代理的必要性。
3. 何谓独家代理? 它与独家销售权代理有何区别?
4. 房地产代理工作的基本流程包含哪些步骤?
5. 开发商选择代理商的基本程序有哪些?
6. 房地产代理商的市场选择标准有哪些?

房地产营销促销策划

房地产市场营销中除了要重视常规的以产品策划、组织策划、价格策划、渠道策划和客户定位策划等为主体的重要方面外,还经常通过开展相关的促销活动以强化开发商的开发理念和营销诉求,通过各种广告、推广活动、人员促销等途径展示产品、挖掘潜在消费者、表现开发商的亲和力,不断潜移默化地影响活动参与者的消费观念和决策,以达到销售目标,并通过其参与活动和达成消费后的口碑传播,形成促销活动的规模效应,而随着活动参与热度的不断升级,造成促销楼盘知名度和形象不断提升,最后达到良好的促销效果。

10.1 房地产促销策划的基本概念

促销(Promotion)是指生产者为了将自己的产品传递给消费者而作的一系列宗旨在于引起消费者对产品产生了解、兴趣、偏好,形成信赖,以至于最终购买的过程。促销的本质是商品生产者、消费者和中间商之间的信息沟通。沟通指企业将其产品及相关的有说服力的信息告知目标顾客,以达到影响目标顾客购买决策行为,促进企业产品销售的市场营销活动。

企业促销活动是企业与目标顾客或公众之间的信息交流过程,实质上是企业作为沟通者,发出作为刺激物的产品及相关信息,并借助于某种沟通渠道,把信息传播到目标顾客或公众,从而试图影响目标顾客购买态度与行为的过程。因此,促销是一种说服性的沟通活动。

10.1.1 促销的作用

促销的主要任务是在买卖双方之间沟通信息,而不只是促销商品。通过信息沟通可以把房地产生产经营者、中间商和消费者有效地结合起来。所以说,促销一般可以有三种作用。

(1) 提供信息与情报

在房地产产品进入市场之前,房地产企业必须把有关的产品情报传递到目标市场的消费者、用户和中间商那里,引起人们的注意以打开销路,从而解决在房地产市场不健全情况下,房地产企业寻找顾客和顾客握着货币不知去何处买到房的矛盾。同时,房地产企业要了解顾客的要求,包括房屋的建筑形式、平面布局、装修标准、色彩等,摸清规律,改进产品,使其更适销对路,扩大市场份额。促销可以使房地产企业形成有效的传递和反馈信息系统。

(2) 突出特色、树立品牌

在房地产营销活动中,预付购房款、期房成交的情况较多,顾客只能从房地产企业以前的产品及其在社会上的形象和信誉决定是否购买房地产。房地产开发企业通过促销活动,可以宣传本企业产品的突出特点以及它给消费者或用户带来的特殊利益,并让更多的潜在顾客了解企业的规模、特征、地点、主要产品类型和所取得的成绩,提高企业知名度,开拓更大的市场。这表明，促销是企业进行市场竞争的一项重要手段。

（3）引导需求、扩大销售

企业采取适当的促销方式，可激发起潜在顾客的购买欲望，引发他们的购买行动，从而增加老产品的销售量，扩大新产品的销售。在房地产营销活动中，促销活动还能起到引导消费的作用，因为房地产产品的相关信息具备较强的专业性，通过促销，可以告诉消费者什么才是适合他们的商品，从而改变不合理的消费行为，使消费者的需求能够适应时代的发展，例如：节能住宅的推广、住宅郊区化的引导等。

（4）稳定销售、利于竞争

由于房地产市场的竞争日益激烈，房地产开发企业通过促销活动，强调自己产品的个性与特点，可以使更多的消费者产生偏爱，增加产品的市场竞争力，扩大市场份额，在竞争激烈的环境下能够牢牢地锁定住细分市场中的目标客户，从而稳定销售，即使在规划、配套设施、交通等方面完全相同的两个竞争性楼盘，也能通过促销使目标消费者认识到它们在价格、质量、档次和其他方面的不同之处，并以这些不同属性满足消费者的需求，使产品更有竞争性。

10.1.2 房地产促销策略的实现方式

房地产促销策略，是指房地产开发商为了推动房地产租售而面向消费者或用户传递房地产产品信息的一系列宣传、说服活动。通过这些活动帮助消费者认识房地产产品的特点与功能，激发其消费欲望，促进其购买行为，以达到扩大销售的目的。

房地产促销策略主要可以分为广告促销、人员促销、公共关系、营业推广 4 种实现方式。

（1）广告促销

广告促销是向人们介绍商品信息，输送某种观念的一种公开的宣传形式。房地产广告的突出特点是广告期短、频率高、费用大。房地产广告的诉求重点有：地段优势、产品优势、价格优势、交通便捷优势、学区优势、社区生活质量、开发公司的社会声誉等。广告是通过各种媒体，有计划地向广大消费者传递商品信息和劳务信息，以达到提高市场占有率的目的的一种促销形式。房地产广告的形式多种多样，根据广告媒体的不同，广告又可以分为视听广告、印刷广告、户外广告、邮寄广告、交通广告等。各种不同的广告媒体各有其不同的特点，他们传递信息的方式不同，效果也不一样。为取得最好的广告效果，广告策划人员必须正确选择广告媒体、搞好广告设计并预测广告效果，制定合理的广告策略。房地产广告促销这种方式的主要特点有如下几方面。

① 传播广泛　由于传播媒体能够大量地复制信息并广泛地进行传播，所以广告的信息覆盖面相当大，可以使企业及其产品在短期内迅速扩大影响。

② 间接传播　由于是通过传播进行宣传，广告主同广告的接受者并不直接见面，所以广告的内容和形式对于广告的宣传效果就会产生很大影响。

③ 媒体效应　由于消费者是通过传播媒体来获得产品和服务信息的，所以媒体本身的声誉、吸引力及其接触的可能性都会对广告信息的传播效果产生正反两方面的效应。

④ 经济效益性　由于广告对传播媒体的利用是有偿的，所以企业的广告活动就必须重视经济效益，必须对广告费用的投入及其产生的促销政策进行精确的核算和比较。

广告既可以用来树立房地产企业和产品的形象，又可用来刺激当前的销售。广告可用较低的成本费用有效地将信息传递给地理上比较分散的消费者或用户。用不同的媒体广告成本费用不同，如电视广告成本费用较高，而报刊广告则较低。

(2) 人员促销

人员促销是指促销人员以交谈的形式向顾客作口头宣传和介绍，以满足消费者的需求，并出售商品实现企业目标的经营活动。人员促销具有灵活性、针对性、及时性以及完整性等特点。目前，大多数的房地产开发企业都设有销售部，由该部的业务人员负责接待顾客，与之洽谈磋商，并促使其达成交易。人员促销这种方式的特点有如下几方面。

① 直接观察　房地产销售人员与顾客直接见面，面对面地进行信息传递，是信息的双向沟通。可以通过观察对方的态度进而了解对方的需要，随时调整促销手法，有的放矢地开展促销，提高促销效果。

② 说服力强　销售人员现身说法，介绍本企业产品及其利益，消除顾客疑虑，容易使顾客信服。

③ 及时反馈　销售人员能及时带回顾客的意见建议，促使企业随时调整营销策略。

④ 竞争性强　销售人员在一定的利益机制驱动下，相互间展开竞争，从而能促使销售业绩不断上升。

正因为人员促销具有上述特点，所以对某些处于一定销售阶段的产品，它是一种最有效的促销方式，尤其是在争取顾客偏好，建立顾客对本企业房地产产品的信任和促成交易等方面有显著的效果。但是由于人员促销接触的顾客面毕竟较窄，所以与其他促销手段相比，它是一种相对较昂贵的沟通工具。

(3) 营业推广

营业推广是指为了迅速地刺激需求和鼓励消费而采取的一种促销方式。营业推广一般由一系列具备短期诱导性的促销方式所组成。营业推广是为了在一个较大的目标市场上，刺激需求，扩大销售，而采取的鼓励购买的各种措施。多用于一定时期、一定任务的短期的特别促销。营业推广刺激需求的效果十分明显且费用较少。营业推广这种促销方式的特点有如下方面。

① 吸引顾客　各种形式（如分期付款、优惠价格、售后免费维修服务、房地产展销会等）的营业推广，都是为了有效地招徕顾客，引起人们的注意。

② 刺激购买　营业推广一般都是通过提供某些优惠，来刺激和吸引顾客购买。

③ 效果短期　营业推广往往是为了促销积压产品，或是为了短期内迅速收回现金和实现房地产价值而采用的，因此，这种促销方式的效果也往往是短期的，如果运用不当，可能会使顾客产生对产品的怀疑。

(4) 公共关系

公共关系是指企业和组织利用双向信息交流手段，有计划地加强与公众的联系，以赢得广大公众的信任和支持，并树立企业信誉等一系列活动。在促销沟通中公关活动的主要形式有市场宣传、新闻宣传报道、提供赞助等。公共关系对于和谐企业与公众的关系、树立企业形象所具有的重要性已逐渐得到大多数开发商的认同。公共关系这种促销方式的特点有如下方面。

① 高度可信　公共关系不仅是促销企业的房地产产品，而主要是为了树立房地产企业的整体形象。新闻报道和特写看上去比广告更加可信、真实，有助于树立本企业的良好形象、改善企业的营销环境。

② 传播方式无偿　公共关系的传播手段比较多，可以利用各种传播媒体，也可以进行各种形式的直接传播。因此，公共关系活动本身虽然需要支出一定的费用，但其传播过程通常是以新闻报道的形式，而不像广告那样需要支付费用。

③ 影响面广　公共关系的作用面比较广泛，其作用于房地产企业内外的各个方面，不像广告那样只是针对企业产品的目标市场，而是将公共关系活动中所有的受众列为作用面，有利于培养长期客户、潜在客户。

10.1.3　促销组合的影响因素

由于前面所提到的4种促销方式同时也是房地产企业促销的主要方式，故又称为促销组合。促销组合，就是这几种促销方式的选择、运用与组合，即如何确定促销预算及其在各种促销方式之间的分配。一个成功的促销组合策略应当可以使企业市场营销组合的其他因素更好地发挥作用。企业在决定总促销预算在各种促销方式之间的分配时，除应熟悉各种促销方式的特点外，还须认真分析下列影响促销组合的各种因素。

（1）产品种类和市场状况

由于产品是一种价格昂贵、购买风险较大的超耐用消费品或生产资料，其购买者往往倾向于理智型购买，并不满足于一般广告所提供的信息，而希望能得到更为直接可靠的信息，所以，除了广告促销以外，人员促销是很重要的促销手段。

企业目标市场的不同状况，也影响着促销手段的选择。因为目标市场的特征决定了其对于信息的接受能力和反应规律。如果企业面临的是地域分布广阔而且分散的目标市场时，广告的作用就显得很重要，例如一些外销楼盘，因为相对于人员促销，其单位成本比较低。当目标市场比较窄而且又相对集中的时候，人员促销和营业推广等就比较奏效，此时广告的相对成本则可能很高。

（2）购买准备过程的阶段

顾客的购买准备过程一般分为4个阶段，即知晓、了解、确信和准备购买。在不同阶段，企业应采用不同的促销组合策略。在知晓阶段，广告和公共关系的作用较大，在了解阶段，广告作用较大，其次是人员促销；在确信阶段，人员促销的作用最大，广告的作用略小于人员促销；在准备购买阶段，则主要是人员促销在发挥作用。

（3）产品寿命周期的阶段

对处于寿命周期不同阶段的产品，促销的重点目标不同，所采用的促销方式也应有所区别。当产品处于介绍期时，需要对产品进行宣传，以提高产品的知名度，因而在这一阶段广告和公共关系的效果最佳，营业推广也有一定作用，可以吸引顾客购买。在成长期，仅使用广告就显得有点势单力薄了，销售人员的积极促销，往往能更深入宣传房地产产品的特点，并能争取那些犹豫不定的购买者，迅速扩大产品的销量。当产品进入成熟期，为巩固产品的市场地位，积极的公共关系宣传并辅之以一定的营业推广手段，往往能有效地巩固和扩大企业的市场份额，增强企业的竞争优势。而到了衰退期，某些营业推广措施可继续保持相当数量，广告仅仅是提示而已，至于公共关系活动可完全停止。

（4）营销环境

房地产企业的营销环境也会在一定程度上影响企业促销手段的选择。如一个地区对大众传播的控制程度，以及该地区接触传播的可能性（如报刊订阅率，电视机和收音机的拥有率等），会极大地影响广告的宣传效果；一些社会活动（如体育运动会、旅游节、庙会等），又可能为营业推广和公共关系创造良好的机会；某些政策法令会对各种促销手段的应用形式直接或间接的促进或制约；甚至政策的变化和某些社会重大事件也会因其舆论导向的作用而成为某些促销手段实施的契机。所以促销手段的选择和应用必须充分注意其对营销环境的适应性。

总之，在充分了解各种促销方式的特点并考虑影响促销组合的各种因素的前提下，有计划地将各种促销方式适当搭配形成一定的促销组合，就可取得最佳的促销效果。

10.2 广告促销

广告是向人们介绍商品信息，传达某种观念的一种公开的宣传形式。房地产广告的基本功能是传播有关房地产信息，扩大市场，促成交易。广告与市场经济是相联系的。近代在西方国家由于市场经济的高度发展，广告也高速发展，到处都充满了广告，人们生活在广告的海洋之中，每人每天面对着数以千计的广告。西方国家的广告费支出一般都要占国民生产总值的1%～3%，广告学已成为一门独立的热门科学，广告对市场经济的发展有着不可估量的重要作用。广告的促销作用十分明显。按照美国市场营销协会的定义，广告是"由特定广告主以付费方式对于构想、产品或劳务的非人员介绍及推广。"

房地产广告可以从两个角度来理解：从狭义上讲广告是企业以付费的方式利用各种传播媒体向目标市场的公众传递房地产商品和服务信息的经济活动。从广义上讲，它是房地产企业与外界接触的一种手段。它是房地产企业在营销活动中运用最广泛和最为有效的促销手段。

一般来说，房地产广告促销的过程包括确定房地产广告目标、选择广告媒体、确定广告预算、广告创作与发布、测定广告效果几个阶段。

10.2.1 房地产广告的目标

（1）房地产广告策略

有效的广告促销不仅要能吸引人们的注意、引起人们的兴趣、加深人们的印象，更要能激发人们的需求，促成购买行为。要达到做广告的目的，就需要运用适当的策略。一般房地产广告策略主要有以下几种。

① 全面推进策略　以广播、电视、报纸、车身等作为主要广告媒介，进行全面、广泛的宣传活动，树立企业房地产产品的独特形象，在报纸中作夹页广告，扩大在某一特定区域内的宣传效果。

② 重点突破策略　针对某一特定的区域或某一特定的对象，连续邮寄大量具有说服力、印刷精美漂亮、能激发好奇心的广告，吸引潜在房地产购买者，并邀请他们前往建设工地参观，以诱发他们的购买欲望。

③ 短兵相接策略　在房地产建筑施工现场设置亲切的接待中心，精致的样品房屋，详细的说明书，设立突出的吸引人的户外广告、霓虹灯等，吸引来往的行人，从而使参观的人们产生深刻的印象。

④ 因地制宜策略　就是要善于利用地理环境，使广告适应环境，易于接近顾客，为公众所接受。不同地区的政治、宗教、文化、风俗习惯、经济水平不同，消费者特点不同，对广告有很大的制约作用，要因地而异，有的放矢。

⑤ 阻止策略　在房地产建设方案正式确定以后，在建设工地设立大型围墙板，向公众预告该房地产建设项目已经开工，从而阻止消费者或用户目前购买其他房地产的想法，待这一建设项目竣工后再投入消费。如此，在房地产建成之前，就吸引了大量购买者，完工后，就可大量出售。

以上广告策略，房地产企业可以根据实际情况单独使用，也可以交叉使用。广告策略的选用的宗旨是保证广告目标的实现。

（2）房地产广告的目标

企业的广告目标，如为提高企业的知名度做宣传：介绍楼盘情况，向社会公布房地产信息等，取决于企业的整个营销目标。但企业在实现其整个营销目标的过程中，又可以分为若干不同的阶段，在每个阶段，广告起着不同的作用，即有着不同的目标。归纳起来，房地产广告的目标主要有通知、说服和提示三大类。按照广告目标的不同，可将房地产广告分为通知广告、说服广告和提示广告三种。

① 通知广告　通知广告的目标是通过广告向目标消费者提供各种信息。如介绍一处新楼盘即将推出面市，向顾客说明某种新楼盘的价格、地段、配套等及其开盘时间等，介绍本企业提供的各种服务项目，纠正顾客对产品的误解，减少顾客的顾虑，以及树立企业形象等。通知广告主要适用于房地产销售过程的前期，主要目标是为了促使初步需求的产生。

② 说服广告　这一种广告主要用于产品的成长期。处于成长期产品的需求是选择性需求，即顾客对某一种产品有需求，但还没有形成偏好，可在众多同一用途商品房中进行选择。此时企业的主要广告目标应是劝导顾客购买自己的产品，突出产品特色，介绍本企业房地产产品优越于其他房地产之处，促使顾客形成对本企业产品的偏好。说服广告一般是在房地产销售过程中期运用较多，此时消费者对房地产产品已有一定了解，但还不够深入，没有形成购买冲动，需要详细介绍产品的各个侧面。

③ 提示广告　提示广告适用于销售后期，主要目的是为了提醒消费者，加深消费者的印象。如提醒业主办理相关手续、在节假日向新老业主表示祝福、通知业主或意向购房者参加楼盘代表户型的家装展示等。

10.2.2　选择广告媒体

（1）广告媒体的接触度、频率和效果决策

为了正确地选择各种媒体，以达到广告目标，企业必须首先作出媒体的接触度、频度和效果决策。所谓接触度决策，是指房地产企业必须决定在一定时期内使多少人接触到广告。例如：可决定在第一季度内让30%的目标客户接触到广告。

频率决策，是指企业必须决定在一定时间内，平均使每人接触多少次广告。例如，可以定使目标客户平均每人接触到3次广告。一般认为，信息的显示若低于3次效果不大，超过3次费用又太大。

效果决策，是指企业要决定广告显露的效果。报纸广告传播信息要比广播广告的效果好，即使是同一种报纸广告，由于各种报纸的发行量、影响力各有不同，广告的效果也是不同的。

（2）选择的广告媒体种类

① 网络媒体　网络媒体有传播面广、时间长、诉求力强、表现力丰富、更新便捷、信息量大等优点，有的网站发布的房地产广告还带有项目的视频资料可供购房者点击浏览，使得购房者有如身临其境，非常直观。不足之处是制作复杂、效果难以测定，尤其对特定人群的传递率不十分理想。网络媒体又可以分为大众型网络媒体、网络渠道媒体、自媒体等。

② 平面媒体　报纸、杂志是平面传播的最主要工具，覆盖地域广，几乎涉及社会各阶层的读者，而且发行量稳定，容易作有力的、反复的广告宣传，是一种重要的媒体。平面媒体分全国性媒体和地方性媒体，全国性媒体的发行量大，覆盖面广，阅读阶层广泛。如果房地产销售面向全国，并以机关、团体为主要销售对象，宜以全国性报纸、杂志作为广告媒体。如果房地产销售是以某一地区的购买者为主要对象，则以地方性报纸、杂志作为房地产广告媒体比较适宜。近年来由于网络媒体的大力发展，报纸、杂志媒体有日渐衰落的趋势，但依旧是广告宣传的重要渠道之一。

现在各报刊登广告的情况，如广告版面最大和最小的限度、截稿时间、送稿与刊登间隔时间、按广告主意志办理的自由度以及服务项目都不尽相同。因此，准备作房地产广告时应对此作具体调查，选择适当的媒体。

③ 电视媒体　随着社会的发展，电视也成为一种重要的广告媒体。电视媒体诉诸人的听觉和视觉，给人留下的印象深刻。电视广告既能清晰地看到实物，又作声音媒体，这样有利于对房地产产品的了解，并能使人产生较丰富的联想，尤其是自己使用某一产品的联想。电视媒体的局限性是消逝速度很快，费用比较高。

④ 户外媒体　户外媒体包括路牌、招贴、交通工具、霓虹灯、气球等。户外广告固定在一定场所，反复引起人们注意的效果比其他媒体都好。户外媒体一方面可以根据地区的特点选择广告形式，同时又可以根据某地区消费者的共同心理特点、风俗习惯来设置。户外媒体可较好地利用顾客在途中、在散步游览时、在公共场所经常产生空白心理，在这种时候，设计精美的房地产广告，霓虹灯多彩变化的光芒常能给人留下非常深刻的印象，能引起较高的注意率，更容易使其接受广告，而且利用户外媒体的费用较低。户外媒体的最大缺点是宣传区域小。

⑤ 广播媒体　广播媒体最大的优点是广告信息传递迅速、及时。其次，广播媒体传播的范围广泛，几乎在任何地点都可以听到。由于广播诉诸听觉，能使人们在不知不觉中毫无抗拒地促使记忆和提高印象。对驾驶车辆的听众、老年听众或者文盲听众，广播媒体的宣传效用最强。再次，广播媒体费用便宜。当然，广播媒体也有其局限性：时间短暂，只有声音，没有图像，不利重复记忆，给人留下的印象不深、不准确、不详细、不能保存；听众分散，并无法了解收听的情况。

⑥ 邮寄媒体　邮寄广告媒体主要指那些通过邮局直接寄发给广告对象的信函，主要包括广告信、说明书、购买请柬等。这类媒体的最大特点是针对性强，可以通过广告目标对象，采用他们最易接受的广告表现，直接邮寄到他们的单位、家庭。邮寄广告往往使收信人产生优越感，从而减少了对广告的抗拒心理，注意率高，邮寄广告可采用多种广告表现形式，可以用精美印刷品给人留下强烈印象和记忆，产生较好的反复阅读率，而且，这种媒体的费用较低。

a. 大众型网络媒体。这类媒体的形式基本上是以门户网站的房地产板块和专业型网站为主，如新浪房产、58同城的房产板块、腾讯网在各地网站的房产板块、网易的房产频道、搜狐焦点等均属于大型门户网站的房产频道，他们是随着近几年房地产的发展，这些大型门户网站延伸出来的专门做房产的媒体。此类媒体依托门户网站的流量，基本与门户网站是属于上下级的关系，或以房产事业部的形式存在。而安居客、搜房网这类网站是属于专业的房地产网站，这类网站在不同的地区都会有一些区域性的圈子网站，符合区域消费者特征。

b. 网络渠道媒体。这类媒体是属于专门用以引流或者是针对某些客群进行专门的投放，比如百度是针对百度的关键词搜索的，优酷等视频网站的客户是进行拦截型投放的。另外近些年随着大数据的发展，有一些利用大数据进行网络广告投放的亚媒体，他们通过网络大数据将客户进行分类，可以根据不同的客户投放不同的广告，就像谷歌的广告系统一样，利用一些小网站植入广告代码来实现，其理论上精准度更高，可以直接指定年龄、职业、消费特征等进行针对性的投放。

c. 自媒体。这是网络媒体一个比较独特的形式，一般是利用个人微博、微信、博客等形成的媒体。这类媒体一般很有针对性，针对特定人群进行传播，优势是针对性强、客户对信息的信赖度高。媒体的广告价值值得重视，投放应依据一定的广告效果来进行评价。

（3）选择房地产广告媒体应考虑的因素

选择房地产广告媒体，总的来说，要从房地产广告所要达到的目的出发，做到花比较少的费用，取得最好的广告效果。具体说来，要考虑以下各种因素。

① 传达范围　广告媒体所能达到的范围要与所要求的房地产销售信息传达范围（即前述广告接触度）相适应。如果房地产的销售范围是全国性，销售信息希望在全国范围内传递，那就不能选择地方性报纸、电视、广播电台作媒体。反之，如果房地产销售信息只要求在某一地区或是一部分人中间传递，那就没有必要选择全国性的报刊、电视或广播电台作媒体。除此以外，还要考虑产品广告欲传达的对象平时对哪种媒体有更多的收看或收听的习惯，以使广告能提高有效性。比如普通低价房的开发商，把一般的工薪阶层作为沟通对象，就无必要在价格昂贵的白领杂志上做广告，应选择大众性日报或晚报。

② 出现频率　广告出现频率一定要与所要求的房地产销售广告信息出现次数（即前述频率决策）相一致。如果房地产销售信息要求一天出现几次，那就只能选择电视或广播电台作媒介；如果房地产销售信息可以相隔一段时间出现一次，那就可以选择报纸、电视等各种广告媒体；如果在某一特定时间内要做大量的广告，那就可选几种广告媒体同时使用。

③ 效果价格比　选择费用少、效果好的媒体作广告。各种广告媒体的收费情况相差较大，有的比较昂贵，有的比较便宜，就是同一种广告媒体，也还存在价格差别。因此，在选择房地产广告媒体时要选择费用比较少、效果比较好的媒体作广告。不同的媒体费用不同，电视费用最为昂贵，传单费用则便宜些，因此经常用每千人目标客户成本作为一个重要依据。在实际的媒体选择中，往往不只选择一种媒体投放，为了加强宣传攻势，更多的房地产企业往往采用多种媒体的组合，网络媒体、电视、报纸、售楼书、广播齐出动，以期达到更好的促销效果。

④ 表达充分　尽量选择能充分表达房地产广告信息的工具作媒体。报纸、杂志以及电视、广播等媒体表达广告的形式不尽相同。因此，在选择房地产广告媒体时，应选择能充分表达房地产广告信息的工具。如果广告信息只要求给大家看到，那就选择报刊、杂志、户外等作媒体；如果广告信息不仅要求听到、看到，而且还要求动作表演，就只能选择电视作媒体。

⑤ 滞留时间　广告媒体能否重复使用和广告信息的保留时间要与企业的要求相一致。在广告媒介中，电视、电台等媒体上的信息几十秒内就消灭了，而广告牌等则可保留很长时间。

在处理媒体组合时，应注意根据经济适用原则，而不是天女散花式，造成不必要的浪费，另外在所有的媒体上表现的广告内容及风格应整体协调、统一，才能增强传播力。

（4）把握广告促销时机与节奏安排

时机是影响广告效果的重要因素。要达到宣传产品，影响消费者的广告效果，就必须在听众、观众或顾客心目中留下深刻的印象。而印象的深刻与否，不仅取决于广告的形式、语言，也取决于广告时机。时机的选择应考虑以下几个问题：什么时候是收视（听）量高的"黄金"时间？什么季节是房地产销售的旺季？什么时候能避开同类房地产广告的干扰？什么时候能制造轰动效应，有无什么社会焦点新闻、事件可作为助力？

在实际的广告推广中，我们应注意房地产行业的特点。房地产广告宣传强调立竿见影的效果，时效性强、投入的风险也大。一笔广告费用投下去，就必须在三五天内换回一定数量的销售额，过期则不再有效。由此可见，房地产广告宣传投入的风险远大于其他类型商品的广告宣传投入。要使房地产广告宣传在很短的时间内达到一定的促销效果以规避投入风险，主要从以下几方面着手。

① 促销力度要够大　给人一种"过了这个村就没这个店"的感觉，从而促使购买者在短期内大量集中成交。

② 注重覆盖率　即动用多种宣传媒介以全面覆盖目标消费群（要使一次到达率极高），尽量使所有可能的消费群都了解到项目的销售信息。

③ 宣传量要达到一定的饱和度　事实上，100万元的广告费分十次投入和一次性投入，对其他商品而言，也许效果差别不大，但对于房地产销售而言，其业绩却有天壤之别。从表面上看，广告的投入加大，风险加大，但实际上宣传量加大形成了规模效应，反而降低了单位风险成本。所以，房地产广告在宣传量上达不到一定的饱和度，就无法保证短时间内的大量成交。

房地产广告时间的节奏安排一般可分为集中型、间歇型和脉动型。

① 集中型　是指广告集中于一段时间发布，以在短时间内迅速形成强大的广告攻势。连续型是指在一定时间内，均匀安排广告的发布时间，使广告经常性反复在目标市场出现，以逐步加深对消费者的印象。针对房地产营销的特殊性和实际情况，大多数房地产的广告采取了集中型的广告发布以求集中兵力于短时间内打歼灭战，这也是该行业广告区别其他行业广告之处，当完成某个阶段的密集广告之后，其后阶段最高是零散的发布一些提醒（防止遗忘）的广告而已。

② 间歇型　是指间断使用广告的一种方式。即做一段时间广告后，停一段时间，再做一段时间广告这样反复进行。房地产企业常在项目开工时、预售开始时、楼盘封顶时、竣工时这几个可能出现销售热潮的时机使用此类广告。间歇型广告的使用也要注意广告发布的时机，注意销售相对于广告的滞后性，还要考虑消费者的遗忘速度，若遗忘速度快则应使广告间歇时间短；反之可长一些。

③ 脉动型　集中了集中型和间歇型的特征，既在一段时间内不断保持广告发布，又在某些时机加大发布力度，形成广告攻势。房地产企业一般在公开期和强销期使用，它能够不断刺激消费者，还能形成短期的购买欲望，但广告费用相对比较高。此外，各类节假日以及舒适的季节等也是制定营销周期的重要时间考量点。因为此时人们出行方便，楼盘宣传有话题，容易形成人气鼎沸的旺销局面。

10.2.3　确定广告预算

所谓广告预算是计划一段时间内广告规模和范围的主要手段，它为今后广告活动所需费用提供预先的估算和参考资料。企业在广告预算时考虑的内容主要包括以下几项。

① 调查费用　调查费用主要包括前期市场研究、广告效果调查、广告咨询费用、媒介调查费用。

② 制作费用　制作费用主要包括照相、制版、印刷、录音、摄影、录像、文案创作、美术设计、广告礼品等直接制作费用。

③ 媒体费用　媒体费用主要指购买报纸和杂志版面、电视和电台播出频道和时段、租用户外看板等其他媒体的费用。

④ 其他相关（间接）费用　其他相关（间接）费用，如与广告活动有关的公共活动、直效营销等费用。

（1）广告预算的影响因素

在确定房地产广告预算前，要考虑以下因素。

① 竞争程度　广告预算首先取决于房地产市场的竞争状况。竞争激烈、竞争者数量多时，需要较多的广告费用投入。

② 广告频率　国外学者研究发现，目标沟通对象在一个购买周期内需要接触3次广告

信息才能产生该广告的记忆；接触次数达到 6 次一般被认为最佳频率；当广告频率超过一定限度，一般认为 8 次以后，将会产生负影响。但有时也不一定受这些具体数字的约束，更有甚者企业通过这些广告频率的负面影响来提高楼盘的知名度。

③ 销售进度　对房地产企业要销售的某一特定楼盘来说，销售总量是固定的。销售刚开始时，往往广告预算较高；当销售进度达到近一半时，许多企业往往投入最多的广告支出；但当销售接近尾声时，广告预算就很低。

④ 企业的品牌　一个知名的品牌所需投入的广告费用可以远远少于一个普通的企业产品。既然是知名的品牌，就无须再为提高企业的知名度而花费巨额的广告费用，而只需告知消费者企业有楼卖的信息，消费者可能就会争先恐后地购买了万科开发的楼盘，广告费可能仅需其他楼盘的几分之一就可以把楼卖出去。

（2）制定广告预算的方法

房地产企业制定广告预算最常用的方法往往来自实践和经验。实际中，可以运用多种方法制定预算，具体制定广告预算的方法有以下几种。

① 成本控制法　成本控制指企业根据自身的承受能力，企业剩余多少钱就用多少钱做促销宣传。由于项目开发投入资金量大，在打广告以前，企业资金状况往往比较紧张，于是多采用这种方法。但这种安排预算的方法比较盲目，完全忽视了广告对销售量的影响，所以在某种程度上存在着片面性。而且，采用该方法的公司一旦遇到困境，首先削减的就是广告预算和支出。

② 销售百分比法　销售百分比法是一种以销售额为依据制定预算的方法，即企业根据目前或预测的销售额的百分比决定广告费用的大小。例如：某房地产开发公司预计今年的销售额为 20000 万元，计划将销售收入的 2% 作为今年的促销费用，那么今年该公司的广告预算是 400 万元。但假如房地产开发公司的销售收入因遇到强有力的竞争而下降，为了加强竞争力和扩大销售，应增加广告支出，但是按销售额百分比法，销售收入下降就要减少广告支出。所以这种因果倒置的方法有时是不符合实际需要的，此外，广告预算按照每年销售收入的升降而变动，也不利于企业制定长期发展计划。

③ 竞争对等法　竞争对等法指按竞争对手的大致广告费用来决定本企业的广告费用支出，其预算常与竞争者的销售额百分比保持一致。这种方法也是房地产企业较常使用的方法，优点是充分考虑到竞争对手的策略，局限是忽视了企业自身的问题，并假设了相同的预算支出会产生相同的促销效果。而事实是不同的企业所需预算有很大差别，不同的创意和媒体选择，促销效果也大不一样。

④ 目标任务法　目标任务法是企业首先确定其促销目标，根据所要完成的促销目标决定必须执行的工作任务（各种媒体上的广告），然后估算每项任务所需的促销支出，这些促销支出的总和就是计划促销预算。这种方法的优势是以目标为依据做预算，针对性强，解决实际问题能力强；局限性是需要更多技巧，而且任务的内容和成本的确定带有明显的不确定性。

总之，在决定广告预算时，不同的房地产企业应根据本企业的特点、营销目标与营销战略，选择合适的促销预算决定方法，作为企业比较合理的广告预算。

10.2.4　广告创作

广告的作用是传递信息，刺激需求，树立信誉。这些都要通过房地产广告信息决策来实现，决策质量的高低直接关系到广告的效果。平庸的广告只能做到"信不信由你"，而成功的广告则能做到"不由你不信"。这就是广告的魅力。美国一位专家建议用 3 个标准来进行广告信息的制作，即讨人喜欢、独具特色和令人信服。所谓讨人喜欢，是指广告信息首先要使人感兴趣，引人入胜，使人产生购买欲望。但是仅仅让人喜欢还不够，因为许多企业的广告都能做到这一点。因此，本企业的广告信息还要独具特色，让人们了解本企业产品的与众不同之处。最后，这一信息应该是可信的或是可以被证明的。

由于广告商对房地产专业知识、营销知识不一定十分内行，通常会提出由企业营销人员提供房地产信息、文案。即使广告商提供了广告方案，也要请企业评论、定夺。

广告文案写作是将广告信息诉诸文字的过程。从广告的内容上看，任何一个完整的房地产广告作品，都包含题材、主题、标题、正文、插图5个部分。在确定了广告题材和主题之后，文案写作的重点就是如何安排广告的标题、正文、附文、插图的内容和形式了。

(1) 房地产广告的标题

广告标题也称标语，它是广告文稿的精髓。其作用是概括和提示广告内容，帮助消费者对广告的中心思想一目了然，既起到提示作品主题实质的作用，又起到吸引消费者的兴趣、活泼和美化版面的作用。为了让顾客一眼就明白广告意图，标题应一语道破广告能为消费者带来什么好处。也有些标题间接宣传产品的特点和功能，用词讲究，具有艺术性，使人过目不忘。好的广告标题语能积累企业或楼盘的无形资产。

在房地产广告方案中，确定标题是广告写作的主要程序之一，写作时要掌握以下几点要求。

① 坚持标题的准确性　它是撰写广告文稿的基本要求。定标题一定要与文稿相符，深圳招商海月花园的一句"海风一路吹回家"，不仅预示滨海大道的开通使从市区到该项目无比便捷，更让人体验沿着深圳湾，吹着海风回家的幸福和温馨。

② 标题要体现主题思想　揭示广告主题是撰写标题的主要任务。如广州丽江花园的"一方水土一方人，美善相随丽江人"，体现了丽江花园高素质的住户和人性化的社区居住环境。

③ 标题要开门见山、画龙点睛　尽管标题只有几个字，但是要给人以丰富的联想、深邃的意境。

④ 语言生动活泼、富有创意　标题用词要贴切，不生搬硬套，故弄玄虚。如深圳大世界商城"好地段＋低价格，投资上选"，言简意赅，突出了楼盘的地段和价格优势，表明是投资的首选。

⑤ 标题不宜过长　广告标题最好控制在12个字之内，有专家认为超过12个字的标题，读者的记忆力会降低。

⑥ 标题的分量是承诺　最具有促销力的标题是承诺给读者能带来什么利益。在标题中要尽可能回答你的潜在顾客所关心的问题。

⑦ 信息性标题领潮流　能为人们提供最新信息的标题是最容易引起人们注意的标题。所谓新信息，是指广告标题中加上新闻性的消息，诸如新房型的推出、新技术及新材料的使用等。如银河世纪经典的"错层，创意来自美国山地别墅"，着重宣传错层新房型的推出，极大地引起了业内外人士的注意。不多久，错层概念就成为房地产市场中的新宠。

(2) 房地产广告文案正文

所谓广告正文是指广告文案中处于主体地位的语言文字部分。其主要功能是解释或说明广告主题，将在广告标题中引出的广告信息进行较详细的介绍，对目标消费者展开细部诉求。

广告正文可以使受众了解到各种希望了解的信息，受众在正文的阅读中建立了对产品了解和兴趣、信任，并产生购买欲望，促进购买行为的产生。广告正文的主要表现内容如下。

① 解释和证实利益点　对标题中提出或承诺的房地产产品或其利益点给予解释和证实。

② 说明和介绍　对广告中开发企业及其开发商的观念、项目、提供的服务等的功能、个性等方面进行说明和介绍。

③ 表现广告中的企业、商品、服务、观念等的背景情况　如商品由什么企业开发建设，这企业在同类企业中的位置等，甚至是商品制造过程中的有利于商品形象建立的趣闻逸事。表现商品的背景种种是为了形成品牌效应，或使消费者产生放心购买的心态。

④ 告知受众获得房地产商品的途径、方法和特殊信息　这里的特殊信息，也可以是折扣、奖励等信息。在直接的销售促进的广告配合中，其折扣等特殊信息可以在标题、正文等各部分中给予表现。一则产品形象广告中，折扣等特殊信息就只能在广告正文中或广告附文中进行表现。

在广告正文中可以表现的内容是很多的，而在具体的一则或一系列广告文案中要表现哪些内容，关键是要看广告的起因和目的。

(3) 房地产广告附文

所谓房地产广告附文是在广告正文之后向受众传达企业名称、地址、购买商品或接受服务的方法的附加性文字。因为是附加性文字，它在广告作品中的位置一般总是居于正文之后，因此，也称随文、尾文。

房地产广告附文的作用有以下两点：

① 对广告正文起补充和辅助的作用。

② 促进销售行为的实施。

当广告的标题、正文和口号已经使目标消费者产生了消费的兴趣和渴望时，如果在广告附文中表现了房地产商品的购买或服务的获得的有效途径，使得他们能以最直接的方式、最短时间之内得到商品。

房地产广告附文的具体表现内容大致分为：品牌名称、企业名称、企业标志或品牌标志及企业地址、电话、邮编、联系人和购买商品或获得服务的途径和方式、权威机构证明标志、特殊信息等。如需要反馈，还可运用表格的形式。

10.2.5　评估广告效果

企业对广告效果进行的评估。评估的内容很多，但主要有两个方面：一是信息传播效果；二是销售效果。

(1) 信息传播效果的评估

信息传播效果的评估，就是评估广告是否将房地产广告信息有效地传递给目标听（观）众。这种评估在事前和事后都应进行。事前，可邀请顾客代表或广告专家对已经准备好的广告进行评估，了解他们是否喜欢这则广告，广告信息中是否存在一些问题。事后，企业可再邀请一些目标顾客，向他们了解是否见过或听到过这一广告，是否还能回忆起该房地产广告的内容等。此外，还可用一些科学手段（如实验室、群组等）进行测试。

(2) 销售效果的评估

销售效果的评估，就是评估房地产广告使销售额增长多少。这种评估很困难，因为房地产销售额的增长，不仅取决于广告，而且取决于许多其他因素，如经济发展、顾客可支配收入的增加、房地产产品本身质量的提高和功能改进、销售效率提高、价格合理调整、其他促销方式的效果提高等。因此，单独衡量房地产广告对销售额的影响比较困难。目前，有的企业尝试着采用试验法来测量广告效果。按照这种方法，可以把某种房地产产品的销售市场按地区划分,在甲地区使用电视广告,在乙地区使用杂志广告,在丙地区使用报纸广告等,各种媒介的广告预算相同,经过一定时期后,检查各地区销售额增长情况。通过这种检查,可以大致分析出哪种媒介最有效。此外,企业还可以采用另一做法,即在甲地使用大量广告,在乙地使用少量广告,在丙地不用广告,一定时期后检查各地销售额增长情况,可以大致估计出广告对销售额的影响。

10.3 人员促销

人员促销是指房地产企业派出专职或兼职人员,通过主动与消费者进行接触和洽谈,向消费者宣传介绍本企业的房地产,达到促进房地产销售的活动。这是一种直接向可能的购买者进行的促销活动,虽然这是一种最古老的促销方式,但也是房地产促销方式中最有决定性的手段。

10.3.1 人员促销目标的确定

房地产促销人员的促销目标有所不同,但归纳起来,大致不外乎以下 6 种。

① 发现并培养顾客。房地产促销人员的首要目标就是寻求本企业房地产的现实的和潜在的顾客。通过和顾客面对面地相互沟通,了解顾客的需求,寻找为顾客服务的机会。

② 将本企业的房地产产品和服务信息以顾客最欢迎的方式传递给他们。

③ 促销产品。促销人员运用促销技巧,推荐介绍产品,解释顾客疑义以及最后达成房地产交易。

④ 提供服务。促销人员主动地向顾客提供咨询、技术性协助、资金融通以及迅速办理各种手续等(如办理产权产籍证、交纳契税等)。

⑤ 引导顾客购买。促销人员能帮助顾客分析购买各种房地产产品得失利弊,引导顾客合理地选择购买本企业的房地产。

⑥ 进行市场调研,搜集市场情报。促销人员经常和顾客打交道,他们对市场最了解、最熟悉、最敏感。促销人员通过对市场研究和对顾客的访问,可以及时向企业提供房地产销售情况、价格涨跌趋势、顾客反映、竞争对手动向等情报。

10.3.2 促销队伍的建设与管理

企业确定了人员促销工作的目标后,就面临着促销队伍的建设问题,这包括确定促销方式,确定促销队伍的组织结构,促销人员的选择、培训和报酬等。

10.3.2.1 促销方式的确定

房地产人员促销大致可采取 3 种方式:

① 单个促销　促销员上门或通过电话与某个买主进行交谈,向其促销房地产。

② 展销会促销　房地产企业单独举办或参加房地产展销大会,设摊促销。

③ 楼盘参观促销　定期派车接送顾客参观施工现场,以此沟通,促进销售。

10.3.2.2 促销队伍组织结构的确定

建立怎样的促销队伍要从企业的实际情况出发,按照营销活动的实际需要去加以组织。企业在设计促销队伍组织结构时,可在下述 3 种类型中选择。

(1) 地区型结构

这是一种最简单的组织结构,即将促销员按划定的市场进行分配,每一组促销员负责本企业所有产品在该地区的促销。这种结构适用于产品组合比较单一而市场分布面较广的房地产企业。它的优点是：
① 比较容易评价个别促销人员的促销实绩；
② 促销人员容易和顾客建立长期关系；
③ 差旅费用较少。

(2) 产品型结构

当企业的产品组合面广，各产品线黏度不大的情况，如既销售普通住宅，又销售工业用房、商业用房，宜采用产品型结构。即每一组促销员负责促销某一种特定的产品。这种组织结构的优点是，促销员可以在技术和业务上十分熟练并能对该产品的目标市场有全面的了解。

(3) 顾客型结构

不少企业按顾客类别来组织促销队伍，即每一组促销员面对一种类型的顾客。如有专门对代理商的促销人员；也有专门对经销商的促销人员；有专门对老年顾客的促销人员；也有专门对青年顾客的促销人员。顾客型结构的主要优点是，促销员可以更加熟悉和了解自己的顾客，更能掌握其需要特点及购买过程。

10.3.2.3 房地产促销人员的管理

促销人员素质的优劣，对实现促销目标、扩大销售、开拓市场，具有举足轻重的作用。一般认为，优秀促销员应具备两方面的素质：一是善于从顾客的角度考虑问题，二是勇于进取，不屈不挠。同时还要具备多方面的知识和技能，对本企业和产品的情况要了如指掌，成竹在胸。优秀的房地产促销人员实际上是一名投资顾问，他不仅要从企业的角度考虑设法促销自己的房地产产品，同时还要从顾客的角度出发，使其购买房地产期望保值、升值的动机得以满足。因此，房地产促销人员不仅要在仪表、年龄、文化、智商、口才等方面有一定的要求，而且还要具备多方面的素质，如掌握房地产专业知识、建筑基本知识，熟悉有关法律法规，了解市场，并有预测能力，了解购买者的心理等。

促销人员的管理包括销售队伍设计、人员招聘、人员培训、业绩评价与激励4个方面。

(1) 销售队伍设计

销售队伍设计包括确定销售队伍目标，确定销售队伍结构和规模。销售队伍目标包括确定销售定额、解决客户问题和展示公司或房地产项目。销售队伍结构可以按照项目组成销售队伍，也可以按照地区设计销售队伍，还可以按照项目类型组织销售队伍。在确定了销售队伍结构之后，下一步就是要确定销售队伍的规模。确定销售队伍规模经常采用的是工作量法，具体步骤为：
① 确定企业的年开发量；
② 确定单位产品需要对客户进行访问的次数；
③ 确定总的需要访问次数；
④ 确定每个销售人员可以进行访问的次数；
⑤ 根据年总访问次数和每个销售人员的年访问次数确定销售人员数量。

(2) 人员招聘

进行人员招聘的前提是完成了销售队伍设计。在完成销售队伍设计之后，业务部门将所需要人员的人数和要求通知人力资源部门，由人力资源部门配合业务部门组织销售人员的招聘。销售队伍要获得成功，中心问题是选择高效率的推销人员。在影响人员效率的因素中，用错人是最大的浪费。因此，招聘推销人员是人员推广的重要内容。销售人员应具备的最基本素质包括诚实、可靠、有知识和善于帮助人。除此之外，销售人员还应具备下列品质：能承受风险、强烈的使命意识，有处理和解决问题的能力，诚恳待人，办事认真。

企业招聘销售人员的途径由现有销售人员推荐、利用职业介绍所、刊登广告招聘、在有兴趣的大学生中挑选以及在企业内部人员中挑选等。

（3）人员培训

对销售人员进行培训的手段包括猎取竞争对手的销售人员、政府培训和企业内部员工培训计划。猎取竞争对手的销售人员可以节省企业的培训成本，提高自身的竞争能力。主要在于猎取竞争对手销售人员要求在待遇上比竞争对手那里要高得多。政府对就业人员的培训也是对员工进行培训的一个重要渠道，能够提高员工的素质。

企业内部培训计划一般要达到以下几个目标：
① 了解公司并明白公司各个方面的情况；
② 熟悉公司开发的产品情况；
③ 了解公司目标客户和竞争对手的特点；
④ 知道如何针对产品特点作出有效的展示；
⑤ 懂得推销的工作程序和责任。

培训方法有角色扮演、敏感性训练、音像设备的应用、程序化的学习以及专业人士授课等。培训的内容可参见本章所附案例1。

（4）业绩评价与激励

业绩评价是按照一定的程序，采用科学的方法，对销售人员在一定时期内取得的销售业绩做出客观、工整和准确的综合评判。销售人员业绩评价可以采用标准对照法和比较法。其中，标准对照法是指企业建立一套业绩基准评价指标体系，将销售人员的实际完成情况与标准比较来反映业绩效果的方法。比较法是将被评价人员的业绩与其他人员的业绩进行比较，来反映不同销售人员业绩效果的方法。比较法包括横向比较和纵向比较。横向比较是指在同一个业绩评价期间内不同的销售人员业绩之间的对照比较；纵向比较是将考察期间销售人员的业绩与其前期业绩进行的比较。

由于销售人员的素质本身存在区别，有的人员不需要企业管理层的指导就会尽力工作，并取得良好的业绩，但是大多数人员都需要通过鼓励和激励机制才会努力工作，原因在于：

① 工作性质。销售往往是个人的单独行动，经常受到周边物业的影响，有时会失去自己努力应该获得的订单。

② 人的本性。人的本性是自私的，大多数人没有金钱等的刺激，就不会真正努力工作。

③ 个人问题。由于个人（如婚姻家庭等）的烦恼影响其努力工作。一般来说，对销售人员的刺激越大，销售人员就会越努力。具体的激励制度包括薪金回报、外出旅游、培训等。

10.3.3 人员促销的程序

在众多的促销理论中，应用最广泛的是"公式化促销"理论。该理论把促销过程分成7个不同阶段。

（1）找出潜在顾客

例如通过现有的满意顾客的介绍，或通过仔细阅读当地报纸的新闻和金融版面，搜集到许多工商企业的消息，得知他们在做什么、需要什么，从而找到潜在顾客。

（2）事前准备

促销之前，促销员必须具备三类基本知识：
① 产品知识，关于本企业及产品特点等的资料；

② 顾客知识，包括潜在顾客的个人、家庭、所在单位的情况等；
③ 竞争者知识，竞争对手的产品特点、竞争能力和竞争地位等。同时要选择最佳的接近方式和访问时间。可见房地产企业对销售人员培训工作的重要。

(3) 接近顾客

接近是指与潜在顾客开始面对面的交谈。此时房地产促销员应有三个主要目标：
① 给对方一个好印象；
② 验证在准备阶段所得到的全部情况；
③ 为后面的谈话做好准备。

(4) 介绍房地产产品

介绍阶段是促销过程的中心。房地产产品可以用房地产模型、效果图、照片、宣传小册子等形式加以说明。介绍可以通过顾客的多种感官以传达给顾客，其中视觉是最重要的一个，因为在顾客所接收到的全部印象中，通过视觉得到的占比重最大。在介绍产品时要说明购买本企业房地产可享受到的服务及优惠。

(5) 应付异议

促销人员应随时准备应付否定意见。如顾客讲某个公司的房地产位置比你的好，价格也比你便宜。一个有经验的促销员应当具有与持不同意见的买方洽谈的技巧，随时有准备对付否定意见的适当措辞和论据。

(6) 促进成交

促销人员要求对方购买的阶段。多数促销人员认为，接近和成交是促销过程两个最困难的步骤。在洽谈过程中，促销人员要随时给予对方以成交的机会，有些买主不需要全面的介绍，介绍过程中如果发现对方有愿意购买的表示，应立即抓住时机成交。在此阶段，促销员还可提供一些优惠条件，促成交易。

(7) 事后跟踪

如果促销人员希望确保顾客满意并为企业做宣传，那么"跟踪"这一阶段就是必不可少的。促销人员应认真执行房地产转让合同中的保证条件，诸如按时交房、提供融资性服务或者技术性协助等。跟踪访问的直接目的在于了解买主是否对自己的购买感到满意，发现可能产生的各种问题，表示促销员的诚意和关心，以促使顾客做出对本企业有利的购后行为。

10.3.4 促销技巧

人员促销是一种对象各异，环境多变的促销手段。随机性很强，因此房地产促销员的促销技巧对促销活动的成败有很大影响。促销技巧是一种艺术、变幻无穷，在此仅介绍一下房地产促销人员应掌握的一些基本技巧。

(1) 把握时机

房地产促销人员应能准确地把握促销的时机，因人、因时、因地而宜地开展促销活动。一般而言，促销的最佳时机应选择在对方比较空暇，乐意同人交谈或正好有所需求的时候。如社交场合、茶前饭后或参观游览的时候，都是进行促销的较好时机，而应当避免在对方比较繁忙或心情不好时开展促销。有时候，环境的变化往往会造成对企业和产品有利的促销时机。促销人员应能及时抓住这些时机，不使其失之交臂。

① 了解让步区域 对于房地产销售人员来说，没有让步就没有谈判，让步的关键是在什么范围和在什么时候，如图 10.1 所示的价格谈判中：买方努力把 E 推向右方，而卖方努力把 E 推向左方以扩大盈利区间，对于销售人员来说，这时的关键是如何知道客户能够付出的最高出价点 B，以确定推进 E 的努力程度。换一句话说，即确定自己让步的幅度。

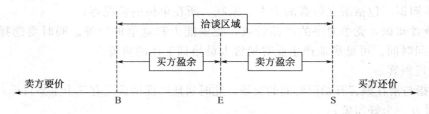

图 10.1 买卖双方的让步幅度

E—买卖双方的认同点（合同价）；B—买方能够付出的最高价格；S—卖方能够接受的最低价格

② 掌握让步时机 确定在什么时间让步是洽谈中非常困难的问题，必须根据对客户的判断和洽谈的进程来决策让步时间。但是无论如何决策都必须从整体洽谈着眼，并且留有余地。通常，在订立正式合同前，客户会通过各种渠道要求在价格上降低一到两个百分点或在付款方式上给予照顾，实际上这不是价格问题，而是所谓的面子问题，客户希望以这种方式表明他是特殊的、与众不同的。因此，房地产开发商在制定价格策略时应提前考虑，留出几个百分点的机动，然后在适当时机给予一定的让步。

（2）善于辞令

语言是促销人员最基本的促销工具，所以促销人员必须熟练掌握各种语言技巧，充分发挥语言对顾客的影响力。具体如下。

① 要在各种场合下寻找到便于接近对方的话题；
② 在谈话中要能牢牢把握交谈的方向并使之逐渐转入促销活动的正题；
③ 善于运用适当的词句和语调使对方感到亲切自然；
④ 对顾客的不同意见不轻易反驳，而是在鼓励顾客发表意见的同时耐心地进行说服诱导。

（3）注意形象

促销人员在促销过程中同时扮演着两重角色，一方面是房地产企业的代表，另一方面又是顾客的朋友。因此促销人员必须十分重视自身形象的把握。在同顾客的接触中，应做到不卑不亢，给顾客可亲可敬的印象，以使顾客产生信任感，在同顾客进行的交易活动中应做到守信重诺，以维护自身和企业的声誉；应避免惹人讨厌的倾力促销，而努力创造亲密和谐、轻松愉快的促销环境。

（4）培养感情

促销人员应重视发展同顾客之间的感情沟通，设法同一些主要的顾客群体建立长期关系，可超越买卖关系建立同他们之间的个人友情，形成一批稳定的主顾群，为以后扩大促销能力作准备。要做到这一点，促销人员往往不能局限于站在企业的立场上同顾客产生联系，而应学会站在顾客的立场上帮其出主意、当参谋，指导消费者选购房地产产品，甚至可向其推荐一些非本企业的房地产产品，以强化促销活动中的"自己人效应"。

10.4 营业推广

营业推广是房地产开发企业为了正面刺激消费者的需求而采取的各种促销措施，包括参加商品交易会、有奖销售、优惠促销及购房赠礼等多种方式。其共同特点是可有效地吸引消费者，刺激购买欲望，短期促销效果显著。其基本目的是刺激潜在顾客购买。

营业推广范围广泛，形式多样，凡除人员推销、广告和公共关系以外的所有刺激顾客采取购买行动的措施,都能够称为营业推广。一般可以分为三类。

① 刺激消费者直接购买　如赠送礼品、室内设施、地下室、花园或赠送某些附加服务、物管费、出国旅游等。

② 刺激房地产租售代理商交易　如除代理佣金外,还在租售价与底价之间的差额中进行分成等。

③ 刺激企业营销人员　如按照推销的房地产数量和金额支付报酬。

营业推广不能作为一种经常的促销手段来加以使用,但在某一个特定时期内,对于促进销售的迅速增长则是十分有效的。

10.4.1　营业推广形式的选择

为了实现营业推广的目标,企业可以在多种营业推广形式中进行选择,应根据营业推广目标、目标市场、竞争形势以及各种营业推广形式的成本及效果等因素,作出适当选择。

房地产营业推广一般有以下几种。

① 房地产展销会　参加房地产展销会是营业推广的有效形式。通过交易会,房地产企业可以集中展示推出新楼盘。参加交易的开发企业、产权交易部门、银行等的一条龙服务及交易会期间的多种优惠措施,均有助于促进消费者的购买。

② 样板房展示　样板房展示是以拟推出楼盘的某一层或某一层的一部分进行装修,并配置家具、各种设备,布置美观的装饰品,以供消费者参观,使其亲身体验入住的感受的促销方式。除样板房外,对于售楼处的大堂、入口也要进行装修,并保持整洁,尽量给顾客留下美好的第一印象。值得注意的是,样板房的装修应突出个性化设计,切忌简单地以豪华装修材料堆砌。

③ 赠品促销　为了吸引消费者购买,通常推出赠品活动。如赠送空调等实用家用电器或赠送某些厨卫设备等。赠品的选择应灵活多样,不可千篇一律,也有的开发商赠送某些附加服务、物管费、出国旅游等。

④ 召开房地产项目解析会　这是房地产营业推广的一种很好的方式。例如,居住区建成后由于销售量很大可采取项目解析会的方式向购房者详细介绍项目的各个方面并现场解答购房者的疑问;同时散发印刷品,扩大宣传,以便在较短的时间内,打开销路。这种方法集视听、文字材料及与潜在购买者面对面介绍情况于一体,往往影响较大。在充分做好准备工作的前提下,效果较为明显。

⑤ 活动营销　除公共关系活动以外,配合营业推广的各类活动营销可谓层出不穷,有楼盘体验式营销的、有利用名人明星效应开展营销活动的、有通过研讨会介绍楼盘特点的等,最多的是按照项目开发顺序及工程进度开展奠基仪式、开盘庆典、入住仪式、社区业主联谊活动等。

⑥ 其他方式　如目前不少房地产企业采用的分期付款、各种价格优惠以及售后免费维修一年等,均属于营业推广的方式。有的房地产企业向客户发行会员卡,还可以与银行合作发行联营卡,该卡会员在购买楼盘之后,即可享有各种购物优惠,包括电器、饮食娱乐、保险等;又如香港有名的代理机构香港置业向客户提供的"置业礼包"中包括购买家具、保险、搬家、清洁、装修等的优惠。

10.4.2　营业推广方案的制订

企业在制定进行推广决策时,不仅要确定营业推广的目标,选择适当的推广形式,还要制定出具体的推广方案,主要内容包括:奖励规模、奖励范围、发奖途径、奖励期限以及营业推广的总预算等。

营业推广方案的制订由以下几个方面构成。

① 选择营业推广形式　应根据不同阶段的营业推广目标，选择适当的营业推广形式。由于不同的营业推广形式的促销效果不同，因而房地产开发企业可根据资料、经验及本次营业推广的目标，选择适当的营业推广形式，可以是单一的形式，也可以是多种形式的组合。

② 选择营业推广的对象　营业推广信息可向每个消费者及经过挑选的团体提供。

③ 选择促销宣传的载体　开发企业应及早确定发布营业推广促销活动信息的载体，以尽快传递信息，吸引更多的消费者参与。

④ 确定促销的持续时间和时机　应根据促销的目标和性质决定营业推广活动持续的时间，并选择适当的时机（如节假日之前）推出该活动。

⑤ 制定促销预算　制定促销预算应包括此次推出的各种营业推广活动的各项费用。

10.4.3　营业推广方案的实施与评估

在具体运用各种营业推广方式之前，如果有条件，应对各种方式事先测试，以确定选择的方式是否合适，以便决定取舍。企业还应为每一种营业推广方式确定具体的实施方案，实施方案中明确规定准备时间（从开始准备到实施之前的时间）和实施时间。

营业推广不同于广告之处在于其目的是促进销售，不像广告还有传递信息的作用，因此，营业推广效果主要应从对销售量或顾客购买欲望的变化来考察。基本方法有如下两种。

① 销售量变化比较评价法　销售量变化比较评价法是通过比较营业推广的中、后各时期租售量的变化情况，以评价营业推广效果的一种方法。如果营业推广活动结束后，销售量没有明显变化，这表明营业推广未取得长期的效果；如果活动结束后的销售量经过一段时期以后超过活动以前的水平，这说明营业推广取得了长期的效果。

② 推广对象调查评价法　通过对推广对象进行调查，了解推广对象对营业推广促销的反应和行动，是评价营业推广效果的一种方法。如通过调查发现，多数推广对象对营业推广活动记忆深刻，或有许多消费者前往售楼处参观或咨询，那就说明营业推广取得了预定的效果；相反，如果推广对象对营业推广活动印象不深，也没有多少消费者前来咨询参观，则说明营业推广效果不好。

10.5　公共关系

公共关系是企业在市场经营中一种促进销售的手段和管理职能。公共关系是利用各种传播手段，同包括顾客、中间商、社区民众、政府机构以及新闻媒介在内的各方面公众沟通思想情感，建立良好的社会形象和营销环境的活动。

公共关系是指企业通过公共关系活动，使社会广大公众理解企业的经营方针和宗旨，加强企业与公众之间的联系，在社会上树立企业的信誉，为推进企业的市场销售服务。公共关系的目的是着眼于企业长远发展，维持企业的营利性和社会性之间的平衡。公共关系不同于其他促销方式。首先，它是以信息沟通为基本手段的促销形式，但并不直接介绍、宣传和推销企业产品，而是通过积极参加各项社会活动，宣传企业的营销宗旨，协调与公众的关系，赢得社会各界的理解、支持和信任，从而扩大企业的知名度，树立良好的企业形象，进而扩大企业产品的信誉达到促进销售的目的。有句俗语：广告是推销产品，公关是推销企业。其次，公共关系活动并不能立即生效不可能马上促成房地产交易行为，扩大企业产品的销售。它对企业营销的促进作用主要是长期效应，因为提高企业的知名度，树立良好的企业形象和产品信誉是要经过长期努力的，而一旦成功，就能在较长时间内促进产品销售，获得收益。

10.5.1 公共关系的主要工具

（1）公益活动

企业应积极参与各种有意义的公益活动，如参与社会赞助活动，举行义卖活动，用以支持体育、文化、教育、社会福利和慈善等事业的发展。这不仅可以充分显示企业雄厚的实力，充分体现企业积极承担社会责任的精神，在公众中树立企业关心公益事业的美誉，同时还可以为企业赢得政府及相关公众的支持，为企业生存和发展创造良好环境，请参见案例3。

（2）新闻事件

对市场营销人员和公关人员来说，特殊事件无疑可以制造新闻。通过开展各种有益的社会活动，如以房地产企业名称命名的体育比赛、文艺演出、评选优秀运动员、智力竞赛等，以扩大企业的社会影响。此外积极参加社会赞助、捐款等社会公益活动，以赢得社会好评。可以有意制造一些新闻事件，以吸引新闻媒介的注意。制造并不捏造事实，而是对事实进行适当的加工。如利用新闻人物的参与，创造一些引人注目的活动形式，在公众所关心的问题上表态亮相等，都可以使事实的新闻色彩增强，从而引起新闻媒介的注意并予以报道。无论是新产品的新闻发布会，还是举行一项工程的揭幕典礼，都提供了引起新闻界注重的极好机会。争取报刊采用新闻稿、参加记者招待会或举行新闻发布会，都需要营销技巧和人际交往技巧。与新闻界的交往越多，企业获得较好的新闻的可能性也就越大。

（3）社区关系

社区关系是指房地产企业与所在地政府、社会团体、其他组织以及当地居民之间的睦邻关系。社区关系的好坏，取决于企业的行为和社区居民的意向。这对于企业的生存与发展有着重要影响。如对各有关方面的礼节性、策略性访问，逢年过节发礼仪电函，送节日贺卡；进行经常性的情况通报和资料交换，举办联谊性舞会、酒会、聚餐会、招待会等，甚至可以组建或参加一些社会团体组织。如联谊会、俱乐部、研究团体、房地产业协会等，同社会各界建立长期、稳定、友好的关系。

（4）举办专题活动

房地产企业常通过举办或参加专题活动，以强化与各有关单位之间的信息交流与情感联络。例如，房地产企业通过民意调查等多种方式来收集企业内部与外部环境的变化信息，了解消费者对企业，对房地产的价格、质量、功能、房型等诸方面的意见和建议，并及时将改进后的情况告知消费者，以跟踪消费者的需求趋势，尽力满足消费者的要求，这实际上是在消费者中开展公共关系活动。

（5）出版物

出版物是一种由房地产企业自己印刷或出版的连续出版物、刊物或小册子。出版物散发的对象是投资者、研究机构和顾客等，如2011年出版的"世联地产顾问丛书"，其目的是宣传企业的组织、产品和服务项目，是一种促进公共关系开展的工具。开发企业可以通过发行企业自办刊物宣传企业文化、企业产品，如万科自办刊物《万科周刊》等，也可以制作业务通讯，定期举行企业经营信息及物业市场走势的专家论坛活动，还可通过设计企业独特的标志、品牌，定做员工制服，印制专用信笺、台历等建立企业识别系统，塑造出企业独特而美好的形象，以加深公众的印象，培养潜在目标顾客的偏好。目前，更多的企业选择自己出品网络出版物，如微信公众号、手机APP等，通过网络出版物加强了企业与用户的信息沟通频率，提升了企业形象。

(6) 社会理念营销

社会理念营销，就是指房地产企业不仅要满足消费者的需求和欲望并以此获得利润，而且要符合消费者自身和整个社会的长远利益，要正确处理好消费者的欲望和利益与社会长远利益之间的矛盾。例如，刊登公益广告呼吁保持耕地、减少环境污染、劝诫吸烟等，都是社会理念的推广。

10.5.2 公共关系的实施与评价

(1) 确定公共关系目标

公共关系所要达到的目标主要如下。

① 建立知名度　营销人员和公共关系人员可以利用媒介（即大众传播和人际交往）讲述一些故事，以吸引人们对本企业、产品、服务、组织或构思的注意力。例如在报纸、杂志上刊登有关本企业的成长、发展经营之道及经营业绩等方面的文章，以扩大影响。

② 建立信誉　公共关系可通过撰写新闻稿或文章来传递信息，以增强企业信誉。

③ 激励销售人员和经销商　公共关系可以帮助提高销售人员和经销商的工作的热情。在某房地产项目上市之前宣传有关它的资料将有助于销售人员和经销商销售该产品。

④ 降低促销成本　公关费用低于直接邮件广告和媒体广告。

(2) 选择公关信息和公共载体

目标确定后公关人员就要拟定有趣的题材来宣传企业或其产品。既要使公关信息能引起公众的注意，发生兴趣，又要符合社会公共利益。由于公关信息不同于广告信息，为了使目标公众易于接受，公关人员在拟稿时应特别小心审慎，避免目标公众的抵触情绪。如果公关人员感到信息不足，可以通过创造事件来增加创作素材。

(3) 实施公关计划

此时应重视公共关系工作效应的滞后性。公共关系本身不是一次或几次活动所能概括的，它依赖于企业长期形象的积累。而公共关系活动的效果通常也不是立刻见效的，需要一定时期的积累才能产生相应的效果。当公共关系活动涉及正在发生的特别事件时更要特别慎重，这些特别事件包括鉴定会、记者招待会和全国性竞赛等。公关人员要机敏、灵活，当发生问题时能想出办法并迅速解决问题。

(4) 评估公共关系的效果

公共关系计划实施以后，到底效果如何，需要进行反思与评估。这是公共关系活动的一个不可缺少的环节。主要评估方法如下。

① 自我评价法　就是由主持和参与公关计划实施的人凭自我感觉评价公关效果。由于当事人自我心得和心境的特定作用结果往往是比较独特的。

② 公众评价法　就是根据公众的反映评价公关效果。公众的反映可通过调查研究或民意测验获得。通过调查公众反映，便可确认公关活动在影响特定公众的认知、态度和行为等方面的效果。

③ 媒介评价法　就是通过观察新闻媒介对企业的报道情况，可以有效地分析和概括出企业形象的信息，以此评价公关活动效果。分析评价的具体内容如下。

a. 报道的篇幅和时数。篇幅越大，出现的频率越高，时数越多，引起公众注重和兴趣的程度就越高。

b. 报道的内容。对企业的成就、发展情况报道越多，效果就越好，就能在公众心目中创造良好的形象。

c. 媒介的层次性与重要性。发行量大、覆盖面广、权威性高、影响力大的媒体，往往比其他媒体更利于提高企业的知名度和美誉度。

d. 报道的时机。准时、及时而适时的报道，能促进企业的发展。

e. 专家评价法。就是聘请企业外部的公关专家对企业的公关活动进行评价。专家通过调查、访问和分析，能对企业的公关活动效果作出客观的评价，并能对企业今后的发展提出有价值的建议和咨询。

案例 1　某房地产开发公司销售人员培训提纲（三天）

第一部分：房地产相关政策法规（半天）

1. 房地产基本法律与管理制度，如房地产评估制度、房地产价格申报制度、房地产价格评估人员资格认证制度、商品房预售登记许可制度。
2. 商品房预售、房地产抵押、房屋租赁、中介服务等方面法规制度。
3. 房地产成交价格申报制度。
4. 商品房预售登记和许可制度。
5. 有关房地产转让、租赁和抵押的规定。
6. 有关中介服务机构的规定。

第二部分：建筑基础知识（半天）

1. 民用建筑的分类与等级
2. 建筑构成要素
3. 建筑设计的一般知识
4. 建筑技术经济指标
5. 规划经济技术指标
6. 建筑施工图识读要点
7. 建筑面积的计算
（1）建筑面积计算规则
① 计算建筑面积的范围
② 不计算建筑面积的范围
（2）商品房销售面积计算及分摊的共有建筑面积分摊规则
8. 房地产开发的一般程序
9. 房地产开发项目成本的构成要素

第三部分：商品房的销售管理（半天）

1. 商品房的销售管理
（1）销售管理规定
（2）商品房销售管理的主要内容
① 销售许可证审核
② 商品房买卖契约及登记鉴证
2. 市场管理内容与房地产权属登记
3. 房地产金融
4. 住房抵押贷款具体操作流程、年限及费率

第四部分：房地产营销技巧（半天）

1. 营销人员的礼仪规范

包括：仪态、仪表、表情、言谈、服装、电话接听、保密。

2. 销售的基本技巧
（1）如何正确了解客户的心理
（2）如何正确了解客户的购房动机

(3) 客户应答技巧
(4) 如何提防陷阱
(5) 客户的重要备忘
(6) 你应该知道的事情
(7) 基本操作程序
(8) 项目的物业管理
(9) 工作分工

第五部分：项目相关资料和文件（一天）

1. 楼宇说明书
(1) 项目的统一说辞
(2) 规划平面图、户型图、编码图
(3) 会所内容和平面图
(4) 交接标准
(5) 选用建筑材料
(6) 配套设施
(7) 物业管理内容

2. 价格体系
(1) 价目表
(2) 付款方式
(3) 按揭付款办法
(4) 利率表
(5) 办理产权证有关程序、税费
(6) 入住流程
(7) 入住收费明细表
(8) 物业管理收费标准

3. 合同文本
(1) 认购书
(2) 预售合同标准文本
(3) 房地产买卖契约
(4) 个人住房抵押合同
(5) 个人住房商业性借款合同
(6) 个人住房公积金贷款合同

4. 客户资料表
(1) 电话接听记录表
(2) 新客户表
(3) 老客户表
(4) 客户访谈记录表
(5) 销售日统计表，销售周报、销售月报
(6) 已成交客户档案表
(7) 应收账款控制表
(8) 保留楼盘控制表

5. 销售人员管理制度
(1) 考勤办法
(2) 值班纪律管理制度
(3) 客户接待制度
(4) 业务水平要求及考核

案例2　百仕达花园8号，包机送你日本游

百仕达一则地产广告引起业界的关注。

是日，《深圳特区报》经济版的头版，刊登了一则竖半版广告：在飞机穿云渡雾的背景上，几个大字十分醒目——谁，包飞机？封底则以同样的形式回答了这个问题——百仕达8号专机直航日本。

史无前例，一石激水。

楼市在经历过此起彼伏、眼花缭乱的出位营销后。人们对广告多少显得"麻木"。百仕达此番手笔的包机送8号业主直飞日本，则十足地吊起了人们的胃口。

作为本次包机策划的倡导人之一，百仕达销售部陈红经理后来谈及"包机直飞日本"笑言，"这是一次偶然的机缘。"

百仕达8号的"包机事件"，不得不提到百仕达的另一个项目——君逸华府。在百仕达8号全力攻坚的时候，百仕达三期君逸华府基本上大局已定。项目进入尾声，为加速销售，百仕达在君逸华府尝试开展"大手买卖"行动。

这里简单介绍一下"大手买卖"行动。"大手买卖行动其实是百仕达地产整合手中资源，厚积薄发的过程"，大手买卖不仅是通常意义上的一次团购，而是一种集约式购买，而且这种集约式购买是经过认真筛选，购买行为之后，双方将结成战略联盟。购买行为之后才是双方更深更广范围合作的开始。据了解，百仕达与包括银行、证券公司以及中国联通等重点客户签订"大手买卖协议"。正是《深圳特区报》上一篇有关"大手买卖"的新闻报道，引起了南方航空公司王维杰的注意。

据王经理介绍，南航当时也在尝试开拓类似的服务。同样是资源整合，能否实现合作，百仕达与南航走到一起。陈红坦言，百仕达最初是希望南航能和联通一样，成为百仕达君逸华府"大手买卖"的对象。不过双方沟通的过程中，并没有出现意想中的结局。倒是会议结束之后的闲话中，透露出包机旅游的思路。

沟通的过程中，深圳国旅起到了很大的作用。国旅作为深圳最大的品牌旅行社之一，常年经营日本九州地区的观光旅游。恰逢当时日本九州地区政府有意加大投入，吸引更多的中国广东游客前往日本观光旅游。有日本政府的部分赞助，加上百仕达企业赞助，南航、国旅、百仕达三方坐到台面上，一个三赢乃至多赢的方案逐渐浮出水面。现在看来颇有歪打正着的意味。成功运作本次包机之后，南航方面相关负责人谈及本次事件仍对百仕达方面"决策体系的高效"印象很深——在得知这一信息之后，百仕达高层第二天就做出这一决定，令南航和国旅都很吃惊。

案例3　星河国际，"百万爱心大捐赠"

当今的房地产营销手法令人眼花缭乱。星河国际的"百万爱心大捐赠"活动一下子激起了消费者的"善心"，更令星河国际一度成为人们关注的焦点。

据介绍，自"中华骨髓库深圳分库"成立以来，已经完成200多例骨髓成功移植的手术，为血液病患者带来了生机。但对入库的骨髓进行血型检测配型的费用庞大，需要通过社会力量来募集建骨髓库的费用。为此，深圳市红十字会已和深圳星河房地产开发有限公司签订了捐赠意向协议书，为救助中国血液病患者献上一份爱心，该公司将旗下"星河国际"物业6套商品房捐赠给红十字会，用于发展"中华骨髓库深圳分库"。

另外，星河地产还联手深圳市红十字会推出"献爱心捐百元，善心善举住豪宅"的抽奖活动，由深圳市红十字会组织大型的募捐，发动社会力量来支持骨髓库的建设。凡捐赠100元以上的爱心人士将获赠爱心卡，持卡者都有可能获赠"星河国际"商品房。向骨髓库捐出百元爱心款，有机会赢得商品房。活动推出之后，得到了社会各界的积极响应，一个多月的时间，全市共销售爱心卡15670张，收到捐款156.7万元。

思考题

1. 促销的主要作用有哪些？
2. 房地产促销策略的实现方式有哪些？
3. 开发商如何选择广告媒体？
4. 广告时间的节奏安排可分为哪些类型？各自的应用对象如何？

5. 广告预算由哪些部分组成？
6. 广告文案的正文主要表现内容有哪些？
7. 如何确定销售队伍规模？
8. 人员促销的主要程序有哪些？
9. 如何评估营业推广的效果？
10. 开发商实现公共关系策略的主要工具有哪些？

附录　乾坤华府项目营销策划报告

一、概述

1. 项目概况

（1）项目名称

项目名称：乾坤华府项目

（2）地块情况

乾坤华府在 YC 老城区北面，位于人民路西、黄海路北侧。该地块列入 YC 市区 2014 年第 7 期国有建设用地使用权出让公示中，挂牌编号为 20140705，与原 YC 五金厂的拆迁地块合并，整个地块占地面积为 20490m²，容积率≤5，建筑密度≤35%，绿地率≥25%。该地块性质为商业、住宅两用，商业占总建筑面积<10%。

（3）配套信息

本案位于 YC 老城区北部，YC 市区的两条主要干道——人民路和黄海路，分别在本地块的东侧和南侧，地块跟前就是"公交四公司"BRT 公交站台，南北、东西有多条公交线路，交通极其便利。

区位条件得天独厚，与商场及建军路商业圈车程不超过 5 分钟，繁荣而不嘈杂。周边医疗设施齐全，中医院、眼科医院、亭湖区疾病预防控制中心均不出 1km 范围。与 YC 田家炳中学、大圣幼儿园相邻，迎宾路小学近在咫尺，建设银行、中国银行一路之隔，沿黄海路向西一站路即为人民公园。

2. 项目提出的背景

（1）YC 市房地产市场分析（略）

（2）周边竞争楼盘

本案周边的竞争楼盘有：明悦景庭、先锋银座、大地名居、新纪元商业广场、四季新城、维也纳花园、五洲国际广场、杰仕豪庭、集云文泽府邸、澄达东景苑、加州蓝湾、万泰时代城。市场竞争十分激烈，所以大大增加了本项目产品的销售难度。

（3）YC 市老城区区位分析（略）

（4）YC 市城北规划（略）

3. 营销策划的主要依据

① 国家相关宏观政策

② 地方政府相关规定和标准要求

③ YC 房地产市场现状

④ 周边类似项目营销策划实例

⑤ 潜在消费者的调查研究资料

⑥ 乾坤华府项目的区域环境

⑦ 项目可行性研究报告

⑧ YC市规划局批准的用地规划红线图及规划设计要点

二、市场调查与分析（略）

三、市场细分与目标市场的选择

1. 市场细分
（1）市场细分的依据（略）
（2）住宅市场的细分
① 住宅市场的细分参数，如附表1所示。

附表1　住宅市场细分参数

细分参数	具体参数			
家庭参数	家庭结构 家庭类型	年龄 家庭代际数	职业 学历	家庭收入水平和消费结构
心理参数	购买动机	生活方式	家庭个性	社会阶层
地区参数	本城市	非本城市	城乡	地理区位
行为参数	使用时机	追求利益	购前阶段	购买频率

② 住宅的市场细分。根据本项目的具体情况，选择合适的参数来进行市场细分，如附表2所示。

附表2　住宅市场细分

无子女人群	年轻型	没有孩子的小夫妻或者单身贵族。刚刚步入工作，收入水平不高，生活节奏快
	中年型	一般是子女在外，夫妻两人居住。有一定的经济基础，生活追求平淡，注重居住环境和质量
	老年型	一般为养老型，重视是否有老年人活动场所，是否有公园等休闲健身场所
有子女人群	年轻型	刚孕育了孩子，既要交通便利，又要生活便利，还要为孩子以后的上学问题考虑
	中年型	大部分为孩子上学考虑，主要看中学区房，要求交通便利，周边配套齐全
	老年型	一般为三代同堂的大家庭，要求面积大，房屋宽敞，设施齐全，既要照顾到中年人的工作，又要照顾老人的娱乐，还要照顾到孩子的上学

（3）商业用房的市场细分

租用购买商业用房的人群主要有：①有一定的资产累积之后购买商业用房自己做副业；②家庭后盾坚实的，购买商业用房用于投资；③购买商铺自主创业；④相对没有多少资金和经验的年轻人，一般选择租用商铺。商业用房市场细分如附表3所示。

附表3　商业用房市场细分

有一定资金累计的投资者	这类人群有雄厚的资金，或是自己经营，或者租给别人，会选择一些地段好的，升值空间大，人流量多的商铺
资金累计薄弱的自主创业者	这类人群有很多创业的想法，但是没有经验，他们会选择价格中低档的地段试验并积累经验。他们一般都会选择租用商铺
家底颇丰的个体经营者	这类人群有丰厚财力背景，他们主要会选择人流量多的繁华地段的商铺或者是在自己居住区附近的，相对来说有品质的商铺

2. 目标市场的选择

（1）评估目标市场

企业评估各种不同的细分市场，寻找高利润率的目标市场时，必须考虑三个方面的因素：目标市场的吸引力、市场竞争结构、企业的战略目标和资源能力。

① 目标市场的吸引力。在对于 YC 市的房地产市场调查的情况来看，YC 市的房地产消费者最愿意在城南买房，而老城区由于自身的文化底蕴，对于曾经在这里生活过的一辈人来说吸引力还是可见一斑，本项目处于老城区北边，提供给企业的运作空间也大，成长性越好，获得利润的可能性也越大。

② 市场竞争结构。乾坤华府所属区位为城中，所属商圈为大铜马，楼盘地址为人民路西侧，黄海路北侧，周边的楼盘较多，包括明悦景庭、佳和名居、集云文泽府邸、万泰时代城、五洲国际广场、紫御府、杰仕豪庭铂公馆、金座广场、四季新城。知此知彼，方能百战不殆。

③ 企业的资源优势和战略目标。特点：交通便利，靠近学校，住宅式公寓。价位适中，交通便利。地点好，与招商场，建军路商圈相隔近，周边医疗设施齐全，紧临人民路、黄海路两条城市主要干道。YC 房地产市场少有住宅式公寓，适当填补市场空白。

（2）本项目的目标市场

在市场细分的基础上，根据本项目的实际情况、YC 老城区规划以及未来 YC 市城北规划的发展走向，从而确定项目的目标市场。

① 常规住宅户型

a. 中高收入人群（高端品质楼盘，造就高品质环境，享受顶级物管服务）；

b. 子女上学型（孟母不必三迁，学区近在咫尺，何须四处租房，轻松学子无忧）；

c. 携老同一小区人群（本案有住宅有公寓，有老人的家庭可购一住宅一公寓，就近照应）。

② 住宅公寓型

a. 年轻过渡型（地段好，交通便捷，生活配套齐全，拎包入住）；

b. 老年养老型（靠近医院，配套齐全，生活方便，不要爬楼，面积小，便于打扫）；

c. 第二居所（地段便捷，配套齐全，投资小）；

d. 经商过渡型（靠近 YC 招商场和新建的"YC 义乌商贸城"，生活便利，有一定投资价值）；

e. 外企员工宿舍（便捷、干净、卫生、小面积、低总价，有一定升值潜力）。

③ 商业用房

a. "底商型"，即最南部的底层商铺上部住宅，适宜 24 小时便利店、书店、洗衣店、花店、宠物店、水果行、家政服务中介等；

b. 东部的沿街商铺型，以开间的大小与店铺面积的不同为银行、邮局、药房、社区卫生服务站、社区活动室、美容美发、餐饮等量身订制。

3. 目标客户的需求分析

① 住宅目标客户的需求分析，如附表 4 所示。

附表 4　住宅目标客户需求分析表

目标市场一 （年轻市场）	无子女:要求交通便利;公寓型;周边休闲娱乐购物配备齐全
	有子女:要求交通便利;中小户型;周边配备较齐;靠近学区

目标市场二 (中年市场)	无子女：要求小区环境好；中小户型或者公寓型
	有子女：要求交通便利；中大户型；学区房
目标市场三 (老年市场)	无子女：要求小区环境好，有休闲运动设施；公寓型；周边配备方便
	有子女：要求交通便利；大户型；学区房；周边配备齐全

② 商业用房目标客户的需求分析，如附图1所示。

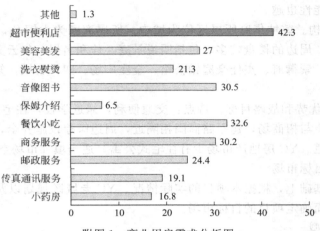

附图1 商业用房需求分析图

从附图1容易看出，受访者对超市便利店的需求指数最高，餐饮小吃其次，音像图书、商务服务、美容美发等服务功能也有一定的需求。超市便利店是社会最为重要的商业形态之一，毫无疑问成为需求最大的选择，饮食小吃、音像图书以及商务服务居其次，都反应YC市良好的人文氛围。商业用房目标客户需求分析如附表5所示。

附表5 商业用房目标客户需求分析

目标市场一	投资生活服务类的商人，考虑到本项目是一个商业、住宅兼具的项目，他们会选择投资超市、理发店、书店、洗衣店、药店等生活类配备商店，或者社区卫生站、银行以及快递公司等
目标市场二	投资于餐饮业的商人，他们会选择一些有一定客流量的地段，投资小餐馆或者小吃店

四、房地产产品定位

1. 房地产产品定位的概念、目标和原则（略）
2. 项目SWOT分析

（1）项目优势分析（S）

① 区域交通。乾坤华府位于YC市亭湖区，毗邻老城区商业中心，东起人民路，南至黄海路。紧邻BRT公交站台，有多种公交路线，交通极其便利。西面就是市公交中心，方便快捷的城市公交、BRT、短途客运。无论是自驾还是乘车，都能畅行无阻。

② 周边配套。本案紧临人民路、黄海路两条城市主要干道。与招商场、义乌商贸城相隔0.6km，与建军路商圈相隔1.5km，繁荣而不嘈杂。周边医疗设施齐全，中医院、眼科医院、亭湖区疾病预防控制中心均不出1km范围。东北面有白马客运站，西面有市公交中

心，西南面有新建的离退休人员活动中心。

③ 目标消费群。由于城北发展规划初见雏形，项目所在位置已成为白领群体、企业管理者和商业经营者的集中区域。

（2）项目劣势分析（W）

① 因本案两面毗邻主干道，周边综合景观条件较差，绿化不足；

② 周边已开发完成的楼盘较多，竞争强；

③ 由于本案地处YC老城区，其公示的建设用地使用权出让挂牌价高。

（3）项目的机会点分析（O）

① 项目所在地区域是本市商业区和商务区的交叉地带，流动人口数量较大，高消费群体多，发展潜力巨大。

② 如果定位准确，瞄准市场空隙，区域范围内易于产生特色差异化效应。比如，本项目东面有招商场和新建的义乌商贸城，作为差异化经营，其他项目的众多从业者，恰好是本项目的消费者。

③ 以高雅、便捷、绿色为导向的开发项目，能够满足现代都市人生活品位的逐渐提高。

（4）项目问题点与风险威胁分析（T）

① 市场目前的房地产项目日趋饱和；

② 差异化经营决定了项目的业态构成，从而对项目规划提出了很大的挑战。

3. 住宅的产品定位

（1）SWOT分析的启示

通过SWOT分析，本案项目优势明显，存在劣势，机会难得，威胁犹在。在整个项目的运作过程中，应充分利用优势，突出优势，对于项目劣势，要高度重视，予以转化并限制在一定程度内，抓住机遇，对于可能影响项目的威胁和风险，应采取措施加以规避和控制。

（2）本项目的市场定位

在周边竞争如此之大的情况下，本项目只有利用北城区优化改造的机遇，依托自身资源，准确把握本市场的未来需求，打造创新型产品，形成区域差异化格局，引发区域热点，从而提高本案的竞争力。

根据以上数据及资料的综合分析，在满足规划条件和充分利用资源的条件下，该项目的市场定位为中高档的住宅、公寓和商业用房三位一体，互为补充，互为影响。

（3）本项目的产品形态

本项目共3栋住宅楼和2排商业楼，东边是3层商业楼，南边为1层店面房。住宅包含1栋26层、一层12户的住宅式公寓楼，户型组合为 $50\sim64m^2$ 的精致一房；2栋24层、一层6户（三个单元）普通高层住宅楼，户型组合为舒适二房与三房，共600户。建筑密度为19%，容积率2.81，车位配比为1:1.5，车位数约为900个。

卖点提炼：区域发展潜力；核心地段优势；交通便捷畅通；成熟区域配套；无忧购房服务（专业资产管理，顶级物管服务）。

（4）户型和面积定位

户型应该满足规范性、经济性、实用性、超前性、功能性五个特性，做到有较高的使用率，厅、室、厨、卫配比合理，功能分区要做到动静分开、公私分开、主次分开、干湿分开。

通过对潜在消费者的调查，一室一厅（公寓式）、两室一厅（公寓式）、三室两厅、四室两厅的户型普遍受欢迎；并且很多家庭都要求在主卧内设立独立的卫生间；一般家庭都希望能有一个书房或者衣帽间或者储物室，其中绝大部分人群希望客厅相对要大一点。

4. 商业用房的产品定位

(1) 生活服务配套功能

小区的目标消费群日常生活渴望简单、时尚，一些生活的琐事不屑挂怀，因此完善的生活配套设施较为重要。经调查分析，本小区住宅底商适宜 24 小时便利店、书店、洗衣店、花店、宠物店、水果行、家政服务中介等。同时东部的沿街商铺楼，以开间的大小与店铺面积的不同为银行、邮局、药房、社区卫生服务站、社区活动室、美容美发、餐饮等量身订制。

(2) 休闲、餐饮功能

在本项目 1km 范围内，有人民公园，可以供人们平时休闲娱乐。在乾坤华府附近，还有 KTV、洗脚城以及正在建设的购物广场等休闲娱乐的场所，满足人们平时休闲和娱乐的需求。从商业的发展态势来看，随着生活水平的提高和人们生活节奏的加快，小区内配备商业便民餐饮店是必然趋势，既方便小区居民日常生活，又促进城市发展。本项目周边居民较多，同时还有学校，配有餐饮店可以方便小区和周边居民生活，拉动经济发展。

5. 景观定位

目前的房地产市场已经从"概念"时代走向"影像"时代，客户在购房时越来越注重楼盘的外立面与景观绿化的功能与视觉冲击力，特别是中高价位楼盘，所以项目成功与否，景观设计也是至关重要的。本项目总体为现代简约风格，同时以"绿色"为景观主轴，保证基本生活的运动需求。将不同组群绿色空间和 L 形生态绿带景观空间相互渗透于联系，并结合各类休闲设施，形成各种开敞、半开敞景观空间和多样化的人性场所，力求为住户营造一个健康休闲的公共空间。

五、租、售计划

1. 租、售方式比较（略）

2. 租、售价格确定

(1) 价格定位的方法

成本导向定价：以成本为中心，是一种按卖方意图定价的方法。在定价时，首先考虑收回在整个项目投入的全部成本，然后加上一定的利润。

需求导向定价：以需求为中心，依据买方对产品价值的理解和需求强度来定价。

竞争导向定价：以竞争楼盘的价格为基础，根据双方的综合因素等情况，制定出比竞争楼盘低、高或者相近的价格，从而达到增加利润，扩大销售量或者提高市场占有率等目标的定价方法。

可比楼盘化定价：是对楼盘进行定量描述，选择进行量化统计的楼盘大多应为可比性较强，在地段、价格、功能、用途、档次等方面都相近的现房、准现房和期房。

(2) 住宅定价

① 项目情况。乾坤华府位于 YC 市亭湖区，毗邻老城区商业中心，东起人民路，南至黄海路。紧邻 BRT 公交站台，有多种公交路线，交通极其便利。项目总占地 20490m^2，规划建筑面积 74469m^2，为商业住宅两用，商业建筑面积 3829m^2。

② 选取可比实例。依据目前所拥有的各项资料以及调研数据的统计，本项目采用可比

楼盘量化定价法。对比楼盘的选取应依据本项目定位，选取 YC 市场在售的标杆性项目以及本项目周边项目，具有较强的可比性。估价对象以及可比实例综合比较如附表 6 所示。

附表 6 估价对象以及可比实例综合比较

比较实例		估价对象	可比实例 1	可比实例 2	可比实例 3	可比实例 4
项目名称		乾坤华府	明悦景庭	杰仕豪庭	集云文泽府邸	维也纳花园
小高层均价/(元/m²)		待估	6750	7800	6800	7500
土地用途		商住	商住	商住	商住	商住
交易日期		2015.4.1	2015.4.1	2015.4.1	2015.4.1	2015.4.1
交易情况		正常	正常	正常	正常	正常
区位状况	区域繁华程度	较繁华	较繁华	繁华	较繁华	繁华
	交通便利程度	便利	便利	便利	便利	便利
	公共设施情况	较完备	完备	较完备	完备	较完备
	环境质量情况	较好	好	好	较好	好
实物状况	基础设施情况	完备	完备	完备	完备	完备
	装修情况	毛坯	毛坯	毛坯	毛坯	毛坯
	绿地率	35%	35%	35%	35.3%	31.4%
	主力户型	较好	较好	一般	好	一般

③ 交易情况修正。可比实例均为正常销售，故无需修正。

④ 交易日期修正。可比实例中价格均为目前的房价，无需修正。各楼盘现房价如附表 7 所示。

附表 7 各楼盘现价表

楼盘名称	明悦景庭	杰仕豪庭	集云文泽府邸	维也纳花园
住宅价格/(元/m²)	6750	7800	6800	7500

⑤ 房地产状况修正。各楼盘状况修正情况如附表 8 所示。

附表 8 各楼盘状况修正情况表

可比实例		估价对象	可比实例 1	可比实例 2	可比实例 3	可比实例 4
项目名称		乾坤华府	明悦景庭	杰仕豪庭	集云文泽府邸	维也纳花园
区位状况	区域繁华程度	100	100	102	100	102
	交通情况	100	100	100	100	100
	周边配套	100	102	100	102	100
	环境质量	100	102	102	100	102
实物状况	基础设施	100	100	100	100	100
	装修情况	100	100	100	100	100
	建筑风格	100	100	102	100	100
	绿地率	100	100	100	102	98
	主力户型	100	100	95	102	95

⑥ 求取比准价格。比准价格修正如附表9所示。

附表9　比准价格修正表

可比实例		可比实例1	可比实例2	可比实例3	可比实例4
项目名称		明悦景庭	杰仕豪庭	集云文泽府邸	维也纳花园
案例价格/(元/m²)		6750	7800	6800	7500
交易情况修正系数		1	1	1	1
交易日期修正系数		1	1	1	1
区位状况	区域繁华程度	100/100	100/102	100/100	100/102
	交通情况	100/100	100/100	100/100	100/100
	周边配套	100/102	100/100	100/102	100/100
	环境质量	100/102	100/100	100/100	100/102
实物状况	小区面积	100/100	100/100	100/100	100/100
	基础设施	100/100	100/102	100/100	100/100
	装修情况	100/100	100/100	100/100	100/100
	建筑风格	100/100	100/100	100/100	100/100
	绿地率	100/100	100/100	100/100	100/98
	主力户型	100/100	100/95	100/102	100/95
比准价格/(元/m²)		6488	7585	6536	7743

根据上述的比较结果，采用简单算术平均综合计算，住宅销售均价的估算值＝(6488＋7585＋6536＋7743)/4＝7088元/m²。然后综合考虑实际情况，最终拟定销售均价为7000元/m²。

(3) 商业用房销售均价的估算

商业用房销售均价采用市场收益法倒推估算，由周边商用房租售价格计算得出本楼盘商铺价格。周边楼盘商业用房价格如附表10所示。

附表10　周边楼盘商业用房价格表

周边楼盘商铺	明悦景庭	杰仕豪庭	集云文泽府邸	维也纳花园
租金/(元/m²/月)	107	137	113	123
售价/(元/m²)	14000	17000	15000	16000

设本案商铺租金预计可以达到120元/m²/月，假设本案投资回报率为7.5%，空置率为75%，则本楼盘商铺价格为(120×75%×12)/7.5%＝14400元/m²。

(4) 车位销售价格的估算

采用市场法估算，周边楼盘停车位价格如附表11所示。

附表11　周边楼盘停车位价格表

周边楼盘车位	明悦景庭	杰仕豪庭	集云文泽府邸	维也纳花园
售价/(万元/个)	10	16	12	14
有无产权	有	有	有	有

综合车位实用性、稀缺性、客户需求力、接受力及市场价格，为达到尽快产品去化回收成本，车位的销售价格建议定 13 万元/个，车位平均面积 12.5m²。

3. 租、售周期及租、售比例

根据 YC 市房地产市场的状况及本项目的实际情况，住宅、商铺分月的销售周期及销售比例如附表 12 所示。

附表 12　项目销售周期表

序号	物业类型	项目名称	小计	销售周期				
				2016 年	2017 年		2018 年	
				下半年	上半年	下半年	上半年	下半年
1	住宅底商	销售进度	100%	15%	20%	25%	20%	20%
		平均售价		14200	14400	14400	14700	14200
2	住宅	销售进度	100%	15%	20%	25%	20%	20%
		平均售价		6600	6800	7000	7200	7000
3	停车位	销售进度	100%	15%	20%	25%	20%	20%
		平均售价		13000	13000	13000	13000	13000

4. 经济评价（略）

六、房地产市场营销策略

1. 价格策略

（1）房地产开发项目定价

乾坤华府的定价方法定价方法采用竞争导向与需求导向相结合。按定价采用竞争导向确定为 7000 元/m² 基础上，结合楼盘具体情况实行需求差异定价。由于楼与楼的地理位置差距不大，暂不考虑位置导致的差价。建议 26 层高的住宅式公寓楼，底层价格为 6000 元，然后每层加价 50 元/m²，25 层为 7200 元/m²，顶层建议 7000 元/m²。24 层高的住宅建议一楼采用均价 6200 元/m²，2~23 层每层递增 50 元，顶层 7000 元/m²。最终本项目的住宅均价为 7000 元/m²。

乾坤华府商铺定价方法也采用竞争导向与需求导向相结合。按定价采用竞争导向确定为 14400 元/m² 基础上，结合楼盘具体情况实行需求差异定价。影响需求差异定价因素包括：朝向、户型设计、景观、采光通风。

（2）价格策略建议

在销售价格的制定上，结合 YC 的实际情况，可采用"平开高走"的价格策略进行销售控制（具体要根据发售时的大环境来定，如果届时供不应求，"高开高走"也有可能，目前先假设较为稳妥的办法）。如果楼盘采用"平开高走"，应分时间段制定出不断上升的价格走势，价格控制的原则为"逐步走高，并留有升值空间"，这样能够有效给前期已购客户造成房产升值的印象，引导客户的心理状态，成为楼盘的义务宣传大使，这样的口碑效应不花一分钱，在三线城市却可以收到奇效。以时间为基础，根据不同的时间段如依据工程进度等进行时间控制，确定与之对应的销量和价格，并且围绕该时间段的诉求重点进行营销。销售控制、价格控制、时间控制三者要紧密结合，相互协调。为了以后的"高走"，需要销量控制紧密结合，按一定的比例面市，量在手中就能控制价格。随着时间的推移，不断地将价格按不同的时间段进行调整，并根据不同的时间段放出不同的销量。

2. 促销策略

促销策略主要包括广告推广、活动推广、关系推广和人员推广。

（1）广告推广

广告是房地产企业用来直接向消费者传递信息的最主要的促销方式，它是企业通过付款的方式利用各种传播媒体进行信息传递，以刺激消费者产生需求，扩大房地产租售量的促销活动。本项目拟采用的主要广告媒体如下。

① 报纸广告。通过对潜在消费者的调查，阅读量较高的报纸媒体主要有《扬子晚报》《盐阜大众报》《YC晚报》《东方生活报》。本项目选取《扬子晚报》和《YC晚报》这两种阅读量最高的媒体作为主要推广媒体，对本项目进行大力推广。

② 网络广告。现在是互联网时代，相当一大部分人都是通过网络来了解到房地产项目的，所以本项目也将在YC搜房网、YCGO房网、YC房产网等常用的知名房地产网站发布本项目的广告。特别强调网站的时效性，第一时间更新信息，发布一切楼盘动态。

③ 户外广告。可以在建军路商业街、招商场、大润发、宝龙城市广场等热闹繁华的地方设立户外广告，制作路牌、灯柱广告箱，并选一旺处作巨幅广告提升物业形象。

④ 电视广告。目前，电视还是一个十分普及的信息传播渠道，所以可在YC电视台发布本项目的广告，并且在相关节目中对本项目进行详细介绍。

⑤ 广播广告。通过YC广播单台的都市生活栏目发布本项目的广告。

⑥ 交通广告。YC市的公交车非常多而且流动性很大，可以在车身上投放广告。

⑦ 传单广告。选择不同的闹市街头、商店门口、办公楼聚集地以及住宅区等地散发关于本项目的情况介绍的印刷品。

（2）活动推广（略）

（3）关系推广

公共关系是企业在市场经营中的一种促进销售的手段和管理职能。公共关系是利用各种传播手段，同包括顾客、中间商、社区民众、政府机构以及新闻媒体在内的各方面公众沟通思想感情，建立良好的社会形象和营销环境的活动。

① 赞助周边学校活动，政府活动。

a. 打造健康生活第一季——低碳环保健康季：联合政府开展植树活动、乾坤华府杯自行车大赛活动，宣传低碳环保的生活理念。

• 植树活动

活动要点一：以品牌牵头，邀请政府、媒体以及各界精英参与，媒体全程报道。

活动要点二：由乾坤华府出钱购买2000棵树，扩大项目品牌影响力。

活动地点选择：选择小区为基地，提前挖好植树坑，另外再邀请业主以及诚意客户参与，以此为契机让业主动手参与小区建设，见证小区的不断成熟。

费用预算：10万元。

• 自行车大赛活动

活动要点一：联合政府提前一个月在报纸以及广播发布自行车大赛消息，同时启动网络和现场报名，广泛进行媒体宣传。

活动要点二：客户报名时统一发印有乾坤华府LOGO的T恤和帽子。

活动要点三：活动举行当天比赛路线戒备森严，一路商标均为乾坤华府LOGO，同时项目人员也应积极参加比赛。

奖品设置：冠军奖励1万元环保基金。

费用预算：20万元。

b. 打造健康生活第二季——心灵健康季：联合各级政府、企事业单位、社区开展乾坤华府温暖行动，借助残、助孤、助学的公益性活动来扩大品牌影响力，提升项目美誉度与知名度。

执行要点一：与政府相关部门取得联系，获得政府支持。

执行要点二：请媒体参与，扩大活动宣传。

执行要点三：联合各企业、各学校以及业主集体行动。

执行要点四：以身作则，身先力行，将活动影响力扩展到各个领域（线上、线下的配合宣传）。

费用预算：15万元。

② 以乾坤华府项目命名举办房地产知识普及活动。费用预算：10万元。

③ 以乾坤华府项目赞助市级文艺演出。费用预算：65万元。

（4）人员推广

人员推广又称人员推销，是唯一直接依靠人员的促销方式。人员推广是推销人员通过主动与消费者进行接触和洽谈，向消费者宣传介绍本企业的房地产，达到促进房地产销售的活动。

① 人才需求。根据YC乾坤华府的规模组织销售队伍，包括确定销售队伍目标、确定销售队伍结构和规模。销售队伍目标包括确定销售定额、解决客户问题和展示房地产项目。根据本项目实际情况，销售队伍结构如附表13所示。

附表13 销售队伍结构表

职位	销售经理	销售主管	推销人员
人数	1名	2名	4名

② 技能培训。房地产销售人员应当培训的七项核心技能：专业知识；客户利益；顾问形象；行业权威；沟通技巧；客户关系；压力推销。

（5）费用估算

费用估算如附表14所示。

附表14 费用估算表

促销策略	广告推广	活动推广	关系推广	人员推广	合计
费用估算/万元	163.08	16.92	120	100	400

3. 市场推广计划

住宅销售各个阶段的销售比例及价格情况如附表15所示。

附表15 住宅销售情况表

阶段	时间	销售比例/%	销售面积/m²	销售均价/(元/m²)
导入期	2016.6.1～2016.12.31	15	8064.75	6600
公开期	2017.1.1～2017.5.31	20	10753	6800

续表

阶段	时间	销售比例/%	销售面积/m²	销售均价/(元/m²)
强销期	2017.6.1~2017.12.31	25	13441.25	7000
持续期	2018.1.1~2018.5.31	20	10753	7200
清盘期	2018.6.1~2018.12.31	20	10753	6600
合计		100	53765	7000

商铺销售各个阶段的销售比例及价格情况见附表16所示。

附表16 商铺销售情况表

阶段	时间	销售比例/%	销售面积/m²	销售均价/(元/m²)
导入期	2016.6.1~2016.12.31	15	574.35	14200
公开期	2017.1.1~2017.5.31	20	765.8	14400
强销期	2017.6.1~2017.12.31	25	957.25	14400
持续期	2018.1.1~2018.5.31	20	765.8	14700
清盘期	2018.6.1~2018.12.31	20	765.8	14200
合计		100	3829	14400

停车位销售各个阶段的销售比例及价格情况见附表17所示。

附表17 停车位销售情况表

阶段	时间	销售比例/%	销售个数/个	销售均价/(元/m²)
导入期	2016.6.1~2016.12.31	15	108	13000
公开期	2017.1.1~2017.5.31	20	144	13000
强销期	2017.6.1~2017.12.31	25	180	13000
持续期	2018.1.1~2018.5.31	20	144	13000
清盘期	2018.6.1~2018.12.31	20	144	13000
合计		100	720	13000

(1) 导入期

在项目预热时，采用新闻公关造势，三线城市地方不大，口碑效应非常明显，一传十、十传百，运用此举能够在短时间内提升开发商及项目的知名度，达到事半功倍的效果。出色的新闻公关必然是依附着有新闻价值的事件而进行，比如与YC电视台合作，赞助节目，推广品牌。营销造势的目的是要造成一种销售的"势差"，在大众心中树立起关于项目的一种高度，让公众对产品产生期待心理与渴望了解的欲望，这种期待的心理其实就是促使购买行为的潜在力量，也将是营销工作的重头戏。结合本地区的实际情况，拟以"高屋效应，饥渴营销"为前期工作方针，选取城区少量核心路口设立大幅平面广告，再利用短信、电视、报纸等软性营销手段，只提供少量房源培养饥渴度。同时，制订专门的乡镇推广策略，在乡镇培养代理点，设专车为乡镇客户进城看房提供方便，这是由本地乡镇强大的购买力决定的，需要重视。总体来说，三线城市如果宣传手法适当，投入资金不需要很多，会收到良好的效果。

(2) 公开期

首先明确产品的目标客户，熟知他们对项目价格环境的接受程度。对项目来讲，其入市初期的营销策划应该是销售的第一要素，在此期间要大量吸收市场信息，调整战略部署，不失时机地对目标客户进行锁定。经历了前期的蓄势，售楼部积累了大量客户，此时只要全面掌控推广好产品内在品质和未来提升空间，就会自然而然地消化掉近40%的房源。

（3）强销期

通过在各媒介宣传攻势和畅快淋漓的快销风光之后，首度的潜力客户消化贻尽。此时借助政府的推介，老客户的转介绍为项目带来新一轮的客户购买力蓄积，能否在短时间内尽快锁定客户，把握好销控节奏，是实现销售任务的关键。一般而言到这个阶段，会是销售的"临界点"，事关项目的销售周期长短，最终利润的高低。在此期间，可举行各类SP活动，发放节日礼品，在前期"饥渴式"营销基础上进行二次开发，老客户带新返现金，吸引大量客户到现场看楼，制造热卖气氛。随着工程进度的推进，大量已购客户产生的口碑效应，产品形象将深入人心，销售也渐入佳境，在这一阶段内至少要完成50%以上的销售目标。本阶段持之以恒的进行销售工作的总结、培训、创新，必不可少，一支强有力的销售执行团队，是一笔宝贵的财富。同时，销售要制度化、流程化和规范化，方可留住人。

（4）持销期

在此阶段，项目已经建成并且通过了竣工验收，销售的全部是现房，项目的市场形象和品质已经得到了消费者的认同，项目也有了自己的客户群，经过客户的宣传与介绍，往往能吸引更多的人前往，已经渡过了营销风险期，可以适当地降低营销推广力度。与此同时，应举行一些有奖活动，许给消费者一定的优惠，提高他们对楼盘的满意度，从而为项目创造更多的利益。在这期间，消费者可以看到现成的小区与楼房，大大消除了顾客对于期房的担忧，可以适当地提高价格，以楼盘自身的品质来打动消费者。

（5）清盘期

项目销售工作进入尾盘。此时，由于市场中大量新盘的涌入，其他公司层出不穷的推广活动，吸引了众多消费者的目光，而且消费者普遍认为剩余的房子不好，造成后期销售停滞，这就涉及营销重心的前移。此时随着项目外立面的呈现，购房者已经大体不再需要操心诸如质量、户型等问题，这时候剩余的户型、楼层都不是很理想，需要采用尾盘推广策略，对余下户型进行推广，价格将会成为关键因素之一，可以采用适当的折扣和礼品派送对余下户型进行促销。此时可充分利用产品本身的价格优势，成熟配套优势，使足够多的客户关注产品、了解产品并最终成为购买者。

参考文献

[1] 吴翔华. 房地产营销策划. 第 2 版. 北京：化学工业出版社，2012.
[2] 潘蜀健，陈琳. 房地产市场营销. 北京：中国建筑工业出版社，2003.
[3] 中国房地产估价协会编（经纪人教材）. 房地产经纪实务. 北京：中国建筑工业出版社，2003.
[4] 叶剑平. 房地产市场营销. 北京：中国人民大学出版社，2000.
[5] 庄惟敏. 建筑策划导论. 北京：中国水利水电出版社，2000.
[6] 姚玲珍. 房地产市场营销. 上海：上海财经大学出版社，2004.
[7] 吴翔华. 房地产市场营销. 南京：东南大学出版社，2005.
[8] 石旭升. 地产诡计. 广州：广东经济出版社，2000.
[9] [美] 菲利普·科特勒. 市场营销管理（亚洲版）. 洪瑞云，梁绍明，陈振忠译. 北京：中国人民大学出版社，1997.
[10] 谢荣华，张信和. 房地产广告. 广州：广东经济出版社，2002.
[11] 肖勇，王纲，刘萨莎. 引爆地产：活动营销经典战例记录. 广州：广东经济出版社，2003.
[12] 郑华. 房地产市场分析方法. 北京：电子工业出版社，2003.
[13] 徐淳厚. 商业策划. 北京：经济管理出版社，2002.
[14] 华梅. 房地产市场营销. 北京：中国建筑工业出版社，1997.
[15] 日本建筑学会. 建筑企划实务. 沈阳：辽宁科学技术出版社，2002.
[16] 简明，胡玉立. 市场预测与管理决策. 北京：中国人民大学出版社，2003.
[17] 袁野. 房地产营销学. 上海：复旦大学出版社，2005.
[18] 祖立厂. 房地产营销策划. 北京：机械工业出版社，2004.